新 潮 文 庫

「中国全省を読む」事典

莫 邦 富 著

新 潮 社 版

「中国全省を読む」事典

黒竜江省
P79
吉林省
P70
北京市
P17
内蒙古自治区
P55
遼寧省
P62
天津市
P28
河北省
P36
夏回族
自治区
P282
山西省
P45
山東省
P145
陝西省
P257
河南省
P155
江蘇省
P99
安徽省
P117
上海市
P89
湖北省
P166
重慶市
P211
浙江省
P108
湖南省
P174
江西省
P136
貴州省
P227
福建省
P127
台湾
P320
広東省
P183
広西チワン族自治区
P192
海南省
P202

新疆ウイグル自治区
P291
甘粛省
P266
青海省
P275
チベット自治区
P246
四川省
P219
雲南省
P236
香港
P304
マカオ
P312

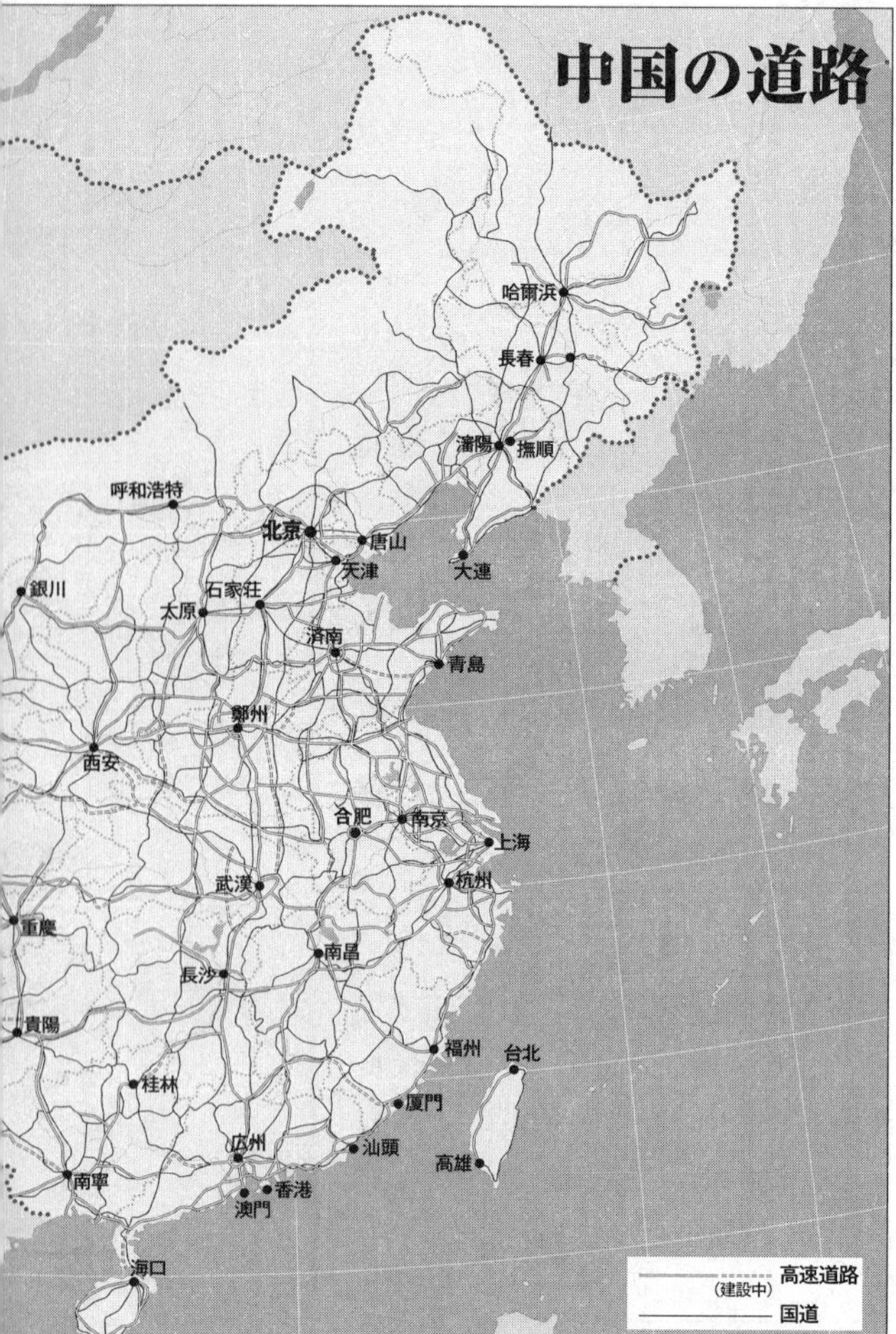
中国の道路
哈爾浜
長春
瀋陽
撫順
呼和浩特
北京
唐山
天津
大連
銀川
石家荘
太原
済南
青島
鄭州
西安
合肥
南京
上海
武漢
杭州
重慶
南昌
長沙
貴陽
福州
台北
桂林
厦門
広州
汕頭
高雄
南寧
香港
澳門
海口
高速道路
(建設中)
国道

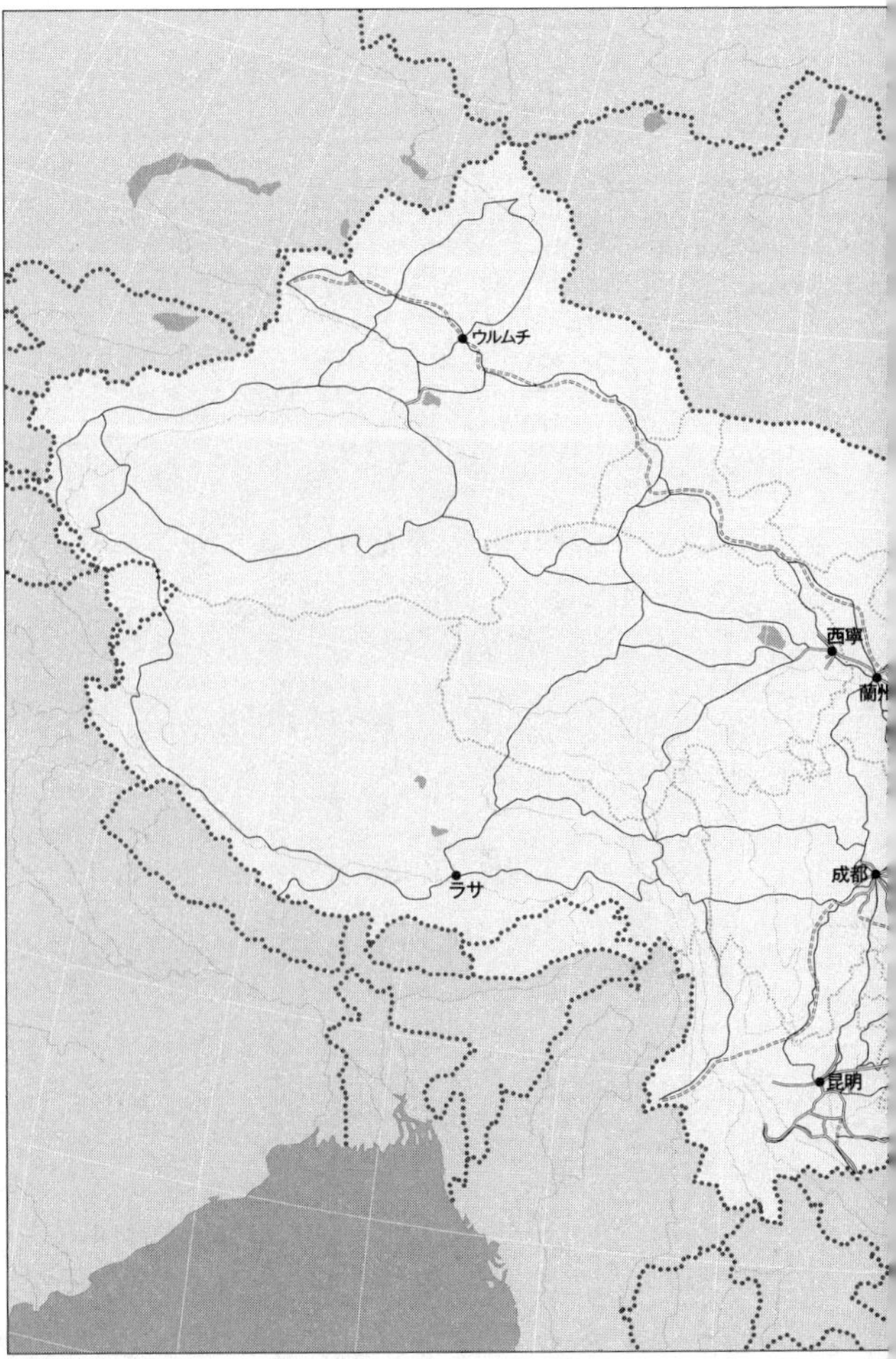

ウルムチ
西寧
蘭州
成都
ラサ
昆明

●「中国全省を読む」事典● 目次

まえがき

２００１年に、新潮文庫から本書の前作である『中国全省を読む地図』が出版された際、そのまえがきの書き出しは「中国はいま、もっとも注目される国となっている」というものだった。中国は１９７８年から始まった改革・開放路線に乗り、わずか30年でドイツを超えて世界三位という経済力を手に入れ、２００３年から2桁の経済成長で躍進を続け、世界の工場、世紀の市場と言われるまでになった。

２００８年秋から始まった金融危機が全世界を席巻《せっけん》し、アメリカもヨーロッパも日本も１００年に一度と言われる経済不況の嵐《あらし》に慄《おのの》いているその最中に、中国は経済成長率こそこれまでと比べて大きく落ち込んだとはいえ、いまなお世界最高のスピードを維持しつつ疾走を続けている。その意味では、中国はこれまで以上に注目を浴びている、と本書のまえがきに書いてもいいだろう。

中国は、いろいろな視角と視点から眺められ、語られる。経済発展のブームに沸きながら、近代国家を目指してひたすら走る中国、13億人にのぼる巨大な市場が渦巻く魅惑的な中国、いろいろな問題をかかえながら21世紀の超大国になろうとする中国……。人によって中国をみる目的も異なり、そして角度によって目に映るイメージも違ってくるであろう。

しかし、目的や角度がどんなに異なっても、中国をみるとき、考えるときには、国を構成する基本行政単位である30以上の省・市・自治区・特別行政区をまずしっかりと把握する必要がある。本書は限られたスペースのなかで、できるだけ各省・市・自治区・特別行政区に関する盛りだくさんの情報を提供することを旨《むね》とした。中国へ旅行・出張するときはこの一冊さえもっていればまずは安心、という本をつくることが私の目的である。

日本の近隣国である中国は、陸地面積約960万平方キロ、アジア最大の国としてその存在を誇る。香港《ホンコン》、マカオ、台湾《たいわん》をのぞく中国本土の総人口13億人、漢民族と55の少数民族からなる、世界で人口がもっとも多い国でもある。

統一問題が残る台湾と、中国に返還され特別行政区となった香港、マカオをのぞいて、中国本土には、31の省・市・自治区がある。通常、これを省レベルの行政単位と呼ぶ。ここに言う市とは、北京《ペキン》、上海《シャンハイ》、天津《てんしん》、重慶《じゅうけい》の四つの中央直轄《ちょっかつ》市のことを指す。これらの省・市・自治区の下に、さらに地区、地区レベルの市、県レベルの市、県、そして、市が行政管轄する区がある。直轄市の区は行政上、一部の地級市や県級市と同等のレベルにある。

広い中国を管轄しやすいよう、1958年に、中華人民共和国建国初期にあった大行政区を念頭に、全国をさらに華北、東北、華東、華中、華南、西南、西北という七つの経済協力区（大区とも呼ばれる）に分け、61年にそれを華北、東北、華東、華中、西南、西北に調整した。華南だけは撤廃された。大区にはそれぞれの区内の経済建設を指導し、区内外の経済的協力関係を調整する大区中央局、大区経済委員会、計画委員会などがもうけられていた。60年代後半、大区の指導機構の廃止により、大区もいつのまにか消えてしまった。しかし、地理的にも近い関係にある各省・市・自治区は、意識せずにやはり同じ大区に属したメンバーと、比較的密接な関係を結んでいる。いまでも大区を地域の区分けとして使用する習慣が根強く残っている。

1978年以降、大区を復活させようとする声が出てはいたが、正式な復活までにはいたらなかった。代わって、90年代はじめ頃に東北経済圏、長江沿岸経済圏といった「七大経済圏」の構想が語られていた。しかし、市場経済となったいまの中国の現状はこうした行政的な采配《さいはい》を受け入れなかった。この七大経済圏は認知される前に雲散霧消となった。

代わって出てきたのは、東部、中部、西部という3つの地域に分類する区分けだ。それは1986年「第7次5カ年計画」の公表で知られるようになった。2000年、西部大開発計画を進めることになり、地域の区分においてはさらに一部変更が見られた。

東部は、沿海部を意味する「沿海地区」つまり沿海部ともいわれる。海に接する河《か》北《ほく》、遼寧《りようねい》、江蘇《こうそ》、浙江《せつこう》、福建《ふつけん》、山東《さんとう》、広東《カントン》、海南《かいなん》と北京、天津、上海の11の省・市からなり、全国土の約10%を占める。

ただ、例外としては、海に接する広西《こうせい》チワン族自治区はそこに入っていない。逆に海と接していない北京は、東部のメンバーとして見なされている。海に接するという地理的な条件のほかに、その地域の経済力も考慮されている。

中部は、沿海各省と境を接する山西《さんせい》、安徽《あんき》、江西《こうせい》、河南《かなん》、湖南《こなん》、湖北《こほく》の6の省からなる。

西部は陝西《せんせい》、甘粛《かんしゆく》、青海《せいかい》、寧夏《ねいか》、新疆《しんきよう》、四川《しせん》、重慶、雲南《うんなん》、貴州《きしゆう》、チベットの内陸に広がる10の省・直轄市・自治区を指す。

さらに、もともと中部のメンバーであった内蒙古《ないもうこ》と本来は沿海部に属するはずの広西が新たに加えられた。理由は、この2つの自治区は「一人当たりGDPが西部10省・区のそれに相当するから」である。

吉林《きつりん》、黒竜江《こくりゅうこう》は沿海部のメンバーである遼寧とともに、東北再振興プロジェクトの対象となった。

遼寧のように東部の一員でありながら、東北再振興プロジェクトの対象でもある、という重複現象は一部で見られるが、地理的要素とこれまでの経済的つながりと現在の経済力を考慮した区分けと考えてよいであろう。

それと同時に、泛珠江《しゅこう》デルタ経済圏（広東プラス近隣の省・自治区などを指す）、華東大区のミニ版である長江デルタ経済圏の誕生は、中国の経済地図の新しい変化をもたらした一方で、より広い地域で経済活動を考える傾向が経済先進地域で強まっていると見ていいだろう。

本書の中で出てくる各省・市・自治区についての紹介などをお読みになるときは、上記の地区と経済圏の区分範囲を念頭に置いていただくと、隣接省・市・自治区同士の関係などが理解しやすくなると思われる。

なお、香港とマカオは、これまで省・市・自治区レベルの行政単位ではなかったが、中国返還後に特別行政区となったので、同等の行政単位として見ていいだろう。また、中華民国という国号を継続する台湾と1949年以降中華人民共和国にかわった中国本土との統一問題はまだ、歴史的課題として残されている。この問題の解決には、両岸という言葉で表現される中国本土と台湾の政治家や民衆の知恵が問われる。本書では、中国は一つという国連も認めた原則に沿って、台湾を中国の一つの省として紹介する。

なお、地名の表記は、三省堂『コンサイス外国地名事典　改訂版』、中国語読みは昭文社『世界地図帳』により、また各省・市・自治区の領域範囲は中国が発行した最新版の地図や各省・市・自治区の政府サイドで発表された情報によるものである。

本書執筆の際、なるべく最新の資料やデータを利用しようと努めたものの、書籍という形式で、日進月歩と形容されるほどに激しく変化する中国のいまをリアルタイムで描くには、現在の出版手段と周期では到底無理である。その意味で本書をある時間的間隔をおいて、データなどを更新して再版する考えをもっている。読者の皆様方もお気付きになった問題やデータがあれば、遠慮なくご指摘いただきたい。再版の際は、皆様方のご意向を最大限に反映して訂正・修正するつもりである。最後に、本書の執筆において、その前作である『中国全省を読む地図』の一部を参考にし、また取り入れたことを断っておきたい。

二〇〇九年二月二十七日　東京にて

莫　邦　富

【凡例】

1. 地名の表記は、原則として『コンサイス外国地名事典　改訂版』(三省堂編修所・編)の表記法に準拠した。
2. 地名の日本語読みはひらがなで表記した。中国語読みや韓国語読みが一般的なものについては、原則としてカタカナで表記した。
　例…塘沽(とうこ)、厦門(アモイ)、胡同(フートン)
3. 省名は、原則として漢字で表記した。
　例外…新疆ウイグル自治区、広西チワン族自治区
4. データは、特に文中に記載されていないものは2009年2月の時点で入手できる最新のものである。
5. 通貨単位の「元」は、レートの変動が著しいため、一部を除いてあえて円換算にしないことにした。

北京市《ペキン》

――オリンピックをきっかけにさらなる変貌《へんぼう》を遂げる首都

2008年の五輪開催地となったが、外国人のあいだでは長いこと、北京は偉大な田舎だと皮肉られてきた。中国人のなかでも北京をダサイと酷評する人はかなり多い。その北京も1990年代後半から大きく変貌をとげた。

まずは北京のイメージカラーを統一しようと動き出した。専門家たちの意見を聞いた上で、北京を「灰色《グレー》」というカラーで統一しようということが意気軒昂《けんこう》に決められた。歳月を経てくすんだ北京の伝統的な平屋住宅・四合院《スーホーイエン》の煉瓦《れんが》や、長城を築いている大きな石や煉瓦の色を思わせようという意図がそこにはある。北京の人たちはその灰色を「北京グレー」とか「長城グレー」と呼ぶ。悠久の歴史をもつ北京っ子の誇りと近代的な都市を築こうと背伸びする意地が、その呼び名ににじみ出ている。

田舎っぽさを捨てようという決意は建築物の奇抜なデザインに凝縮され、北京五輪に合わせて完成したこれらの新しい建築物に、北京っ子は明日を託す気持ちを詰め込んでいる。

「鳥巣（鳥の巣）」と呼ばれるメインスタジアム、「水立方（ウォーターキューブ）」という近未来的な俗称の国家水泳センターなど、オリンピック関連の施設がその典型例である。その他にも「巨蛋（大きな卵）」のような世界最大級のオペラハウス「国家大劇院」や、「大褲衩（大きいサイズのショートパンツ）」というコミカルな俗称で呼ばれる中央電視台（CCTV）の新社屋も、チェックせずにはいられない北京のニューフェースだ。ちなみに、中央電視台は日本のNHKのような放送局だ。

天壇《てんだん》の建築理念を創造的に吸収し、アジア最大を誇る高速鉄道のメイン駅・北京南駅、総面積が98・6万平方メートルで、単体の空港ターミナルビルとしては世界最大の規模を誇る北京空港の第3ターミナルなど、注目すべき新建築物リストはまだ続く。

一方、四合院はありふれた庶民の住宅から貴重な観光資源へと急速に変わりつつある。保存が決められた多くの四合院は観光コースとなり、以前にも増して人気を集めるようになった。

北京市内に無数に交差する胡同《フートン》とその胡同を形成する四合院に、薫り高い文明や歴史を感じている人は多い。「横町」を意味する胡同は90年代の初期には、まだ450本ほど残っていた。大きい胡同になると幅4メートル以上にもなるが、もっとも狭いものは幅62センチと人ひとりがかろうじて通れるほどしかない。ちなみに、曲り角が一番多い胡同に入ってしまうと、9回曲がらなければ出られない。

胡同はまた歴史の証人でもある。その名前からは歴史の光と影がみえてくる。禄米《ろくまい》倉《そう》胡同は明《みん》、清《しん》代の朝廷専用の食糧倉庫だったため、その名となった。明の文官管理機関があったのが東廠《とうしょう》胡同だが、「東廠」とは現代語で表現すればかつての日本の「内務省」にあたる省庁である。毛家湾《もうかわん》胡同は明の高官・毛文簡公の家があった場所で、文革時代のなかばまで国防部長を務めていた林彪《りんぴょう》が1971年にソ連への亡命事件を起こす直前まで居住していた。羊市《ようし》胡同の名は過去の羊市場に由来している。椿《ちん》樹《じゅ》胡同のように木の名前をもつ胡同も多い。

胡同にある四合院のつくりには厳しい階級制があり、親王、公侯、官吏、庶民といった身分によって、その住宅である四合院のつくりがおのずと決定する。親王など皇族が住む四合院は王府《ワンフー》とも呼ばれる。王府に住む人間も、それぞれの位によって、使える部屋数や活動できる場所が決められていた。

かつては一家族で住んでいた四合院だが、その後住宅難のため数世帯が共同で居住するようになった。近年、開発の波が容赦なく四合院や胡同を飲み込み、デザイン的には無味乾燥でほとんど評価できない高層ビルがその跡地に建ち並び、悠久の歴史を感じさせていた北京の景観を台無しにしてしまった。市の中心部に現存する胡同が、2000本ほどに激減してしまったことに多くの人々は危機感を募らせ、北京の建築文化の華である四合院と胡同の保存を求める声が高まった。

こうした声に押されて、北京市政府は2004年に、伝統建築物を保護する意味も込めて、外国人を含む個人や企業による四合院の購入を認めた。世界中から購入者が殺到し、四合院の販売価格が信じられないほど吊《つ》り上がったのを見て、北京市政府は慌《あわ》てて法律を変え、そのハードルを高くしたが、それでも依然人気は高い。

横暴な官僚とブルドーザーの犠牲を辛うじて逃れた胡同は東城、西城、崇文、宣武という四つの区に集中し、特に東城区と西城区には保存状態のよい胡同が多い。


工業都市としての発展路線を捨てた北京は、90年代後半からIT産業に傾斜すると同時に、観光業の発展に力をいれるようになった。北京には、四合院と胡同が代表する民家建築の外にも、たくさんの観光資源がある。

紫禁城《しきんじょう》だった故宮《こきゅう》博物院、北京のシンボルとなった天安門、万里の長城、西太后《せいたいこう》が海軍の軍費から膨大な費用をさいて再建した夏の離宮・頤和園《いわえん》、1860年に北京に攻めこんだ英仏連合軍に焼き払われ往時の隆盛だけがしのばれるヨーロッパ風庭園の遺跡・円明園、共産党中央機関の所在地・中南海に隣接するかつての御苑《ぎょえん》・北海公園、皇帝が豊作を祈った場所・天壇、イスラム教を信仰する回族が集中する町・牛街《ぎゅうがい》にある牛街礼拝寺、日本軍による中国侵略戦争の発端となった盧溝橋《ろこうきょう》、ダライ・ラマ7世が献上した弥勒《みろく》像があるラマ教寺院・雍和宮《ようわきゅう》、北京原人の発見の地・周口店《しゅうこうてん》、１６００年の歴史を数える北京最古の寺・潭柘寺《たんたくじ》、古刹《こさつ》と紅葉の名所・香山《こうざん》などの名所古跡がある。北京を代表する専門店やデパートが軒をつらねる繁華街王府井《ワンフーチン》、多くの人で常に賑《にぎ》わう西単などの商店街も、観光客には人気が高い。

特に、故宮博物院は見逃せない。これは明の永楽帝が15年の歳月を費やして１４２０年に完成したもので、明、清王朝時代の王宮としての栄華をしのばせる。現在、中国に残る最大規模の歴史的建築群でもある。

清の最後の皇帝である溥儀《ふぎ》まで24人の皇帝が生涯を送った紫禁城は、１９２５年から明、清両王朝の宮廷の歴史と古代文物を展示し、後世に古代王朝の栄枯盛衰を物語る博物館となった。映画「ラスト・エンペラー」の舞台ともなっている。

主要宮殿建築物には、皇帝が儀式をおこなう太和殿、皇帝専用の控えの間である中和殿、皇帝の居住区で執務室もあった乾清宮《けんせいきゅう》、西太后が院政をおこなった養心殿、西太后が食事した体和殿、珍妃が西太后に強制されて飛び込み自殺した井戸・珍妃井、中国三大九竜壁の一つで色彩の美しい九竜壁などがある。

故宮と並ぶ観光名所が、唐詩によく登場する万里の長城だ。

四合院

紀元前5世紀、周の時代に北方の異民族の侵入を防ぐために築いた城壁が長城のはじまりである。その後、秦《しん》の始皇帝をはじめとする多くの皇帝が膨大な人力と費用を投入して、東は渤海《ぼっかい》湾に面した河北《かほく》省の山海関《さんかいかん》から、西は甘粛《かんしゅく》省の嘉峪《かよく》関《かん》まで、全長約3000キロにおよぶ、月から見える地球上唯一《ゆいいつ》といわれる建築物を完成させた。中国の距離を示す単位では1万2000華里にあたるので、万里の長城と呼ばれるようになった。

現在の長城は明代に大改修されたもので、ところどころ崩壊しているがなんとか原型が保たれている。ビューポイントである八達嶺《はったつれい》と慕田峪《ぼでんよく》は近年改修され、明の当時の雄姿が再現された。長城の城壁の上にある連絡通路は甬道《ようどう》と呼ばれ、約110メートル間隔にもうけられている楼閣は狼煙台《のろしだい》である。長城は中国のシンボルマークとなっている。

産業面で見れば、長い間、中国政府は北京の位置づけと性格をうまく把握することができないでいた。1960年代から大型化学工場、機械メーカー、自動車メーカーの新設、製鉄所の規模拡大など、産業拡大路線がすすめられてきた。工業総生産額は上海《シャンハイ》につぐ中国第二の工業都市という地位を確立したが、大工業都市建設という構想はもともと不足していた水資源をさらに深刻な状態に陥らせたうえ、エネルギーの供給困難、産業汚染の拡大など多くの難問をのこしてしまった。

近年になって、これまでの重化学工業重視に偏《かたよ》った都市発展方針が見直され、技術集約型、高付加価値、省エネルギーなどの原

世界遺産 頤和園

世界遺産 周口店の北京原人遺跡

世界遺産 天壇

則にそって、新規建設の産業を選定する方針へと方向転換し、ハイテク産業や情報通信産業の発展をより重視する姿勢をあきらかにした。中関村《ちゅうかんそん》の誕生はまさにその結果だと言えよう。北京五輪の開催はその流れをさらに加速させた。

　北京の代表産業となったＩＴ産業を語る際に、避けて通れないのは海淀区《かいてい》にある中関村だ。１９４９年の中華人民共和国建国後、海淀区は文化区と位置づけられて北京大学が移転してきた。現在、中関村周辺には約40万人の大学生が在籍する39の大学と、中国科学院をはじめとする２１３の研究機関が集中しており、中国でハイテク技術人材がもっとも密集している地域である。

　１９８０年、中国科学院物理研究所が最初のハイテク企業をつくり、中国のシリコンバレーの幕開けを宣言した。以来、中関村のメインストリート白頤路《はくいろ》（現在は中関村路と改名）にはこうした大学や研究所のハイレベルな専門技術者を中心につくられた企業が続々とあらわれ、政府の資金援助なしに中国のコンピュータ産業の一角を築いた。ＩＢＭのパソコン事業を買収した聯想《レノボ》がこ

世界遺産 万里の長城

世界遺産 故宮

うした企業の典型である。

電子街の隆盛を見て、88年に国務院は中関村に中国初の国家級のハイテク技術産業開発試験区を設置することに踏み切り、同地域を中国のシリコンバレーにしようという意欲をみせた。「中関村科技園区」はこうして誕生した。その後、拡張に拡張を続け、中関村科技園区は海淀園、豊台園、昌平園、電子城科技園、亦庄《そきそう》科技園、徳勝園、健翔園など多くの開発パークを含むハイテク技術開発区に成長した。2009年現在、同園区に進出したハイテク企業は2万社を超え、07年の売り上げは9000億元を突破した。

もうひとつ北京の産業勢力図の変化を見せてくれるところがある。北京空港に近い大山子と呼ばれるところに、1950年代に、東ドイツの援助を得て作られた軍需工場がある。機密を守るため、こうした軍需工場は番号で呼ばれる。この工場も「798廠《しょう》」と呼ばれていた。

市場経済を迎えてから、国有企業の軍需工場は経営が厳しい状態に陥り、すこしでも収入を得ようと、閉鎖された工場棟の一部を賃貸に出した。自らの城を求めていた芸術家たちがその安い家賃にひかれ、賃貸に出された工場の一部を分割して借り、アトリエにした。これが芸術エリアとしての空間の誕生となった。人々は工場の名前を借りて、この空間を「７９８」と呼ぶ。いまや世界的に知られる文化産業の拠点となった。

北京郊外の通県にある宋荘《そうそう》も、新しい芸術村として注目を浴びるようになった。北京の代表産業はかつての重化学工業からＩＴ産業や文化産業へと急速に変わりつつある。

天津《てんしん》市

――浜海《ひんかい》開発に再起の夢を見る

天津市は津と略称され、北は燕山《えんざん》山脈、東は渤海《ぼっかい》にのぞみ、華北平原北部を流れる海河《かいが》の下流域にある。悠久の歴史をもつ同市は、８００年の遼《りょう》・宋《そう》時代から栄えはじめ、明《みん》王朝の１４００年に天津と名を改め、今日に至っている。明・清《しん》時代に、水運が盛んになり、商業の中心となる。阿片《アヘン》戦争後の１８５８年、この地で天津条約がむすばれ、さらに１８６０年の北京《ペキン》条約によって開港し、以後、市内にイギリス、日本など9カ国の租界がもうけられた。以来外国資本が経営する紡績などの工場ができ、多くの外国商社も進出した。近代には中国第二の工業都市として長い間無視することのできない存在感を誇っていた。年代の風雪を感じさせながら気品を漂わせる洋館の建つ何気ない街角の光景が、天津の歩んできた近代の歴史を静かに語り続けている。

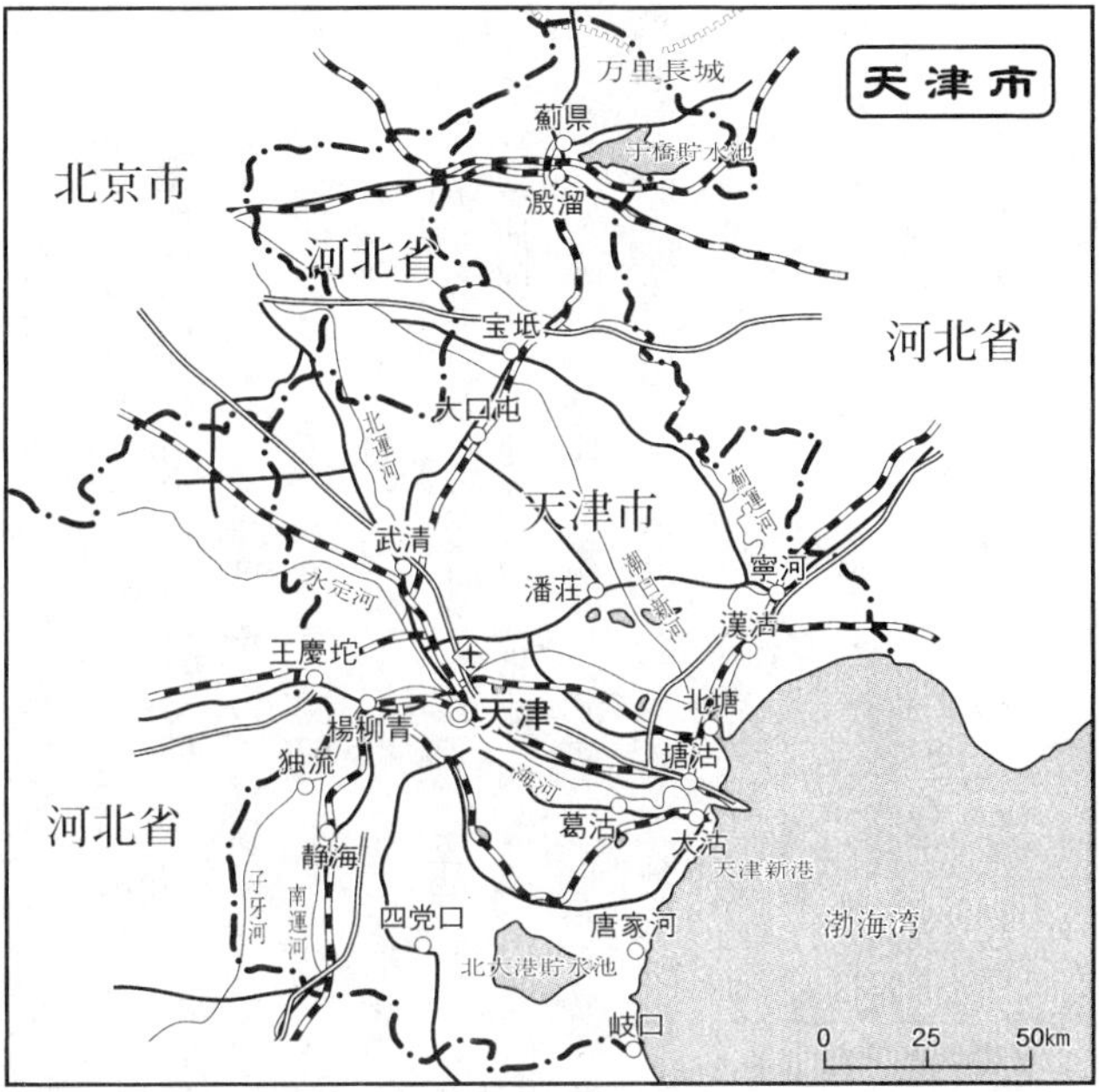

1958～67年に河北《かほく》省の省都となったこともある。同市は北京、上海《シャンハイ》、重慶とならんで中央政府の四つの直轄《ちょっかつ》市の一つ。工作機械、自動車、エレクトロニクス、化学、鉄鋼、紡績などの工業が盛んで、重要な総合的産業基地である。伝統工業では絨毯《じゅうたん》が有名。国内の大都市の中では石油、天然ガス、塩、地熱などの資源に恵まれているのが特徴である。南部に大港《だいこう》油田、中国初の海上油田である渤海油田がある。

国内の南北交通の分岐点にあたる要所で、北京〜瀋陽《しんよう》間を走る京瀋線、北京〜上海を結ぶ京滬《きょうこ》線が同市で合流する。100キロ北西に位置する北京とは高速道路と中国版新幹線である高速鉄道でむすばれている。市内には北京についで地下鉄が建設された。海岸線にも恵まれ、天津港が有数の貿易港として栄え、北京、天津、華北、西北各省・自治区にとって重要な海の玄関口である。神戸港、東京港、アメリカのフィラデルフィア港、オーストラリアのメルボルン港と姉妹関係を結んでいる。天津新港は中国最大の人工港湾で、20以上の国際航路を運営している。

こうした地理的な利便性も、華北地区の経済・貿易のセンターとしての地位を築いた。古くから商業が発達し、物資の流通の中心として商業関係の施設がそろい、商業関係の従事者人口も多い。文化・教育、科学研究の分野でも中心的な役割を果たしている。

だが、それにもかかわらず、かつて北方の最重要商業都市だった天津は、改革・開放の花形的存在である広東《カントン》省や上海市とくらべると、現在はまったく精彩を欠いており、中国で地盤沈下がもっとも激しい大都市として知られる。

その外部的な要因としては、北京の存在がその成長を制限してしまった一面があるということを指摘しておきたい。車で一時間しか離れていない北京は天津とほぼ重複した産業構造で経済路線を走っていたのだが、首都という大義名分を盾に資源、資金、人材が北京への傾斜を加速させたからだ。「北京との合併以外に天津を発展させる道はない」と天津の一部の幹部が自ら提案したほど、同市は発展の道の選択に苦しんでいる。

もちろん、同市もそれなりに努力をしてきた。80年代後半からは華北地区の4省・市と環渤海地域の14の市（地区）とのあいだに区域提携関係を結び、環渤海地域経済連合市長共同会議をスタートさせ、地域の経済発展により力をいれようとしたものの、思ったほどには効果が現れていない。

また、観光面では北京を訪れる外国人観光客が年々増加しているが、高速道路でわずか一時間ほどの天津まではなかなか足をのばしてくれない。この局面を打開するため、80年代から天津では官民あげて観光客誘致のための新しい名所づくりに乗り出した。北京の文化街・琉璃廠《るりしょう》をまねて、清朝の街並みを再現した古文化街、多くのレストランが一堂に入居する南市《なんし》食品街などがそれに当たる。しかし、あまりにも人工的な施設だったため、その観光資源としての効果は期待されたほどではなかった。

現在では、肉まんの「狗不理包子」と甘栗《あまぐり》の「良郷板栗」以外、中国国内で同市が話題にのぼることはほとんどなくなり、1949年以前は上海に次ぐ大都市だった同市の存在感は急速に薄まってしまった。2006年の同市のGDPは上海の半分に及ばず、広東省の6分の1に相当する凋落《ちょうらく》ぶりだった。

そんな状況を反映して、皮肉な現象も起こった。経済の立ち遅れで北京との格差が開き、物価も北京よりかなり安いため、結婚式は天津で行うほうがリーズナブルだという評判が北京っ子の間で広がったのだ。当の天津人は複雑な心境で、同市で飲み食いする北京人を見ていたに違いない。

現在、復興の切り札として期待されているのは、2005年10月に発表された中国の「第11次5カ年計画」(2006~10年)で明らかにされた天津浜海新区構想である。翌06年の5月、国務院は「天津浜海新区開発開放問題に関する意見」を公表。以来、天津に対する注目度が一気に高まった。

中国経済をさらに発展させるには、これまでの発展を支えてきた珠江《しゆこう》デルタと長江デルタという二つの強力なエンジンに加えて第三のエンジンが必要だという認識は、中国全体で共有されている。その意味で、北京、天津をバックにする浜海新区はその大任を背負うチャンスをベストタイミングでとらえたと言えるだろう。

中国経済を語るとき、「80年代は深圳《しんせん》(珠江デルタの象徴)、90年代は上海の浦《ほ》東《とう》（長江デルタのシンボル）」という表現がよく用いられる。前述した状況を受けて最近では、天津のトップは「21世紀初めの20年は、環渤海と北京、天津、河北が中国経済を支える」と意気込んでいるという。もっとも、「第二の浦東」になろうと意気軒昂《けんこう》に宣言する天津の姿には、どことなく悲壮感がにじんでいるようにも見える。これが最後のチャンスだということを充分に認識しているからだ。

一面に塩田が広がる荒野だった浜海新区は、市内から東へ約50キロ離れた渤海地域の中心地にある。同新区は153キロの海岸線を有し、港湾、経済開発区、保税区と塘沽《とうこ》、漢沽、大港という三つの行政区からなり、面積は2270平方キロ、人口は約130万人である。

積極的な外国企業誘致導入政策により、その将来性も評価され、アメリカのGE、モトローラをはじめ、米「フォーチュン500」にランキングされている企業が100社以上も同新区に進出し、トヨタ、ダイハツ、ヤマハ、新日本石油など日系企業も300社余りが工場を設立している。三星、大宇など韓国勢も勢力を誇示している。特にモトローラの天津に対する投資は群を抜いている。天津は同社の企業城下町と言われるほど、その投資規模が注目されている。

こうした世界的に知られる大手企業の相次ぐ進出で、天津の産業地図が大きく塗りかえられ、製品の水準も大きく向上した。

また、現在開発中の大型運搬ロケット・長征5号(CZ－5)は、浜海新区に建設中の宇宙工業基地で製造され、製造完成後の軀体《くたい》は海路で衛星発射センターのある海《かい》南《なん》省の文昌に輸送される。

一方、ハイテク産業もベンチャー企業の形でスタートし、いまは大きな勢力となりつつある。工業総生産は全国の経済開発区の中でトップレベルにあり、「第二の浦東」としての存在感が次第に増して来た。

しかし、深刻な水不足が天津住民の生活をおびやかし、産業と経済の発展を妨げる足かせとなっている。80年代初頭に、河北省の灤河《らんが》の水を234キロにおよぶ暗渠《あんきょ》と水路をつくって天津まで引いてくるという大規模な都市用水プロジェクトが実施され、天津の水供給問題はかなり改善されたものの、根本的な解決にはいたっていないのが現状だ。

北方地域の慢性的な水不足を解消するため、2002年末、当時の首相朱鎔基《しゆようき》が南《なん》水北調《すいほくちよう》プロジェクトの着工を宣言した。同プロジェクトは、水量豊富な長江の上流、中流、下流から取水し、天津など水不足に苦しむ西北地区や華北地区に引水するという壮大な構想に基づく巨大な工事である。第10次5カ年計画の一つに定められ、その投資額、規模、難度のいずれも三峡ダム工事を超えるといわれる。天津はこの南水北調プロジェクトによる水不足問題の解消に期待をかけている。

最盛期ほどではないが、同市の周辺農村は郊外型農業を営んでおり、小麦、綿、果樹などの栽培がまだまだ盛んだ。日本の米の味と似ている特産の小站米《しょうたんまい》は、中国のコシヒカリと絶賛される。天津白菜、水分が多く甘い天津雅梨《がりん》、かつては皇帝への貢物《みつぎもの》とされた盤山柿《ばんざんがき》など、おいしい名産物が多い。海岸地域では、クルマエビなどの養殖が盛んにおこなわれている。

天津の泥人形も伝統的な特産品として有名だ。19世紀の泥人形づくりの名人で、のちに「泥人形の張」と親しまれる張長林がつくりはじめ、その流儀はいまでも受けつがれている。

2008年8月1日、北京南駅と天津駅を結ぶ都市間高速鉄道が開通した。天津は飛躍の時代を迎えたが、膨張し続ける北京に飲み込まれつつあると理解してよさそうだ。天津は岐路に立たされているのである。

河北省《かほく》

――政治ドラマの裏舞台である北戴河《ほくたいが》で知られる

1971年9月12日深夜、河北省秦皇島《しんのうとう》市の西南にある北戴河空港で中国、いや世界を震撼《しんかん》させる事件が発生した。

暗闇《くらやみ》のなかを空港へ向かう車から銃声が聞こえ、死を覚悟して車を脱出した護衛兵が血だらけになって滑走路の側《そば》に倒れた。車から飛び降りた一行が滑走路の隅に停まっているトライデント256号機に慌《あわ》てて乗り込むと、飛行機は駆けつけた武装兵士の阻止を無視して、北戴河空港を強行離陸した。同機は、中国共産党のナンバー2であり、「毛沢東《もうたくとう》の親密な戦友」とも称された林彪《りんぴょう》、夫人葉群、息子林立果とその仲間たちの9名を乗せて旧ソ連のほうへ飛んでいった。

事情を知った周恩来《しゅうおんらい》総理は直ちに空の戒厳を命令し、毛沢東主席に「ミサイルで撃墜するか」と対応について指示を仰いだ。毛沢東主席は「なすがままにすればいい」

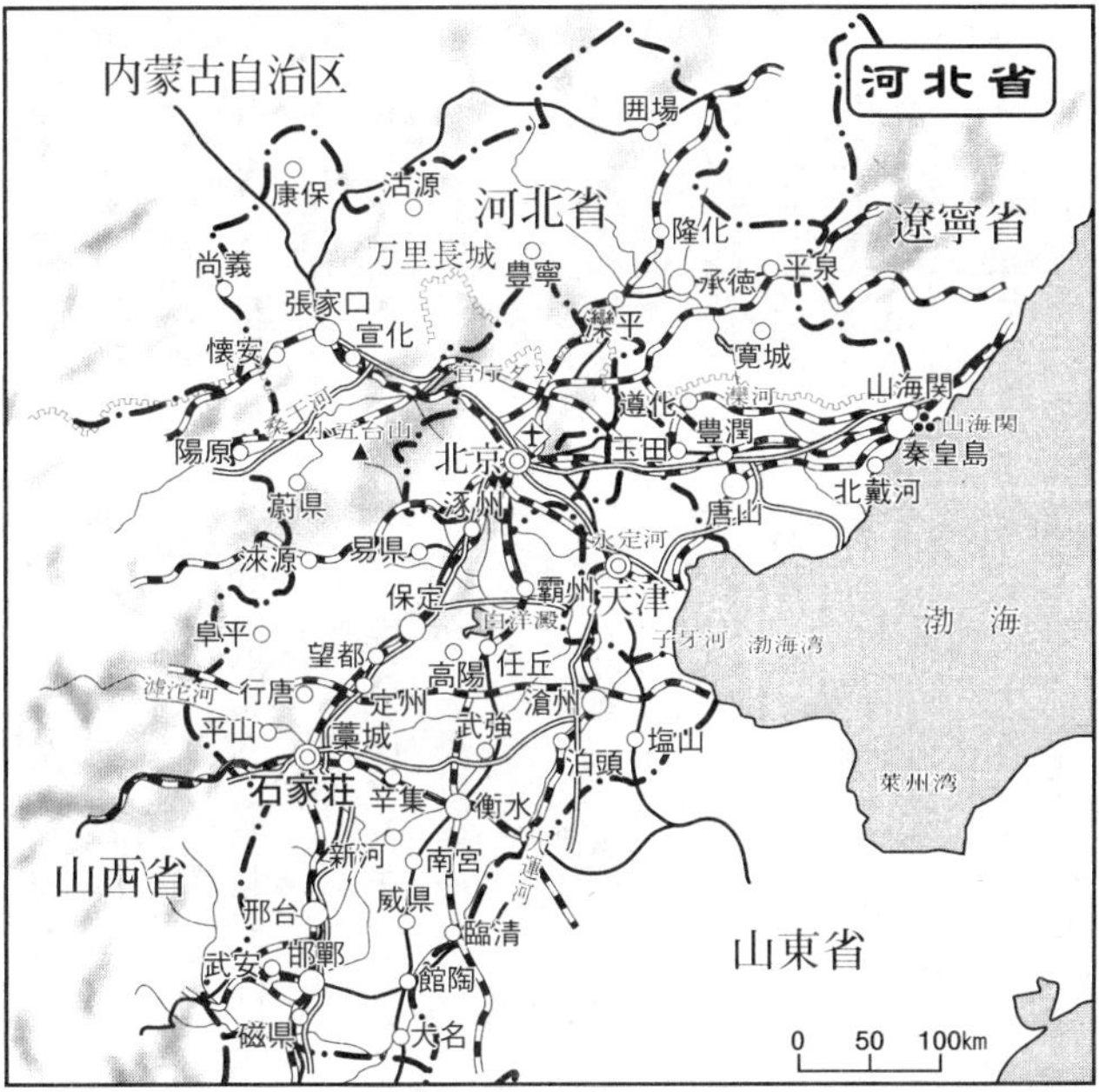

と答え、ミサイルによる撃墜案を否定したという。しかし、林彪らを乗せたトライデント256号機は亡命先とされる旧ソ連まで辿《たど》り着くことなく、モンゴルの砂漠に墜落した。サスペンス映画よりもスリリングで、緊張感のある事件だった。

この事件の舞台である北戴河は、清《しん》の時代から避暑地として人気をあつめており、渤海《ぼっかい》湾に面した約7キロの海岸線が東の山海関《さんかいかん》まで広がる異国情緒漂う海浜リゾート地である。

北京《ペキン》〜瀋陽《しんよう》高速道路で3時間という交通の便の良さで、夏になると、北京や天津《てんしん》をはじめ、全国各地から訪れる旅行者や海水浴客でにぎわう。また、中国共産党のトップクラスの幹部が愛用する避暑地で、政治活動をおこなう裏舞台としても世間から注目されている。毎年夏、共産党中央の高官が北戴河に集まって、避暑を兼ねた一連の重要会議が行われる。

現在、北戴河、南戴河、黄色海岸を代表とする126キロの海岸線、「天下第一関」と称される山海関を代表とする25キロの長城の風景が主なビューポイントとなっている。

北京と天津を囲むように位置している河北省は、北戴河を除くと注目を浴びるようなトピックがあまりない。

黄河の北に位置するので、唐の時代から「河北」と呼ばれるようになった。明《みん》から清の初頭にかけては首都の領地であり直隷省《ちよくれい》であった。1912年に成立した中華民国が南京《ナンキン》を首都に決めたのち、河北の地名にもどった。古代は冀州《きしゆう》であったため、略称は冀となっている。戦国時代は現河北省の北部が燕国《えん》で、南部が趙国《ちよう》であったので、「燕趙」もまた同省の異称となっている。

1949年中華人民共和国建国後、省都は最初、保定市《ほてい》であったが、58年から6

7年にかけて天津市が河北省の所轄《しょかつ》になったことによって省都も天津市にかわった。67年に天津市が中央直轄市に指定されたため、省都はいったん保定市にもどったが、翌年に石家荘《せっかそう》市に移転して現在までつづく。そのためか、省都石家荘市はいまだに存在感が薄い。

河北省は華北地区の最大の省で、人口は同地区の半数近くを占め、エネルギー産業、鉄鋼産業が発達し、重要な綿花・小麦の産地でもある。

同省の中部に位置する華北油田は70年代に採掘がはじまって以来、その石油採掘量は天津の大港《だいこう》油田を上回り、華北で最大、全国でも第五位の油田となった。

自動車道路普及率は昔から高く、陸上交通が非常に発達している。長い海岸線をもち、同省と中国北方地域の海の玄関である秦皇島港はすぐれた港湾として知られる。石炭、石油などを取り扱う専用埠頭《ふとう》があり、対外貿易港であると同時に漁港でもある。

豊富な鉄鉱資源と石炭資源をいかして、冶金《やきん》産業の発展に力をいれ、石炭加工業も発達し、建設材料産業が盛んである。冀東セメントや秦皇島耀華《ようか》ガラスなどは中国で有数の規模を誇る大型建設材料会社である。石家荘市には中国最大の抗生物質製薬会社・華北製薬集団がある。邯鄲《かんたん》鋼鉄総工場も近代的製鉄所として注目された時期があったが、2008年12月に唐山鋼鉄に吸収合併された。

1980年代に華北地区で、横の連携の強化などについて互いに協力するという主旨で、北京、天津、山西省《さんせい》、内蒙古《ないもうこ》自治区と提携して華北経済技術協力・合作区を発足させた。しかし、これといった成果はあがっていない。

90年代にはいってからは、北京や天津に近いという有利な条件をいかして、環京津経済地帯または首都圏をつくろうという声が高まったが、それもいつの間にか消えてしまった。

そんな中で、保定は急速に自動車製造基地としての地位を固めている。その中心にあるのが長城汽車股份有限公司である。80年代、長城汽車は国有企業の地方版である集団経営の修理工場企業として倒産寸前にまで困窮していた。しかし、現会長である魏《ぎ》建軍《けんぐん》がその経営を請け負う形で会社再生に取り組み、ピックアップカーとSUVの製造に特化した大手自動車メーカーへと発展を遂げた。2003年香港《ホンコン》上場を果たし、07年現在、年間生産能力40万台、従業員2万人を有する規模になった。長城ブランドの自動車はすでに世界数十カ国に輸出されている。

保定汽車製造廠《しょう》を前身とする河北中興汽車製造有限公司も、年間生産能力10万台を有するピックアップカーとSUVの専門メーカーである。ロシア、エジプト、トルコなどに海外工場を設け、現地での組立てビジネスを展開している。

同省の張家口《ちょうかこう》は、北京の西北200キロにあり、中国内地とモンゴル平原を結ぶ交通の要地である。日本軍は1937年にここの一部の地方を占領し、39年に傀儡《かいらい》政権の蒙疆《もうきょう》連合自治政府をつくって支配したことがある。戦後は長年、北京を防衛する戦略拠点としてベールにおおわれていた。外国人は事前に公安の許可をもらわなければ、同市への立ち入りを厳しく禁止されていた。89年の天安門事件後、二度も大規模な開発計画を作成し、投資を企画したが、タイミングをうまくつかむことができず開発の波に乗り遅れている。95年の初夏にようやく対外的に開放され、外国との経済交流を進めたが、期待されたほどの成果は上がっていない。

地震多発地域と見られているのも、同省の外資誘致に不利な要素の一つだ。同省はこれまで数回大きな地震に見舞われたことがある。1966年邢台《けいだい》市で発生した大地震がきっかけで、中国での本格的な地震研究がスタートした。そして76年に発生した唐山《とうざん》大地震は、改めて同省が巨大地震の多発する地域だということを浮き彫りにした。

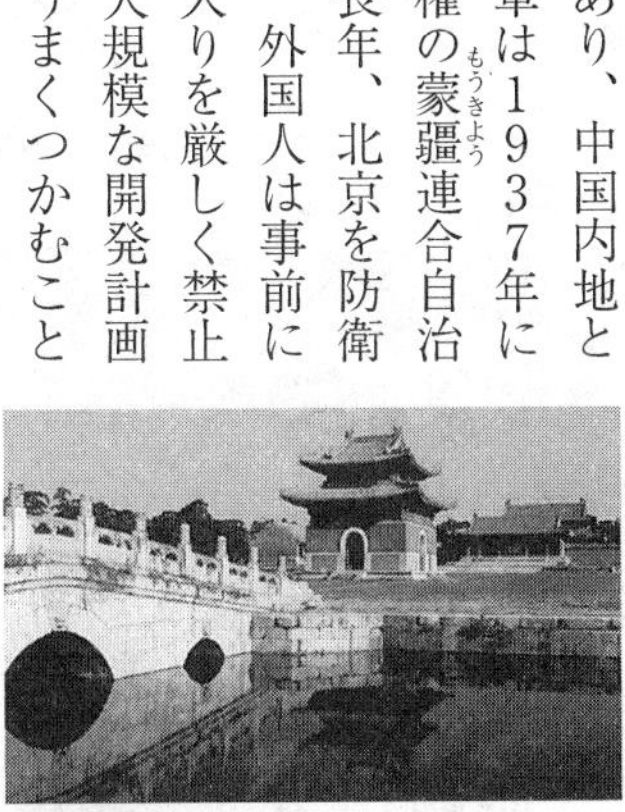

世界遺産　清西陵

世界遺産　避暑山荘

76年7月28日未明、マグニチュード8の大地震が唐山市を襲った。死者24万人、重傷者16万人。軽傷者にいたっては無数である。地震発生後、世界中から物資の援助が申し込まれたが、当時の中国政府は自力更生という建て前をかたくなに守り、こうした人道上の援助をすべて断ってしまった。しかも死傷者など被災の状況などについて、情報封鎖で真実を国民に知らせなかった。ちなみに、死亡者の人数や被災地の実状などは10年後にはじめて良心的な作家の手によってあきらかにされた。

唐山大地震は中国の国民を悲惨な目にあわせた文化大革命の末期におきた天災だが、当時、世の中の非道に天がついに怒ったと中国各地で人々はこの震災について話していた。ちなみに、同じ76年に、周恩来、朱徳、毛沢東が相次いで亡《な》くなり、同年10月、毛沢東夫人江青《こうせい》を代表とする「四人組」が摘発されるなど、政治の世界でも激震が続いた年だった。

同省は伝統的な市《いち》が盛んで、各地にある定期市は数千にのぼる。なかには名物市も少なからずある。

「天下第一の漢方薬市」、「薬都」の異称をもつ安国市祁州鎮《きしゆうちん》は1400年の歴史をもち、古くから漢方薬の集散地として知られている。祁州鎮の漢方薬市では毎日3000種類以上、100トン近くの漢方薬が流通している。ただし、近年は、偽薬《にせぐすり》の製造・流通・販売でその評判と地位が大きく落ちた。

「河北省第一の市」と評価される辛集《しんしゆう》の市は、中華人民共和国建国前、全国の革製品の70%の流通を一手に握っていた。改革・開放の波に乗って、1980年代から90年代半ばまで、革製品市場を左右するほど市としてのかつての栄光を取り戻し、多い日には数十万人をあつめる人気ぶりだった。しかし、革製品メーカーが消費者の意識の変化とファッションをより強く求める時代のニーズをつかめなかったため、1997年を境に、同市の地位は凋落《ちようらく》した。

近年は交通の便の良さを利用し、観光業に力を入れている。名高い避暑地で北戴河のある秦皇島は毎年大勢の観光客をあつめている。18世紀初頭につくられた避暑山荘は、中国では現在のこっている皇室庭園のなかで最大規模のものとして知られる。清の皇帝が避暑に訪れた離宮で、各種の政治活動をおこなう重要な舞台でもあった。遵《じゅん》化《か》市に広がる清東陵《せいとうりょう》は清の5人の皇帝、14人の皇后、166人の妃が埋葬されている広大な墓地である。清東陵は易《えき》県の清西陵と湖北省鍾祥《しょうしょう》市にある明の顕陵と合わせて、明清皇家陵墓として世界遺産に登録された。

河北省出身の著名人は、清の時代の小説家である曹雪芹《そうせっきん》（1715頃〜63頃）だ。曹雪芹は名門の出身であったが、父の代に没落。成人後は北京に居住した。晩年に名作『紅楼夢《こうろうむ》』を著し、賈《か》一族の盛衰、男女の情愛を通じて当時の社会を克明に描き出し、多くの人を虜《とりこ》にした。

しかし、いまの河北省は人々に鮮明な印象をなかなか残すことができない。同省を紹介するインターネットのあるサイトでは、同省を浙江《せっこう》省と書き間違えているくらいで、黄河を挟んだ河南《かなん》省と同じ悩みを抱えている。

山西省《さんせい》

――民居《みんきょ》に新しい命の息吹《いぶき》を吹き込む炭鉱の町

日本では「紅《あか》いコーリャン」（１９８７年）、「秋菊の物語」（１９９２年）、「初恋のきた道」（２０００年）などの映画で知られる、中国「第五世代」の映画監督張芸謀《チャンイーモウ》の名作のなかでも、「大紅燈籠高高掛」（邦題「紅夢」、１９９１年）は特筆すべき作品だ。１９９０年度ベネチア国際映画祭で、銀獅子《ぎんじし》賞を受賞している。

映画の舞台は、１９２０年代の山西省。家庭の事情で、大学を中退し富豪の第四夫人として大邸宅に嫁いだ19歳の頌蓮《ソンリエン》（中国でもっとも有名な女優の鞏俐《コン・リー》）が、高い塀に囲まれた煉瓦《れんが》造りの閉鎖的な豪邸の中で、他の妾《めかけ》たちと織りなす嫉妬《しっと》と憎悪《ぞうお》の日常に精神的に追い込まれていく物語だ。大旦那《おおだんな》が夜を過ごす妾の家にともされる紅い提灯《ちょうちん》が、重厚な住宅に象徴される封建時代の非人間性を暗示的に描き出している。その

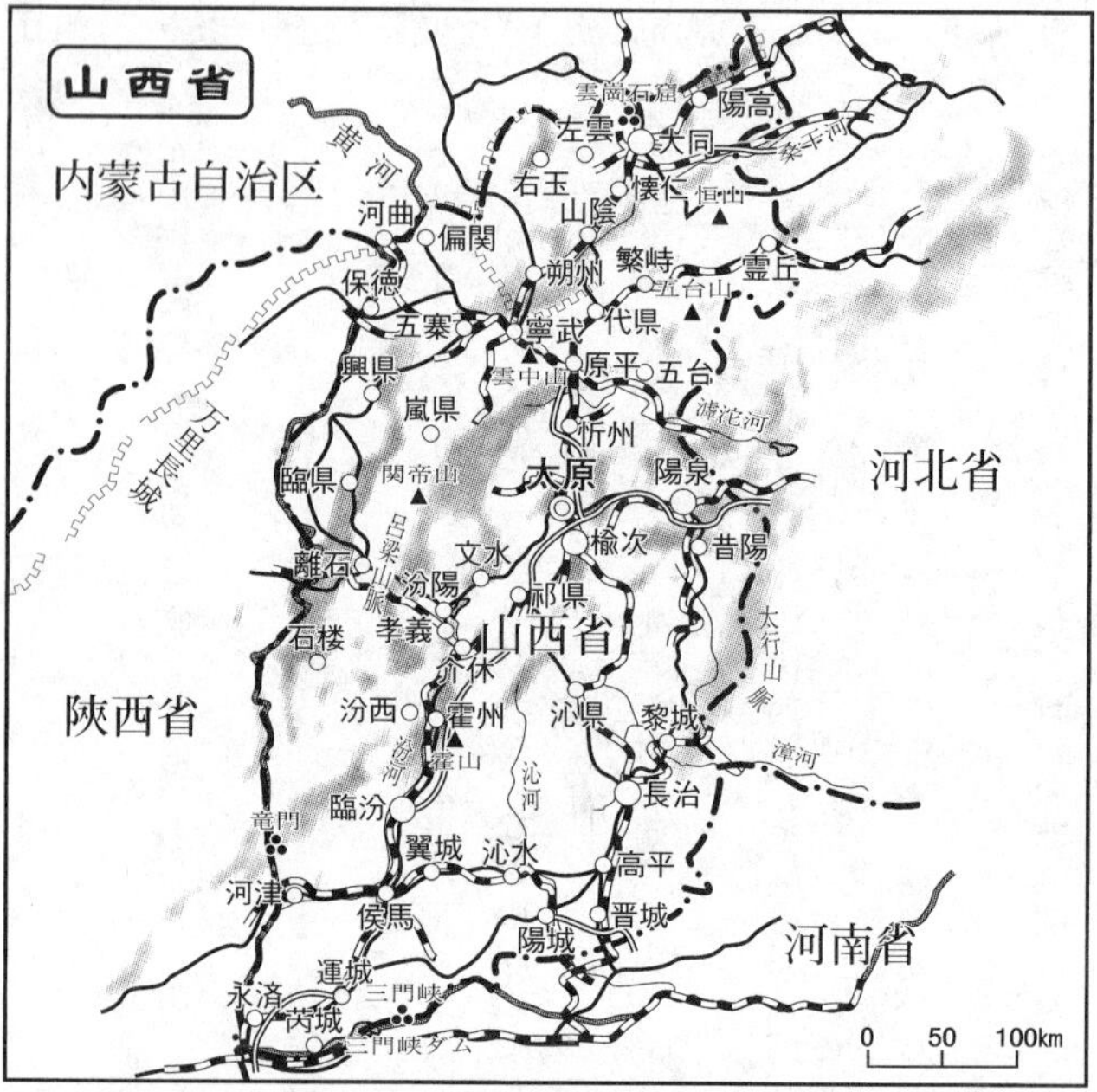

象徴的な色彩の使い方が「紅いコーリャン」にも示された張芸謀の作風を観衆に印象づけたばかりでなく、山西省の土地柄や歴史・風土をも濃厚に表現していた。

夜が紺色に辺りを染め、軒先に紅い提灯がズラリと掲げられた大邸宅の重々しい壁、数え切れないほどの部屋、息をひそめて家事をする使用人たち。これらとともに観衆の心にずっしりとした威圧感を与える大邸宅が、絶望的な時代の雰囲気をかもしだしている。

ところで、この映画の舞台になった大邸宅は、安っぽい映画セットではなく、山西省祁《き》県に実在する喬家大院《きょうか》である。日本流で言えば、喬家の豪邸ということになる。

古代の民間住宅は中国では民居と呼ばれ、北方の民居のなかでも山西省の民居はずば抜けた存在感を誇っている。そのなかで山西省の中部にある祁県の民居が特にその質の良さで知られている。喬家大院はその代表である。

約200年前の清《しん》の乾隆《けんりゆう》帝、嘉慶《かけい》帝時代に建てられ、敷地面積が8700平方メートル、六つの大きな庭を中心にしてブロック分けされ、20の小さい庭と313の部屋からなる。その重厚なデザインと鮮明な地方色が多くの人々を魅了している。「紅夢」が国際的な評価を得てから、喬家大院は広く知られる存在となった。「喬家大院を見ずに山西省を観光したとは言えない」や「宮殿建築は北京《ペキン》の故宮《こきゆう》で、民居は喬家大院だ」という端的な評価がなされたほどだ。

しかし、喬家大院とは俗称に過ぎず、正式な邸宅名は「在中堂《ざいちゆうどう》」という。その所有者であった喬致庸《きようちよう》は清末と中華民国時代初期の有名な金融資本家で、今日流に言えば、消費者金融業者と銀行を兼ねた「大徳通」、「大徳恒」という二つの会社を経営しており、北京、上海《シヤンハイ》、太原《たいげん》、雲南《うんなん》など各地に30以上の支店を擁していた。喬致庸は内蒙古《ないもうこ》自治区の包頭《パオトウ》市にだけでも1000軒以上の建物を所有しており、喬家大院はその資産の一部に過ぎなかった。

喬家大院は1965年に省レベルの文化財保護対象に指定され、86年から主に清末時代の漢民族の生活習俗を紹介する祁県民俗博物館となり、多くの見学者を受け入れてきた。「紅夢」をはじめとする30以上の映画・テレビドラマの舞台にもなった。近年、映画の宣伝効果に加えて大型連休の登場で、喬家大院に代表される同省の民居を見学する人々の数はうなぎ登りに増え、休日ともなると観光客が怒濤《どとう》のごとく押し寄せる。2006年5月のゴールデンウイーク中、1日平均6万人の観光客が喬家大院を訪れたという。

同省には、喬家大院のような民居が数多く残っており、曹家《そうか》大院、渠家《きょか》大院、王家《おうか》大院などがその一部である。これらの民居は古代の城壁が完全な形で残っており、世界遺産に登録された平遥《へいよう》古城と並んで観光客の心を虜《とりこ》にしている。

華北平野の西部、黄河中流の東岸に位置する同省の周囲は川となっているので、ほかの省との境界がはっきりしている。山間地帯は省全体の80%を占め、全長695キロの汾河《ふんが》（汾水とも呼ぶ）は省内最大の川である。省の東部は太行山《たいこうざん》を中心とす

世界遺産 平遥古城

る山地で、恒山《こうざん》、五台山《ごだいさん》などの山々がそびえ立つ。西部は呂梁山《りょりょうざん》を背骨とする黄土《こうど》高原である。冬は寒くて長く、夏は暑いが短い。

太行山の西側に位置するため、古くから山西と呼ばれてきた。中国古代文化の発祥の地であり、開発がもっとも早かった地域でもあった。

遠い昔、叔虞《しゃくぐ》の子孫たちが汾水の支流晋水《しんすい》の清冽《せいれつ》な水にひかれて国号を晋と改め、春秋時代の雄となった。現在にいたるまで、同省の略称は晋のままである。清の時代に山西省と名が定まった。農民一揆《いっき》が多発していた土地柄で、抗日戦争中は晋察冀《しんさつき》革命根拠地が設置された。

歴史上、商売に従事する人間が多く、その成功により、「晋商」という呼び名もできた。清末時代には、北京を中心とする北方の金融市場をほぼ握っていた。商売上成功を収めた商人たちは故郷に錦《にしき》を飾りたい一心で自分の出身地に相次いで豪邸を建てた。それが今日の山西民居というわけである。

中華人民共和国建国後、同省を石炭、エネルギー、重工業、化学産業の基地にするため、古交《ここう》、平朔《へいさく》、哈城《ごうじょう》、河津《かしん》、柳林《りゅうりん》、陽城《ようじょう》など七つの鉱工業区を建設し、新しい都市を形成する計画がすすんできた。省都太原市も中国有数のエネルギー・重工業都市となった。

そのため、山西省といえば、中国人はまず石炭を連想する。同省には大同《だいどう》、寧武《ねいぶ》、西山、汾西《ふんせい》、沁水《しんすい》、河東《かとう》の六つの巨大炭田、陽泉《ようせん》、渾源《こんげん》、五台、平陸《へいりく》などの大炭田がある。規模の差はあるものの、省内各地にさまざまな炭田が分布している。現在の採掘速度で計算すれば、同省の石炭資源はあと１０００年ほどは採掘できると言われる。日本、イギリス、フランス、イタリア、バングラデシュなど17カ国に輸出しているが、近年、中国政府のエネルギー輸出抑制政策により、その輸出量が大幅に縮小している。特に韓国、日本、インドへの輸出の減少が目立つ。

従業員70万人を超える大同煤鉱集団有限責任公司は、世界的にも有数の大型炭鉱を擁し、年産１億トン以上の超大型石炭企業である。その前身は大同鉱務局だが、２００５年、現在の株式会社に変わった。大同の南西に新しく建設された平朔安太堡《あんたいほ》炭鉱は、中国最大を誇る露天採掘炭鉱である。陽泉も中国最大無煙炭供給基地としてその名を轟《とどろ》かせている。

一方、同省各地に広がる民間経営の小規模炭鉱「小煤鉱」がさまざまな問題を起こしている。これらの「小煤鉱」は資源を略奪的に採掘する一方、安全を無視して暴利を貪《むさぼ》るため、石炭採掘現場の炭鉱労働者の死亡事故が後を絶たない。米国の炭鉱死亡事故の百倍と指摘される人命軽視の炭鉱採掘現場はもはや看過できない社会問題となっている。地方官僚との結託でのさばる「小煤鉱」経営者の存在が同省のイメージを大きく損ねている。

また、同省臨汾市が2007年、米国の環境保護団体から、世界で最も汚い10の都市のひとつとして挙げられたことからもわかるように、同省は公害防止、環境保護などの分野で大きく立ち遅れている。

中華文明の揺りかごとも形容される同省は、歴史的遺跡が多い。省都太原市も悠久の歴史をほこる都市で、同市で発見された「古交旧石器文化遺跡」は、10万年前に人類がこの土地で生活していたことを物語っている。新石器文化の遺跡は7000～8000年前に母系社会がこの地で輝かしい文化をつくったことを伝えている。太原の前身である晋陽城は2500年前に完成している。宋《そう》の時代に太原城が築かれたことから計算しても1000年以上の歴史がある。

省内には、遼《りょう》、金代以前の古代建築が数多く分布しており、全国の古代建築の70%以上を占め、同省は「中国古代建築博物館」と形容されるほど注目されている。

五台山も古くから中国の仏教の名山となっている。北魏《ほくぎ》時代から仏教寺院が数多く建てられた。のちに仏教弾圧が幾度もおこったが、またその都度復興した。唐代には太宗《たいそう》皇帝、則天武后《そくてんぶこう》の庇護《ひご》のもとで、五台山は最盛期をむかえた。当時、さまざまな

世界遺産　雲崗石窟

規模の寺院が３６０以上もあった。しかし、唐の武宗《ぶそう》皇帝は仏教を弾圧する方針をとったため、ほかの地方と同じように多くの寺院が解体され、僧も還俗《げんぞく》させられた。厳しい歴史の試練に耐え抜き、五台山はいまも仏教の名山という地位を守っている。顕通寺《けんつうじ》は漢の時代に建てられたといわれ、現在、五台山で最古の寺院として知られる。武宗皇帝時代の仏教撲滅を奇跡的に逃れた南禅寺、仏光寺もいまは唐の時代の寺として貴重な存在である。

　仏教を国教とした北魏の時代に、仏教文化は敦煌《とんこう》、麦積山《ばくせきざん》などの西域の石窟《せっくつ》に輝かしい足跡をのこしたばかりではなく、同省にもその花を咲かせた。敦煌、洛陽《らくよう》

となら ぶ中国三大石窟の一つである雲崗《うんこう》石窟は武周山の西麓《せいろく》にあり、東西約1キロにわたって掘られた雄大な石窟群はまさに仏教文化が咲かせた名花だといえよう。なかでも第20窟の大仏はとくに有名である。ほほえみをたたえた大仏は、北魏の皇帝に似せてつくられたと言い伝えられている。近年、環境汚染のため石窟も仏像も破損がすすんでいるという。

紀元前1100年頃、晋国の始祖である叔虞を祀《まつ》るための祠堂《しどう》としてはじめられた晋祠も、同省を代表する文化財である。唐と北宋時代に拡張工事がおこなわれ、今日の規模になった。面積4万平方メートルの境内に50以上の殿宇《でんう》・亭屋がある。晋水の源である清冽な難老泉もその境内にある。同省の人々にとって晋祠は祖先を祀る祠堂であり、心のふるさとでもある。

そのほかに、中国五岳の一つ、恒山《こうざん》の麓《ふもと》の絶壁にしがみつくように建っている古寺懸空寺《けんくうじ》、黄河が高さ二十数メートルの滝となった壺口《ここう》滝、風に吹かれると巨石が動く絶景の北武当山、唐の太宗皇帝の妹が出家した先といわれる綿山《めんざん》、抗日戦争の初期、共産党軍の総本部だった八路軍《はちろぐん》総司令部旧跡、『三国志』の主要人物の一人、関羽《かんう》（160頃～219）を祀る運城《うんじょう》市の解州関帝廟《かいしゅうかんていびょう》なども、人気の観光スポットである。関羽は三国時代の蜀《しょく》の武将で、同省解州（当時は河東郡解県）に生まれた。張飛《ちょうひ》とともに劉備《りゅうび》を助け蜀の建国に尽力した。「信義が高い人」として尊敬され、現在でも民間では武神・商神として関帝廟に祀られている。横浜中華街にも関帝廟があるのはそのためである。

太原西南60キロの石壁山中にある玄中寺《げんちゅうじ》は日本の浄土宗の祖庭とされている。のちに法然上人《しょうにん》に大きな影響を与えた唐の時代の善導大師が玄中寺に数年間身を寄せていたためだ。玄中寺と日本の浄土宗との関係は、いまや中日文化交流史の一ページとなっている。

もう一つ悠久の歴史を感じさせるものがある。杏花村《きょうか》の汾酒《フエンチユウ》だ。汾陽市杏花村は、高粱《コーリヤン》を原料とする銘酒「汾酒」「竹葉青」を醸造することで知られる。その醸造の歴史は南北朝時代（420～581）にさかのぼることができる。1916年、パナマ博覧会で金賞を受賞したことにより、中国国内での地位を不動のものにしたが、近年は、貴州《きしゅう》省の茅台酒《マオタイしゅ》や四川《しせん》省の五糧液などの銘酒に押され、存在感がやや薄くなっている。

内蒙古《ないもうこ》自治区

——風力発電と砂漠化が進む大草原

毎年、春先になると、北京《ペキン》は砂塵《さじん》の嵐《あらし》に見舞われる。砂嵐は内蒙古からやってきたものだ。しかも、その砂塵は日本海を飛び越え、九州北部や西日本はおろか、近年では東京にまで降り注ぎ、威力を誇示するようになった。

内蒙古というと、人々はすぐ、見渡すかぎりの大草原と馬にまたがって暮らす遊牧民を連想する。だが、実際には砂漠化が年を追うごとに進み、環境保護の問題が次第に深刻さを増している。この現実はあまり知られていなかったが、前例を見ないほどのこの砂嵐によって、人々は内蒙古の砂漠化問題を否応《いやおう》なく直視せざるを得なくなった。

そんななかで、天と地とを黄色く染める砂の嵐を冒して内蒙古を駆け足で回る機会があった。

車は首府の呼和浩特《フフホト》市を出て、モンゴルとの国境地帯を目指して北へ北へと走っていく。道は途中からとても道路などといえるようなものではなくなった。砂漠化した大地に刻まれたタイヤの痕《あと》を追ってただひたすら走っていたと言った方がいいかもしれない。道の傍らには、迫りくる砂丘のために居住できなくなり捨て去られた家々がいくつもあった。

都市部や沿海地域の生活水準の向上によってカシミヤに対する需要が高まったため、豊かな暮らしを夢見る内蒙古の住民は、羊の放牧数を増やすことが近代的な生活への近道だと考えた。地方政府も羊などの家畜の飼育数が増えれば、税収の増加につながると見て、羊の過度な飼育現状に目をつぶった。だが、むやみに増えた羊が草原の退化を深刻化させてしまった。

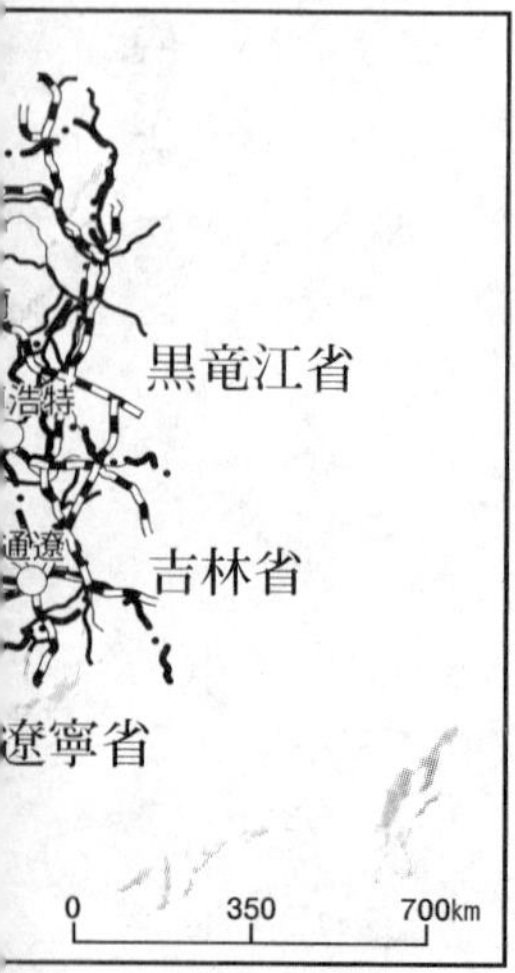

しかし、草原の再生に重要である牧草栽培は順調には進んでいない。近年、自然環境を守るために羊の放牧数が規制の対象となり、一家族で飼育できる家畜の数が決められた。草の種をまくなどして

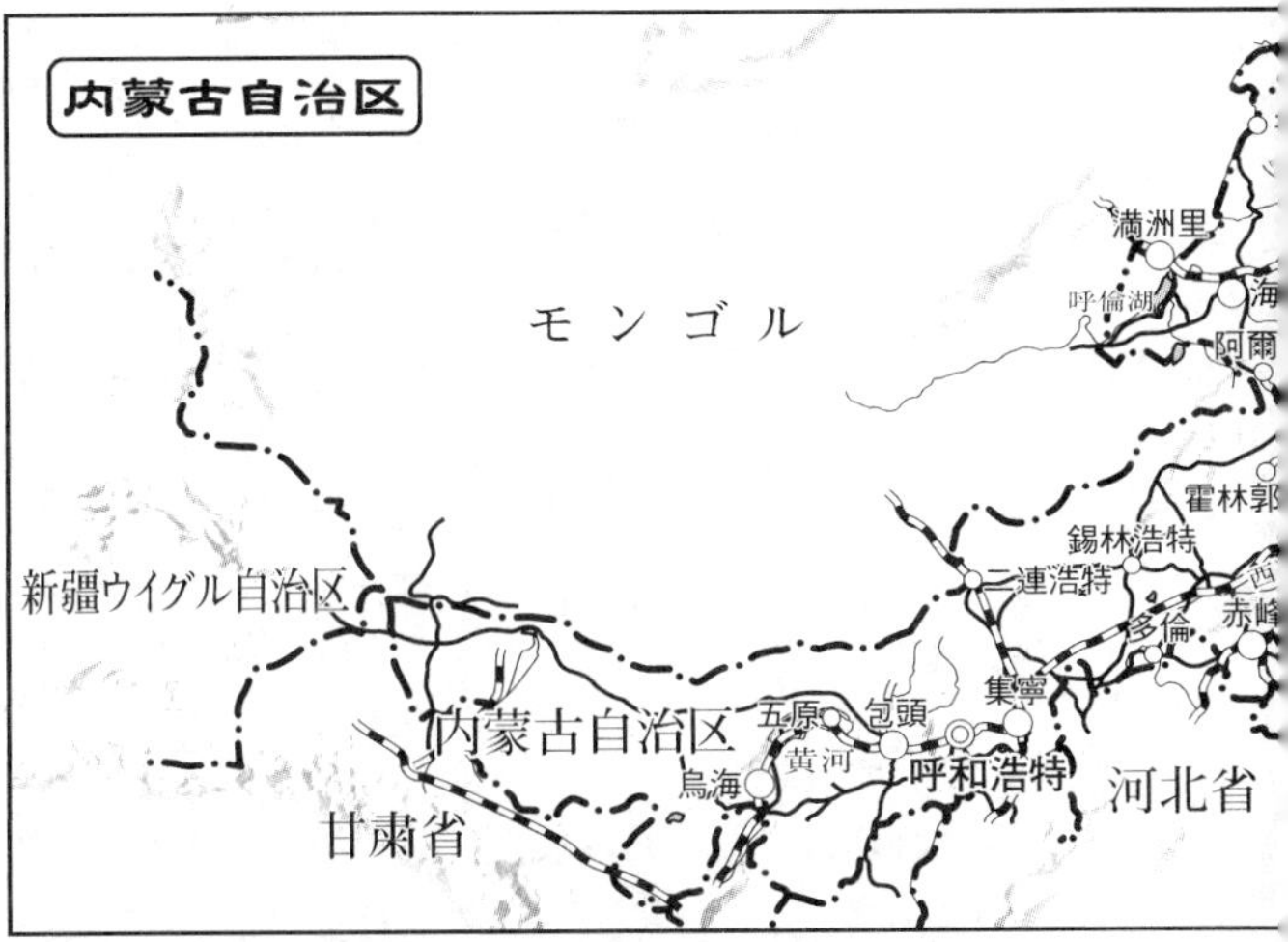

草原の再生に努めた遊牧民に対しては、放牧数の増加をそれに比例して認める制度もスタートした。さらに、移住などの措置を通して遊牧民を定住させる政府先導のプロジェクトも進められているが、学者たちは遊牧民の定住化が草原の過度な利用につながり、かえって草原資源を破壊してしまうと批判している。

深刻な砂漠化問題に直面して、2001年、世界で初めて砂漠化防止などを趣旨とする「防砂治砂法」が採決され、その1年後の02年12月には改正された「草原法」も採択された。こうして、砂漠化防止や草原に対する法的保護がようやく強化される方向へと動き出し、放牧地を草原に戻す「退牧還草」プロジェクトや農地としての耕作をやめて草原に戻す「退耕還草」プロジェクトが大規模に進められるようになった。しかし、草原の砂漠化は依然として猛烈な勢いで悪化している。一般的に、年間降水量50ミリ以下では人間も家畜も生存できないと言われているが、一部の地域は年間降水量がわずか10ミリしかない。気候も内蒙古の発展をはばむ重大問題だ。人工降雨は毎年行われているが、それも思うほどの効果は上がっていない。

内蒙古の生態環境はここ十数年で急速に悪化している。地図上にある湖のいくつかは、実際にはもう存在していない。10キロ範囲内で井戸が一つしかないという地域も多い。地下水に頼りすぎたせいで地下水の水位も急速に下がり、このまま行くと将来の飲料水の確保も困難になる。劣悪な環境のなかで生存を維持するには人口の増加を抑えなければならない。

自然環境の改善が簡単には期待できないため、内蒙古の人々は生活レベルの向上を風力発電に託している。1999年末の時点で、内蒙古では電気の通っていない村が1011もあり、30万世帯が電気とは縁のない生活を送っていた。ちなみに当時、中国全土では1800万世帯、約2300万人が電気の通っていない地域に住んでいた。電気のある暮らしは多くの人々にとって近代的な生活へのファーストステップであった。

現在、進められている風力発電プロジェクトには、村単位で電力供給を行うケースと家庭単位で小型風力発電機を使用するケースがある。発電出力は風の強さに左右される。電力供給の安定化を図るため、風が弱い日や季節によっては、緊急手段として前者ではディーゼル発電機を利用して電気を供給する。後者は太陽エネルギーを利用した発電でカバーする。さらに、電気使用量が少ない日中には、風力発電あるいは太陽エネルギーを利用しての発電で得た電気をできるだけ蓄電器に貯《た》めておく。

その努力の甲斐《かい》あって、住民は一気に近代的な暮らしを手に入れた。2006年末の時点で、住民が利用する小型風力発電機がすでに400万セットに達したという。風力発電量も07年に100万キロワットという大台を超えた。

電気が使えるようになってから、テレビの普及率は急速に高まった。国境近い僻地《へきち》でも流行の厚底靴をはいた地元の少女たちの姿が見られ、テレビの威力をまざまざと見せつけられた。

広大な土地に数軒しかないこうした村に科学技術や知識を普及させるためには、テレビの威力に頼らざるをえない。その意味では、風力発電の推進は単なるクリーン・エネルギーの追求や民衆生活の電化のためだけでなく、民衆の意識を変えるために不可欠な基本条件でもある。

内蒙古は風力発電を積極的に推進したとして、オーストリアで「2000年ワールドワイドエネルギー賞」の一等賞を授与されるなど、国際的な評価も得たが、遊牧民たちが夢見ている近代的な生活の実現にはまだ遠い。

電気の普及は遊牧民の定住化を一層加速させた。そのライフスタイルも近年大きな変化を見せている。

本来、遊牧民族であるモンゴル族の住まいは、移動に便利なモンゴルゲルと呼ばれる一種の移動式テントである。大抵の場合は柳の木を枠にし、羊毛のフェルトでそれをおおい、ゲル内には毛足の長い絨毯《じゅうたん》を敷きつめて快適な居住空間をつくりだす。牛の糞《ふん》などを燃料にする囲炉裏ももうけられている。

しかし、いまは住まいをゲルからより快適な生活を送ることのできる住宅へと移して暮らす人が増えている。こうした変遷《へんせん》を反映して、一部の地域ではモンゴルゲルは観光施設として利用されるのみとなった。特に観光シーズンの夏に、民族色豊かなモンゴルゲルは、馬術やモンゴル舞踊とともに観光客を喜ばせる重要な観光のコンテンツである。

住民の多くは漢民族で、モンゴル族はむしろ少数派だが、モンゴル族の主要居住地らしく、塩だけでゆであげた羊肉をナイフでえぐりとって食べる食べ方や、羊の丸焼き、磚茶《チョアンチャ》（固めたお茶）に羊の乳から作ったバターと塩をいれて飲む「蒙古《モンゴル》茶」、馬乳を発酵させてつくった馬乳酒などが依然として住民の食生活の主流を占めている。

自治区首府・呼和浩特市は、明《みん》の時代には帰化という地名だった。当時の城壁と城内の建築物の多くは青い煉瓦《れんが》でできていて、遠くから眺めると町全体が青い色に見えたという。そのため、「青城」という意味の現地名となった。

沿海地域と比べれば大きく立ち遅れているものの、90年代初期頃から国境貿易が盛んとなり、特にモスクワに通じる2本の国際鉄道が同自治区内を走っているので、モンゴルとロシアとのバーター貿易で経済の活性化にある程度成功している。

しかし、国有企業が競争力を失い、牧畜業も厳しい競争に直面し、沿海地域との格差はなかなか縮まらない。西部開発が注目されるなかで、内蒙古はその後進性を逆にアピールし、西部開発の恩恵にあずかろうとする戦術に出た。依然として受け身的な姿勢に対して批判する声もある。

遼寧省《りょうねい》

――かつての栄光を取り戻そうとする工業基地

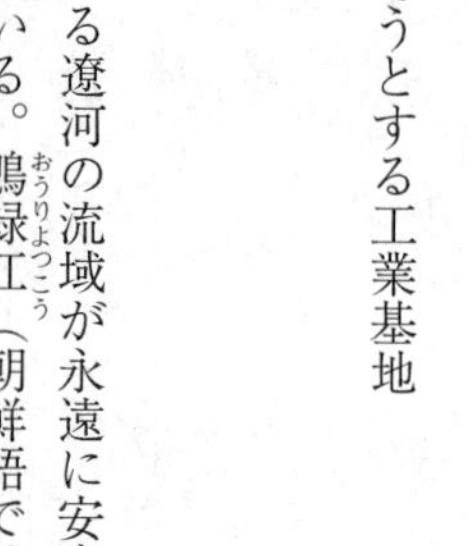

遼寧という地名には、省内を流れる遼河の流域が永遠に安寧であるように、という祈りがこめられている。鴨緑江《おうりょっこう》（朝鮮語ではアムルクカン）を挟んで、朝鮮民主主義人民共和国（北朝鮮）と国境を接している同省全体の地形は「山６割、水１割、耕地３割」という言葉で表現できる。中国で二番目に大きい半島・遼東半島が黄海と渤海《ぼっかい》に突き出しており、長い海岸線と多くの島々を有する。山地・丘陵地である遼東及び遼西と遼河平野部の３地域に分けられる。省内には同省最長の川・遼河を筆頭に、鴨緑江など３６０の川があるが、年間平均降水量は６８８ミリで、水資源は決して豊富とはいえない。寒冷期も短くはないが、日照時間は充分にあるため農業には適している。鉱物の埋蔵量が豊富で、鉄鉱は全国の埋蔵量の４分の１を占める。

同省は東北地区では面積が最小の省だが、大中規模の都市数、総人口における都市人口数、鉄道網の密集度、工業・農業の総生産額、一人当たりの生産額などにおいては、長い間全国でも先進地域だった。地理的にも海に臨み、海上・陸上交通が発達し、産業発展の優勢を保つのに必要な好条件が揃《そろ》っていたためである。

省都瀋陽《しんよう》市は、別名渾河《こんが》と呼ばれる瀋水の北側にある。古代中国では川の北側に位置することを陽としたため、瀋陽という地名になった。清《しん》王朝は16世紀にこの地に首都をもうけ、多くの古代建築物を残した。瀋陽市は東北地方最大の都市であり、遼寧省の政治、経済、文化、交通の中心でもある。

大連《だいれん》などの重要都市がある遼東半島は、中国最初の重工業基地でもあった。省全体の工業総生産額の7割以上は重工業に依存していた。石炭の主要産出基地としては、鉄法《てつぽう》、撫順《ぶじゅん》、阜新《ふしん》などの炭鉱がある。鉄鉱と石炭資源に恵まれている同省は長い間、中国最大の鉄鋼生産基地として知られ、上海《シャンハイ》宝山製鉄所（現在は宝鋼集団）が生産を開始する80年代末までは中国最大規模であった鞍山《あんざん》製鉄所（のちに鞍山鋼鉄集団）や、本渓《ほんけい》製鉄所（のちに本渓鋼鉄集団）などの大手製鉄所または製鉄関連会社を有している。

ちなみに、鞍山製鉄所の前身は旧満州国の「南満州鉄道株式会社鞍山製鉄所」で、

１９１８年に設立された。本渓製鉄所の方は、清王朝末期の１９１０年に日本の財閥と清王朝との合弁で設立された本渓湖煤鉄有限公司であった。２００５年、鞍山鋼鉄と本渓鋼鉄が経営統合して鞍本鋼鉄集団を設立した。

全国第三位の規模を誇る遼河油田は１９８０年代から開発の最盛期を迎え、新興産業として大きく発展し、その加工能力も全国の先端を行く。国内二位を誇る造船業が代表するように、大型トラックなどを主とする自動車製造業、SU27、SU30などの戦闘機や原子力潜水艦などを製造する軍需産業、工作機械、ロボット、CTスキャナーなどの医療機器の製造も中国で有数のシェアと製造力を誇る。近年、日本語でニューソフトと訳される「東軟」が中国最大規模のソフト開発企業として注目を浴び、同社が経営する東北大学東軟信息技術学院と大連東軟信息技術職業学院などの大学と専門学校は、IT人材を大量に育成する重要な教育基地となっている。

70年代末から始まった改革・開放の波に乗って、沿海地域、特に南方地域は目覚ましい成長を遂げたが、その躍進する南方と比べ、重厚長大型の産業が多い同省は立ち遅れが目立つ。特に軽工業や第三次産業が長い間無視されつづけた結果、産業構造のアンバランス化は深刻である。民衆の生活水準も広東《カントン》省や上海などに大きく後れをとっている。工業生産額による実力順位は、81年の全国三位から92年の五位へ、2007年の域内総生産ランキングでは中国全省のなかで八位となり、その地盤沈下には目を覆《おお》うものがある。官僚の腐敗と治安の悪さに閉口する人も多い。

中国初の国有企業の倒産事件も同省内で起きた。遼寧省は赤字、リストラ、倒産を連想させる地名となり、国有企業の人員整理の嵐《あらし》が社会の隅々にまで影響を及ぼした。社会保障制度と再就職システムがまだ完全に確立されていない中国では、増え続けるリストラ労働者が社会秩序をおびやかす大きな不安定要素となりかねない。

同省は、省の最も南に位置し南西に突き出た遼東半島にある大連市に再起の夢をかけた。遼東半島は北朝鮮、韓国、日本、ロシアに近く、地理的にも恵まれている。東北地区の対外国貿易の玄関であり、ヨーロッパに通じる陸上交通の要衝でもある。

また、大連は海に囲まれており、東北地区最大の港でもある。昔からハイカラな町として知られている。寒冷な東北地区で比較的温暖な土地として知られ、遼寧省のなかでは唯一《ゆいいつ》重工業と軽工業の両基盤をもつ都市でもあり、インフラ整備も積極的に推進されてきた。

８０年代の半ばから、遼寧省政府は大胆な外国企業誘致政策を打ち出し、大連を中心に経済開発を急ピッチで進めた。特に８４年、大連は経済特区と同等の優遇条件が進出企業に付与される14の沿海開放都市の一つに指定された。大連は優遇措置を受けた東北地方唯一の都市である。

大連はこうした有利な条件を最大限に利用して、「北の香港《ホンコン》」となることをスローガンに懸命な追いこみをかけた。９０年代に入ってからは目を見張るほどの発展を遂げ、近年は「北の上海」を自負し、きれいな街作りと優れた投資環境を世界に向けてアピールしている。

大連は日本企業の主要進出先であり、キヤノンや三菱《みつびし》電機など大手企業をはじめ、数千社の日系企業が前後して同市に進出した。製造業がメインであるが、近年はコールセンターに代表されるサービス業やソフト開発企業も大連に積極的に進出している。同市への投資において日本企業の存在は、他国の追随を許さない。日本企業と日本の海外経済協力基金による官民一体の国際開発プロジェクト・大連工業団地も建設された。現在、大連は東北地区で改革・開放がもっとも進んだ地域となっており、遼寧省の経済発展に大きく寄与している。９０年代にはいってから日進月歩で発展する大連は、遼寧省だけでなく東北地区全体の経

大連の欧風建築

済を力強く引っ張る牽引車《けんいんしゃ》となっていると評価されている。

また、アカシアの並木が多い大連は、歴史的に日本と関係の深い地でもある。清岡卓行著の『アカシヤの大連』（講談社文芸文庫）が広く読まれ、多くの日本人にある種の郷愁を与えたのもそのためであろう。

古代、大連には上質な青泥《せいでい》があると伝えられ、人々はそれを掘り起こして家を建てたという。したがって、古代の地名は「青泥」と言った。長い年月がたち、ついには窪地《くぼち》となり、明《みん》・清《しん》代以降は「青泥窪《せいでいわ》」と呼ばれるようになった。現在でも大連駅付近が「青泥窪橋」と呼ばれているのはこのためだ。

帝政ロシアが支配していた頃、青泥窪一帯はダルニー（達里尼）市とされていた。日露戦争後の１９０５年、日本がその支配権を握り、達里尼から現在の都市名である「大連」へと正式に改称した。以降、日本敗戦の１９４５年まで、日本は大連を約40年にわたって統治した。

戦前、大連市人口の約2割が日本人であった。いまも大連賓館（旧大和ホテル）、中国銀行（旧横浜正金銀行）、勝利橋（旧日本橋）など日本統治時代の建築物やヨーロッパの薫りを漂わせるロシア風建築が多く残存し、大連が歩んできた茨《いばら》の道と歴史の風雪を今日に伝えている。そのためもあってか、大連の街並みは多くの日本人に昔《せき》日《じつ》のノスタルジーを感じさせ、親近感を与える。日本企業が大連に集中している理由の一つもそこにあるのだろう。

日本企業の強力なバックアップを受けた大連と遼寧省は、北朝鮮、韓国、日本、ロシアに近いという地理的優勢をいかして、環日本海地域経済圏を築こうと熱心に考えている。

また、地方芸能「二人転」の芸人である趙本山が近年、中国で一世を風靡《ふうび》した芸能人として広く知られている。

吉林《きつりん》省

――中国のデトロイトを目指す自動車の町の苦悩

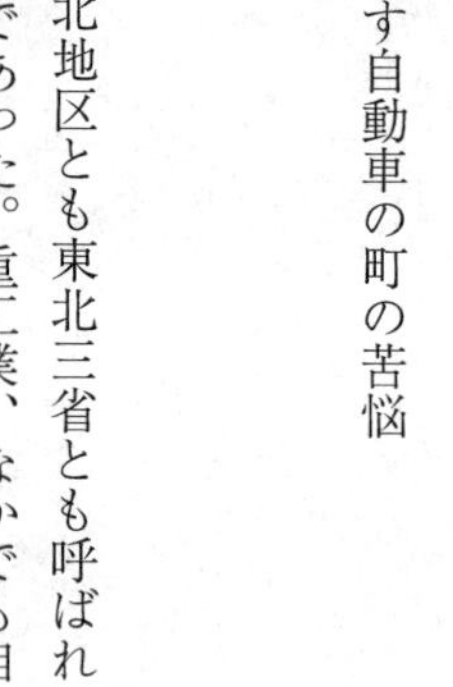

黒竜江《こくりゅうこう》省や遼寧《りょうねい》省と合わせて東北地区とも東北三省とも呼ばれる吉林省は長い間、中国の工業基地であった。重工業、なかでも自動車製造業が特に発達しており、中国のデトロイトとでもいうべき地域である。中国最大の鉄道車両工場や、モノレール車両製造の大手の工場も同省にある。発電所が多く、化学工業も発達しており、省都の長春市は国営大中型企業が最も多い都市の一つである。

「一汽」という略称で知られる中国第一汽車集団公司は、長春第一自動車製造廠《しょう》を中心とする中国最大の自動車メーカーである。傘下《さんか》には29の子会社、17の関連会社があり、東北、西南、華北と山東《さんとう》省東部地域に製造基地と13万人の従業員を擁する。２０07年、自動車実売台数が１４０万台にのぼり、中国一の地位を守り抜いている。

同社周辺には関連企業や傘下企業が多数あり、町自体も完全に「一汽」の企業城下町の観を呈している。

ちなみに、「一汽」の前身は1953年旧ソ連の技術援助のもとで建設された中国最初の自動車製造工場で、長春は新中国の自動車発祥の地でもある。政府要人専用の高級乗用車「紅旗《こうき》」のメーカーとしても広く知られている。

1994年7月、中国政府は自動車を基幹産業の一つとした新政策を発表し、乗用車振興に力をそそぎ、21世紀初頭には全国に100社以上ある乗用車組立メーカーを輸出競争力をもつ数グループに集約させるという方針を掲げた。なかでも自動車メーカーの老舗《しにせ》ともいうべき長春第一自動車製造廠に対する中国政府の期待は大きかった。

長い間「一汽」は生産台数の少ない「紅旗」を除いて、「解放」ブランドの4トントラックしか製造していなかったが、1980年代後半からドイツの大手自動車メーカー・フォルクスワーゲンの技術協力を得て、近代的な自動車メーカーへの脱皮をめざしている。その後、さらにトヨタ、マツダなど日本の自動車メーカーとも合弁提携関係を結んだ。

こうした合弁と提携は「一汽」の躍進にはつながったが、自社ブランド車の開発に遅れたことで消費者から厳しい批判を浴びせられ、新型の「紅旗」はアウディの車体

に紅旗のロゴを貼《は》り付けただけのインチキ物だと酷評された。近年、ようやく重い腰を上げ、自社開発による新車の製造に動き出した。06年からセダン「奔騰《ベスターン》」などを売り出しているが、早くも「マツダ6（アテンザ）」と似通っているとの指摘が現れた。そのため、現在のところ、市場にインパクトを与えられるような自社開発車がまだ登場していない、と断言していいだろう。

自主開発力が弱いのは、

国有企業が集中する東北三省の特徴とも言える。そのうえ、効率と市場原理を重んじる意識が薄い。多くの企業は生き残るために労働者を帰休させたり、リストラしたり、徹底した人員削減作戦を展開している。リストラ労働者は中国では「下崗《かこう》労働者」と呼ばれ、仕事を懸命に探す彼らが都市部をさまよう姿は、いまや東北三省の多くの都市で見られる光景となった。躍進する珠江《しゆこう》デルタや長江デルタと比べ、同省を含む東北は経済の負け組というイメージが濃厚だ。

長春市の中心部には、夜になると屋台が集まりにぎわいを見せている一角がある。屋台の経営者はほとんど例外なく国有企業をリストラされた労働者たちだ。そこから少し離れた通りでは、昼間多くの下崗労働者が立っている。彼らは仕事を求める札を手に持ち、通り過ぎる人々にすがるようなまなざしを向けている。

赤字の国有企業の相次ぐ倒産と容赦ないリストラによって、吉林省のどの都市もどことなく寂しい様相を呈している。しかし、改革・開放をさらに進め、市場経済の原理を定着させるためにはこれを乗り越えなければならない。言い換えれば、新経済体制の誕生を迎えるための陣痛だと受け止めるしかない。

こうした厳しい情勢のもとで、吉林省は近年国境貿易に力を入れている。国境地帯に位置するほかの省や自治区は例外なく国境貿易でうるおっている。同省は朝鮮民主主義人民共和国（北朝鮮）と隣接しており、国境貿易に熱い期待をかけている。

同省の中部は松遼《しようりよう》平野で、緑地がどこまでも続き、中国の重要な穀倉地域の一つでもある。輸出用トウモロコシの生産地として注目を浴びている。近年、北朝鮮が深刻な食糧危機に見舞われていることもあって、同省は北朝鮮に農産品を輸出する重要な基地となっている。北朝鮮が経済改革・開放を模索し始めたのを受けて、北朝鮮への輸出品目の種類も増え、国境貿易が同省経済に占めるウエイトも次第に大きくなってきた。

同省は、東部はロシアに接し、東南部は図們江《ともんこう》と鴨緑江《おうりよつこう》を隔てて北朝鮮に臨む。国境の町である琿春《こんしゆん》は日本海まで15キロ、ロシアのポシエット湾まで4キロのところにある。図們江から日本海に到《いた》るルートが中国では日本に通じる最短の海上ルートである。交通は非常に便利だ。

国有企業の倒産などで苦しんでいる吉林省は北朝鮮との国境貿易では飽き足らず、より大きな夢を見ていた。中国、北朝鮮、ロシア三国の国境を流れる図們江の下流域は、中ソ対立の終結によってその地理的な好条件が注目され、90年代にはいってから国連開発計画（UNDP）の呼びかけで図們江デルタ開発計画が動きだした。東北アジア経済圏の目玉にもなるこの大規模な開発プロジェクトに日本も興味を示していた。一時、日本、韓国の投資視察団も頻繁に同地を訪れていた。しかし、ロシアや北朝鮮側の温度差や条件、さらに90年代後半のアジア金融危機などの問題もあって、この計画はいつの間にか立ち消えてしまった。

吉林省には朝鮮族がもっとも多く居住する地域である延辺《えんぺん》朝鮮族自治州がある。1952年に成立し、面積約4万3000平方キロ、延吉《えんきつ》、図們、敦化《とんか》、竜井《りゅうせい》、琿春、和竜の6市と、安図《あんと》、汪清《おうせい》の2県を管轄《かんかつ》する。人口約220万人。そのうち、朝鮮族が4割程度。自治州政府は延吉市にある。朝鮮族はもともと朝鮮に住んでいたが、1860年から70年にかけて朝鮮北部で大凶作に見舞われ、国境地帯に住む多くの朝鮮人が吉林を中心に中国へと移住し、少数民族を形成したのである。

北朝鮮や韓国に親戚《しんせき》をもつ者も多く、北朝鮮の鎖国政策が緩和されるのをうけて、親族訪問なども頻繁におこなわれるようになった。現在、全国の朝鮮族の6割以上は自治州をはじめ同省各地に居住しており、人口100万人以上とされる。自治州の存在も北朝鮮との国境貿易を盛んにした重要な要因の一つである。

2007年8月に建設が始まった客運専用鉄道は吉林省内を経由して黒竜江省哈爾浜《ハルピン》市と遼寧省大連市を結ぶ高速鉄道である。13年頃開通する予定だが、海港をもたない吉林省にとっては、同鉄道は長春の自動車産業と遼寧省の大連港、営口港とをより緊密に結ぶ頼もしいきっかけのひとつに見える。

「東北の三宝」といわれる朝鮮人参《にんじん》、ミンク、鹿茸《ろくじょう》のふるさとである吉林省にとっては、経済の新しい活路を見出《みいだ》すために苦悩の日々が続いている。

ただ、近年、食糧に対する中国国内ニーズの変化で、農業省のイメージが強い同省にとっては大きなチャンスが転がりこんできた。2006年、同省の食糧生産高が2720万トンに達し、全国農地面積の25分の1に相当する農地で、全国食糧生産量の18分の1を産出したという実績をつくり、中国の食糧安保に大きく貢献した。現在、同省は12年までに3000万トンの生産目標の実現を目指している。

長春市はこのところあまり輝いてはいないが、それでも他に追随を許さない部分もある。同市は〝緑の町〟として有名で、中国一といわれる人工林も市内にある。さらには中国国内有数の学術研究都市でもある。吉林大学をはじめとする30の大学、国立光学研究所など100近くの研究機関が設けられている。市の南西部にある長春映画製作所は、中国最大の撮影所である。

吉林省はまた、多くの日本人にとってなじみの深い土地でもある。

1932年、日本の傀儡《かいらい》政権「満州国」の誕生にともない、省都の長春市は首都

「新京」とされ、日本による東北地区支配の拠点となった。「満州国」政府は「王道楽土」とされ、日本・満州・漢・蒙古《もうこ》・朝鮮民族による「五族協和」をうたっていたが、実質は日本による植民地支配そのものであった。政府の構成も表面上は立法・行政・司法・監察の四権分立としたが、行政を行う国務院の実権を握る総務長官には日本人を任命し、その任免権は関東軍司令官にあった。

かつて日本が事実上支配した東北には、多くの日本企業が進出した。満州国が成立後、東北に地盤をつくった日本企業は全盛時代をむかえ、東北の戦略物資を日本国内に大量に運び、太平洋戦争を支えた。そのなかで、「満鉄」という略称で知られる南満州鉄道株式会社と満州重工業開発株式会社はとくに有名であった。

1905年、日本は帝政ロシアが支配していた東清《とうしん》鉄道の南部区間（長春〜大連）の支配権を入手したのち、翌年、南満州鉄道株式会社をスタートさせた。同社は鉄道以外に撫順《ぶじゅん》炭鉱や水運、埠頭《ふとう》、倉庫、製鉄、発電、ガス、農場なども手広く経営していた。本社は大連に置いていたが、東京には支社を、瀋陽《しんよう》、吉林、哈爾浜、北京《ペキン》、上海《シャンハイ》にも事務所を構えるなどして中国全土への展開をはかっていた。34年に中国とソ連が共同経営する中東鉄道もその支配下に置き、37年以降、日本政府の意向で重工業部門を満州重工業開発株式会社に移管させた。満州重工業開発株式会社は鉄鋼と石炭の生産を強化すると同時に、自動車、重機、飛行機など製造業にも力を入れた。これらの企業は中国の資源を略奪したばかりではなく、敗戦直前に生産工場の多くを破壊したと中国側では指摘・非難している。

１９４５年、日本の敗戦により満州国は開国後わずか13年で崩壊することとなった。ゆがんだ時代の面影がいまも数多く長春市に残っている。

満州国の皇居、満州国国務院、旧関東軍司令部、満州国中央銀行などの建築物は現在、同省の重点保護文化財に指定されている。現在の吉林省博物館は「偽皇宮」とも呼ばれ、当時の満州国の皇居であった。中国共産党吉林省委員会は旧関東軍司令部、吉林省鉄道局は旧満鉄ビルであった。かつての歓楽街であった吉野町《よしの》は、いまはにぎわう商店街・長江路へとかわった。長春市はまた、残留孤児を主人公に描く山崎豊子著のベストセラー『大地の子』（文春文庫）の舞台でもあった。

黒竜江《こくりゅうこう》省

――ロシアと平和共存の道を歩む国境の省

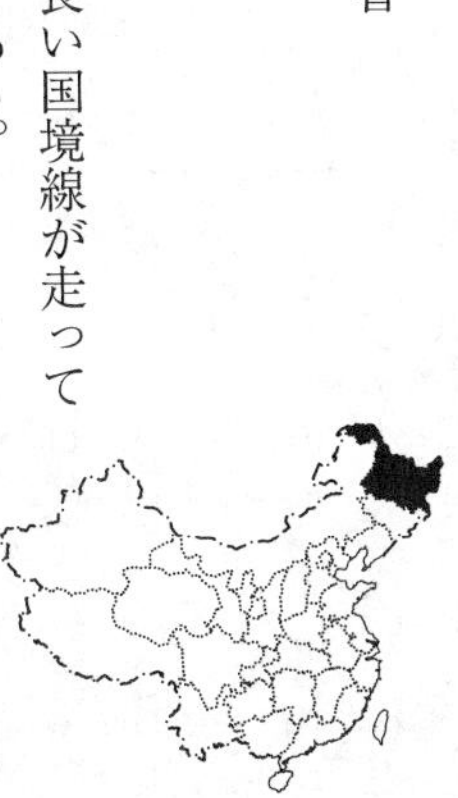

中国とロシアの間には、数千キロにもおよぶ長い国境線が走っている。そのうちの半分以上が黒竜江省との境界である。

地勢をみると、大興安嶺《だいこうあんれい》が走る西北部、小興安嶺が位置する北部、完達《かんだつ》山脈がのびる東南部は標高が高く、東北部と西南部が低い。また、松嫩《しょうどん》平原、三江《さんこう》平原、興凱湖《こうがいこ》平原という三大平野があり、黒竜江、松花江《しょうかこう》、烏蘇里《ウスリー》江、綏芬河《すいふんが》など河川が多い。さらには火山の爆発でできた興凱湖、天然のダムともいわれている鏡泊湖《きょうはくこ》、１７２０年に老黒山など14の火山の噴火で形成された五大連池などの湖がある。中国のシベリアともいわれるほど冬は長くて寒い。黒竜江の年間平均凍結日数は１６４日にもおよび、年間降水量は３００～８００ミリである。

しかし、豊かな土地と資源、そして対ロシア交流の最前線という点で、同省の戦略

的な地位は昔から高く評価されていた。そのため、19世紀後半、極東に野心を燃やしたロシアは清《しん》王朝から黒竜江省を含む東北地域に鉄道を敷く権利を手にし、積極的に進出した。

　このような背景のもとで、ロシア人やユダヤ人の移住が増え、省都の哈爾浜《ハルピン》市にはロシア人街が建設された。後にリトル・モスクワという異称をもつほど、同市にはロシア風の建築物がめだち、いまでもロシア統治時代の面影を残している。

ロシア統治時代の名残で、哈爾浜市内にはボルシチなどロシア料理を供するレストランもある。枕《まくら》ほどもある大きなパンも根強い人気がある。日常用語のなかにもロシア語から来た言葉が多く、いまでも広く使われている。ロシアの文化が色濃く同省住民の日常にしみ込んでいるといっても過言ではない。

松花江を隔てて哈爾浜市街区をのぞむ太陽島は、かつてロシア人の別荘地であったが、いまでは有名観光地へと変わり、「松花江の真珠」とうたわれるほど人気が高い。

1910年代の哈爾浜には、ロシア以外にもイギリス、フランス、ドイツなど二十数カ国の領事館があり、中国の北方地方で西側文化の影響をもっとも受けていた都市である。また、哈爾浜市はオーケストラが中国に広まった発祥の地でもあり、音楽の町という一面も持ち合わせている。1961年から続けられてきたコンサート〝哈爾浜の夏〟は中国ではよく知られたコンサートの一つである。

帝政ロシアが敷設《ふせつ》した鉄道は、当時は中東鉄道と呼ばれ、満洲里《まんしゅうり》～哈爾浜～綏芬河、哈爾浜～大連を結ぶ。東清鉄道、東支鉄道ともいう。日露戦争後、敗戦した帝政ロシアは長春以南の鉄道区間の支配・経営権を日本に手渡した。1917年、ロシアで十月革命がおこり社会主義政権が誕生したのち、長春以北の路線は中国と旧ソ連の共同運営にかわり、長春鉄道と名を改められた。全線が中国所有となったのは1952年のことである。

このような歴史的背景もあって、同省は中国で鉄道がもっとも発達している省となり、哈爾浜、斉斉哈爾《チチハル》、牡丹江《ぼたんこう》、佳木斯《チャムス》は省内の鉄道網の四大中心点である。いままでも満洲里を経由する鉄道は中国とロシアの貿易に欠かせない存在であるばかりか、ヨーロッパまでつながる重大な戦略的意義をもつ重要な交通動脈でもある。

黒竜江のほとりで暮らしを営む庶民の多くは、中ソ蜜月《みつげつ》時代の1950年代に国境の川・黒竜江（ロシア名はアムール川）や烏蘇里江を渡ってロシア人と頻繁に民間交流をしていた。いまでも旧ソ連の若い女性とともに楽しんだ青春の一夜を懐《なつ》かしむ老人がいる。

しかし、50年代の後半から、中ソ間のイデオロギーによる論争が表面化し、60年代には、国境地帯で中・ソの軍隊がにらみあう事態に突入し、その代表例として69年3月には、中ソの国境となっている烏蘇里江の中州、珍宝島（ロシア名はダマンスキー島）で軍事衝突が発生した。

当時、中国は文化大革命のさなかにあり、旧ソ連を激しく批判していた。「珍宝島事件」発生後、中国側は、旧ソ連がマルクス主義を修正主義から覇権主義に転換した印としてこの事件を受け止め、旧ソ連に対する批判は覇権主義との戦いでもあるととらえて、中ソ関係は冬の時代に入った。

1969年9月に中ソ両国首相会談が北京《ペキン》空港で開催され、ひとまず武力衝突は停止された。しかし冷却関係は長く続き、86年のソ連共産党ゴルバチョフ書記長によるウラジオストク演説でようやく国境問題は好転しはじめた。90年代に入ってからは、中ロ間で相次いで国境協定が調印され、両国の関係も大きく好転した。90年代後半には、中国はロシアからSU27戦闘機やミサイルなど先進的な兵器の供与を受け、中ロ関係は互いに戦略的なパートナー関係を結ぶまでに改善された。2005年に、中国とロシアは「中華人民共和国とロシア連邦による中ロ国境東端に関する補足協定」の批准書《ひじゅんしょ》を交換し、黒竜江と烏蘇里江が交差する水面に浮かぶ黒瞎子島《ヘイシャーズ》と、内蒙《ないもう》古《こ》自治区満洲里に近い阿巴該図《アバガイト》島の総面積約375平方キロメートルを、両国はそれぞれ半分ずつに分ける方法で、両国の国境問題の解決に終止符を打った。

中ロ関係の改善は直ちに黒竜江省の経済に反映された。ロシアをはじめとする外国との交流を強化するために、同省は積極的に貿易港などを開放した。水運関係の貿易港は哈爾浜、佳木斯、富錦《ふきん》、同江《どうこう》、黒河《こくが》、遜克《そんこく》、撫遠《ぶえん》など十数カ所にのぼり、ロシアに近くて交通が比較的に便利な都市や主要な町はほとんど開放されたといってもよい。冬になると、国境河川にもなっている黒竜江と烏蘇里江は全面凍結して1メートル近くもの氷層ができ、荷物を満載したトラックが川を走る光景がよくみられる。こうした努力もあって、国境貿易額は大幅な伸びをみせている。

黒竜江を挟んでロシアのブラゴベシチェンスクと向きあう国境の都市・黒河市は、対ロシア貿易の最大の窓口になっている。両市と両国を結ぶ空港、自動車道なども整備された。省の最南端に位置するロシアとの国境の町・綏芬河も、小さな町ながら、町を通る鉄道によってロシアのウラジオストクやナホトカとつながっていて、町にはロシアの商人が盛んに出入りしている。

国境貿易の隆盛とともに、ロシアへの観光需要も急速に増した。ロシア観光は同省のどの国境の町でも大はやりである。こうした需要に対応するため、主要関門の綏芬河や東寧《とうねい》では2004年に、通関手続きのできる時間を8時間から12時間へと延長したほどである。

黒竜江省の海外交流史を語るときに、日本との関わりを避けては通れない。1931年から、領土拡張を目指す日本の攻撃を受け、同省は遼寧《りようねい》省や吉林《きつりん》省とともに日本の占領下に置かれた。後には、米アカデミー賞作品賞を受賞した映画『ラスト・エンペラー』（1987年）の主人公にもなった清の最後の皇帝・溥儀《ふぎ》を傀儡《かいらい》指導者とした「満州帝国」の一部となった。

満州国時代に多くの日本人が満蒙《まんもう》開拓団の一員として同省に渡り、三江平原周辺を中心に定住しはじめた。しかし敗戦によって満州国が倒れ、敗走する関東軍の後を追うかのように開拓団の日本人もまた同省を裸同然で逃げだし、満蒙開拓ははかない夢となって打ち砕かれた。

当時、中国に取り残された日本人の子供と、逃げ遅れて中国に残らざるを得なかった日本人の女性は、のちに残留孤児または残留婦人と呼ばれ日本を揺さぶる大問題となり、戦後60年以上も過ぎた現在でも日本への帰国定住など多くの問題がまだ完全には解決していない。同省の近代史はまさに日本を抜きには語り尽くせないと考えてよい。

黒竜江省は外国との交流や衝突の歴史が長いだけに、奥地に位置しながらもどことなくオープンなところがある。言論統制がもっとも厳しかった文化大革命中でも、上海《シャンハイ》や北京と比べると自由な気風が残っていた。

しかし、改革・開放時代に入ると逆に遅れがめだつようになり、国有企業の相次ぐ倒産やリストラ労働者のデモ抗議、治安事情の悪化など問題が多発した。ロシアやモンゴルとの国境貿易や観光客の誘致などを懸命におこない、ある程度は劣勢を挽回《ばんかい》しているると思うが、長年の国有企業時代に培《つちか》われた親方日の丸に通じる「大鍋飯《ダーグオファン》」意識からなかなか抜け出せず、市場経済の波に乗り遅れている。

中華人民共和国建国後、同省では多くの国有農場が作られ、機械化が進んだ大規模な農業経営を試みた。

同省の農業を語るには、「北大荒《ペイターホアン》」というキーワードが欠かせない。これは三江平原を中心とする黒竜江開墾区を指す俗称である。三江平原は黒竜江、松花江、烏蘇里江から運ばれた土砂が堆積《たいせき》して形成された平野で、世界三大黒土地帯の一つである。区内は河川が縦横に走り、沼地も多く、森が生い茂り、国際湿地保護リストに登録されている。

かつては日本の開拓団もこの荒野の開拓を試みた。1950年代からは、食糧問題を解決するため、中国政府は全国各地から十数万人の退役軍人と都市青年を動員して荒野の開墾にあたらせた。文化大革命時代、三江平原を中心に多くの国営農場が準軍事化の黒竜江生産建設兵団として設立され、北京、上海、天津《てんしん》、哈爾浜など多くの都市から数十万人の青年がここに強制移住させられたこともあった。

大規模な開墾によって、200万ヘクタールにのぼる湿地が農地となり、中国で最も機械化レベルの高い食糧生産基地を作り上げた。かつての荒野はいまや大豆や小麦、トウモロコシなどを生産する北方の穀倉地帯となった。

しかし、たいへんな代価も支払うこととなった。森林の伐採と湿地のむやみな開墾によって、肥沃《ひよく》な土地が急速に退化し、自然破壊も目をおおうほどに深刻である。専門家は「あと50年で、黒土地帯はなくなってしまう」と警告した。

事態の深刻さにようやく気付いた同省と中央政府は2001年から、半世紀の間続けられてきた荒地開墾の全面停止を決定した。現存湿地を保護すると同時に、農地に適さない耕地を大量に林地に戻し、自然保護区の設置、人工造林などにも力を入れ、地元の生態環境を回復させようとしている。

このことは、荒地開墾による食糧の増産という伝統的なやり方に別れを告げたことを意味する。食糧生産基地という地位を維持するために、「北大荒」は今後農産物の品質と単位面積当たりの収穫量の向上に重点を置くことに方向転換し、辺境の地とされる黒竜江省も、経済、環境と生態をバランスよく考えた持続的な発展を目指す新たな段階に入ったと言えよう。

かつて木材の輸出大省として知られた同省は、過度の伐採を長年続けたため、現在、林業は大きく衰退した斜陽産業となった。

だがその一方で、重工業をはじめ、工業化は比較的進んだ省である。

1960年に開発がはじまった大慶《だいけい》油田は、93年まで中国の石油生産量の5分の2を担《にな》ってきた。80年代、鄧小平《とうしょうへい》の改革・開放路線が定着するまで、自力更生の精神的象徴として高く評価されていた。しかし、90年代半ば以降、同油田の生産量が急激に低下し、資源の枯渇が心配され、その地位も低下し始めた。哈爾浜市は「動力の里」と呼ばれるほど、発電設備関連の生産メーカーが集中している。ヘリコプター、小型飛行機、軽自動車などを製造する「哈飛《ハーフェイ》」に代表されるように、軍事産業関連の企業も多い。

しかし、市場経済が中国の隅々に浸透したいま、赤字の大手国有企業が多い同省では、躍進する沿海地方に比べて相対的にランクが下がり、再起を図っている。船舶工業、海軍装備、海洋開発、原子力応用を特色とする哈爾浜工程大学などがある。

上海《シャンハイ》市

——1930年代の輝きを取り戻しつつある経済の都

数年前、上海で静かなブームとなった一冊の本が翻訳・出版された。女流作家、陳丹燕《ちんたんえん》の『上海的風花雪月』（邦訳『上海メモラビリア』）だ。

1930年代の上海は、「東洋のパリ」「魔都」などと呼ばれていた。当時の上海はアジアで一際《ひときわ》輝いており、モダンの先陣を切っているという意味では、まさにパリのような存在を誇った。また一方で「魔都」という呼び名のとおり、魅惑的あるいは堕落的な一面も持ち合わせていた。多くの人々がこの上海を舞台に波瀾《はらん》万丈の人生を送った。

著者は本のなかで、異様なほどの輝きを放っていたオールド上海や、当時の主役たちの数奇な運命を描いたばかりでなく、伝統と文化の破壊によって失われた当時の輝きを取り戻そうとする現代の上海っ子にも温かい眼差《まなざ》しを注いでいる。

かつてのフランス租界で、現在でも高級住宅地として知られる岳陽路《がくようろ》や上海音楽学院周辺はヨーロッパ調の建築が集中しており、中国離れした情緒を醸《かも》し出している。これらの建築物は里弄《リーロン》と呼ばれる横町を形成している。赤い煉瓦《れんが》の二階建てもしくは三階建てのマンションが整然と建ち並び、ヨーロッパ文化の香りをいまも漂わせる旧フランス租界の静安区や徐匯《じよわい》区の里弄。青い煉瓦と白亜の壁がシックで江南らしい雰囲気の黄浦《こうほ》区のマンション。抗日戦争中、旧日本軍の爆撃で焼き払われた閘北《こうほく》区や虹口《ホンキユー》区に行くと、掘建小屋が密集するスラム街同然の里弄が、再開発の波に洗われてかなり少なくなってきているものの、いまだに残っている。日本人が多く居留していた地域のなかで高級住宅地とされた虹口区山陰路あたりへ行くと、ふすまや障子の名残をとどめた和風マンションで構成される里弄がよく探せばまだその姿を確認することができる。

旧租界時代が残したこの思いがけない文化遺産に、商売上手な上海っ子が目をつけた。旧租界の建物を復旧し、内装も1930年代調にしたうえでレトロ風のレストランとして開店し、人々の心の奥に潜むある種の郷愁を煽《あお》り立てて、それをビジネスチャンスにしたのである。古いところでは「席家花園《せきかかえん》」「丁香花園《ていかかえん》」などがその代表例

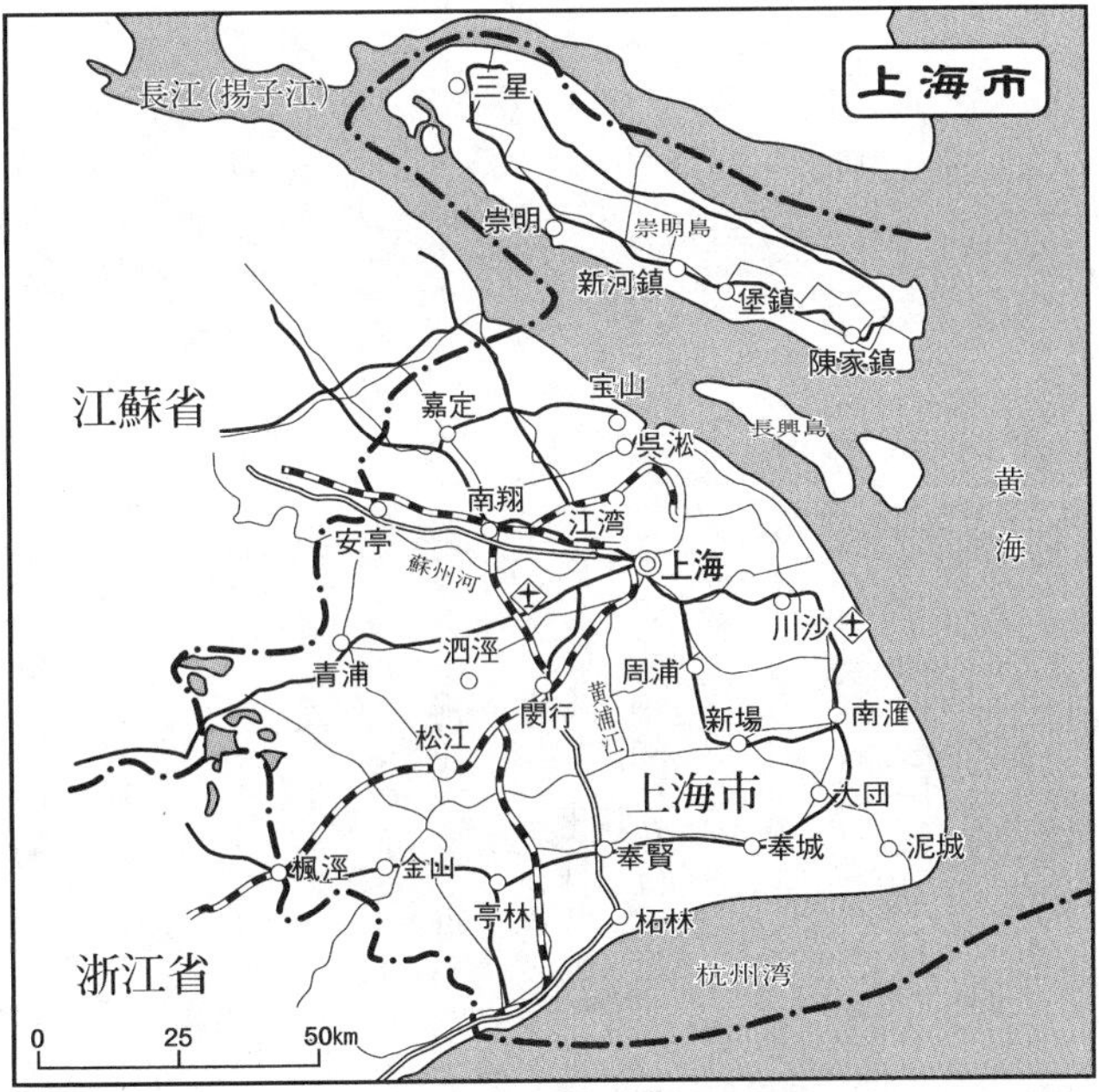

である。いずれもかつては名の知られた資産家の私邸だったが、いまや高級レストランとなって、30年代の流行歌と美味《おい》しい上海料理を楽しませてくれる。新しい例では「外灘《バンド》3号(THREE ON THE BUND)」、「外灘18号（BUND 18）」などだ。建物全体に大規模リニューアル工事を行ったうえ、アルマーニやエビアンのスパなどをテナントに入れ、現在上海では最も話題のスポットとして注目を浴びている。

最近、街を散策すると、オールド上海を謳歌《おうか》するようなこの種の光景によく出会う。どうやら上海人の意識の奥深いところに眠っていた誇りが急速によみがえってきたようだ。

そのひとつは「新天地」である。1920～30年代に建てられたモダンな雰囲気の住宅建築「石庫門」を修復し、飲食、ファッション、カルチャーなど多岐に渡る都市文化をひとつの空間に凝縮させた人気のスポットに改造した。その過去と現在が融合した気品ある空間は、上海人と上海を愛する世界の人々の心のひだに触れ、虜《とりこ》にした。

もちろん、〝復古潮〟ことレトロブームは旧租界のヨーロッパ文化に限ったものではない。上海の浅草とも形容される豫園《よえん》一角は、上海っ子に〝老城隍廟《ろうじようこうびよう》〟と呼ばれ、オールド上海時代には有名な繁華街だった。方浜中路の約1キロエリア内は、再開発再開発によってかつての栄華を甦《よみがえ》らせている。西側エリアには明《みん》・清《しん》様式の建築が軒を連ね、東側の区域には30年代の街が再現されている。ただ、こうした建築物は人工的な工作物として、人々の大きな関心は集められなかった。

今日の上海をもっとも凝縮しているハイライトをもうひとつ挙げるなら、夜の黄浦江を取り上げたい。黄浦江をさかのぼる遊覧船に乗って市内に入ってくると、目の前

高層ビルが建ち並ぶ浦東地区

に光の山脈が現れる。外灘あたりに来ると、右手には、重厚な建築スタイルで知られる30年代の建物の、ライトアップされたそのスカイラインが上海の今昔を無言のうちに語る。左手には、近未来的なデザインのテレビ塔や超高層ビルが林立する。照明に浮かび上がったそのシルエットは、躍進する今日の上海のダイナミックさをさりげなくアピールしている。「東方明珠」と呼ばれる上海浦東《ほとう》テレビ塔は高さ468メートル、2008年現在、アジアで一番、世界では三番目に高いテレビ塔だ。1994年に完成したこの塔には二つの大きな球体と五つの小さい球体があり、下の大球体は娯楽施設、上の球体はテレビ電波送信用の機械室や展望台、回転式スカイラウンジとなっている。さらに塔の下に球体のコンベンションセンターが新築された。唐の時代の詩人、白居易《はくきょい》の詩「大珠小珠落玉盤」をイメージしている。

かつて紡績工場だった建物や倉庫などを利用して、有名無名の芸術家のアトリエなどが集まるスポットも増えている。油絵から水墨画、彫刻、写真、書道、家具に至るまで個性的、前衛的な作品が展示され、閉鎖に追い込まれた工場に新しい命を吹き込んでいる。蘇州河の南側にある莫干山路《ばくかんさんろ》という短い通りでこうしたスポットと出会える。泰康路《たいこうろ》にある「田子坊」や、楊浦《ようほ》区にある棉紡績工場の倉庫を改造して上海最大の芸術文化の空間として生まれ変わった「五角場800号」なども注目を集めている。

近年、上海では「左岸」という言葉が流行《はや》っている。パリを真似《まね》た言葉で、フランス語では「リヴ・ゴーシュ」という。パリは市内の真ん中を東から西へ流れるセーヌ川をはさんで、北側の右岸が政治やビジネス、南側の左岸が文化の色濃いエリアといわれてきた。地理的に、上海のこうした芸術文化のスポットは必ずしも上海市内を流れる蘇州河の左岸にあるとは限らないが、精神的なリヴ・ゴーシュを追い求めているようだ。

これを単なる古き良き時代への郷愁と受け止めるのは間違いだ。むしろ、いまの上海は30年代の輝きを裏付ける経済センターや金融センターといった経済的地位を取

上海浦東テレビ塔

り戻すために、すべてを動員していると言っていいだろう。

　上海の表玄関にあたる外灘とは、北は蘇州河から南は金陵東路《きんりようとうろ》、東は中山一路《ちゆうざんいちろ》から西は河《か》南中路《なんちゆうろ》までの約1キロ四方の区域を指す。1930年代には各国の銀行や証券会社が軒を連ね、「東洋のウォール街」と呼ばれる一大国際金融街であった。かつての黄金時代を呼び戻すため、上海は外国金融機関の誘致に全力を注いでいる。外灘にあるこうした建物から共産党委員会や市政府役所を立ち退《の》かせ、外国の金融機関にリースするという徹底ぶりである。

　現在、上海にはすでに数多くの外国金融機関が事務所や支店を構えている。営業を認められている外国金融機関、証券会社も数多くある。日本勢も大きな勢力としてその存在感をみせている。外灘では「花旗銀行《シティバンク》」、オランダ銀行など外国銀行の看板がめだつ。上海は外資導入のさらなる拡大を促進すると同時に、外国の金融機関をさらに誘致して、オフショア市場の設立など国際金融センターとしての機能を強化し、香港《ホンコン》やシンガポールと肩を並べる金融センターになることを目標にしている。

この目標を実現するには、受け皿としての外灘は面積が狭すぎる。いや、旧市街地自体も新しい飛躍の舞台としては狭すぎる。そこで新たな開発計画が進行中である。

旧市街区の浦西《ほせい》に対し、黄浦江の向こう側は浦東と呼ばれている。栄えていた浦西とは反対に、広大な土地のある浦東は長いこと開発が立ち遅れていた。９０年から改革・開放の新しいステップとして浦東開発がはじまった。中央政府は浦東を９０年代の中国対外開放の重点地域に指定し、アジアの国際金融センターを目指して浦東開発を加速させた。現在、四つの重点開発区が設けられている。金橋輸出加工区、陸家嘴《りくかし》金融貿易区、外高橋保税区、張江ハイテク区である。

黄浦江を挟んで、外灘の真向かいにあるのが浦東の陸家嘴地区だ。そこでは新しい金融センターが日を追うごとに存在を誇示するようになった。浦西から引っ越してきた上海証券取引所の新社屋は東京証券取引所よりも規模が大きい。森ビルが建設した

「上海環球金融中心」（ＳＷＦＣ、上海ワールド・ファイナンシャル・センター）は08年夏に完成。世界最高水準の国際金融センター機能を備えた地上101階、高さ492メートルのこの「垂直の複合都市」も陸家嘴にある。そのすぐ横では、580メートルの高さを目指す「上海センター」という超高層総合ビルも建設されている。

2010年上海万博の会場工事も急ピッチで進められている。会場内には、総工費が15億元（約230億円）で建築面積2万平方メートルの中国国家館、3万平方メートルの中国地方館、3000平方メートルの香港、マカオ、台湾《たいわん》館という三つの部分がある。会場は歴史のある造船所、江南造船廠《しょう》の跡地である。江南造船廠は長江河口の長興島に移り、近代的な大規模造船所に生まれ変わる。

市街区と浦東新区との交通アクセスをよくするため、近年、楊浦大橋《だいきょう》、南浦大橋、浦東の南北を貫く幹線道路、外高橋新港湾、大規模なガス工場、発電所、水道工場、汚水処理場、世界最初の商用運営に投入されたリニアモーターカー、4000メートル級滑走路3本を有する24時間全天候型の浦東国際空港などのインフラも整備され、国際経済都市としての地位を固めた。

一般的に、政治の北京《ペキン》に対し、経済の上海といわれるが、政治の最前線を突っ走ることも稀《まれ》ではない。上海は文化大革命の幕が切って落とされた地であり、後に「上海組」

と呼ばれた毛沢東《もうたくとう》夫人江青《こうせい》らの四人組もこの上海を舞台にした。江沢民《こうたくみん》前国家主席兼共産党総書記、朱鎔基《しゆようき》前首相が代表するように、上海を登竜門とした大物政治家も多い。

工業の分野ではドイツの自動車メーカーとの合弁企業、サンタナを生産する上海フォルクスワーゲン社と、アメリカ資本が参入する上海フォードが中国を代表する大手乗用車メーカーとなった。日本の新日鉄などの協力のもとに建設された近代的な大型製鉄所「宝山鋼鉄廠」（現在は「宝鋼集団」）は、いまや中国最大規模の鉄鋼生産グループへと成長した。この中国の近代化を象徴する大プロジェクトは、山崎豊子著『大地の子』の舞台ともなった。大型飛行機の製造基地も上海に決まり、宇宙、航空産業へのさらなる発展も望まれる。

上海は中国最大の工業基地、最大の港湾であると同時に、貿易、科学技術、金融、情報などの分野においての中心的な存在でもある。21世紀に向かって、アジアの金融センター及び貿易センターの建設をめざしているが、インフラの整備やハイテク産業の発展に欠かせない人材の育成など、なお取り組むべき難題も多い。かつての栄光を取り戻しつつあるが、多くの時代的な課題にどのように取り組むのか、世界中から熱い視線が注がれている。２０１０年上海万博の開催はある意味では、上海の実力を知るための中間テストとなることだろう。

江蘇《こうそ》省

——蘇州モデルが限界を迎えた江南

中国で経済がもっとも発達している長江デルタに位置する昆山《こんざん》は上海《シャンハイ》経済圏にある重要な新興都市で、面積８６５平方キロ、人口59万人。同市の位置する江蘇省南部は「蘇南」と呼ばれ、昔から中国でもっとも豊かな地域だ。蘇南の代表的な都市蘇州と江蘇省と隣接している浙江《せっこう》省の省都杭州《こうしゅう》は「上有天堂、下有蘇杭（天上に極楽あり、地上に蘇州・杭州あり）」とたたえられている。同市はまさにこの「極楽」とたとえられる蘇州市に属する。

中国の行政構造では、省・直轄《ちょっかつ》市・自治区の下に省直属市（地区レベルの都市を意味する地級都市と表現する場合が多い）、さらにその下に県レベルの市、県となっている。下に行けば行くほどその行政ランクが低い。ところが、ランクから言えば県レベルの市の下に位置する昆山に、２００１年春の時点ですでに約１０００社の台湾《たいわん》企

業が投資しているのだ。平均して1平方キロ弱に1社という密度は、台湾企業がもっとも密集するといわれる広東《カントン》省の東莞《とうかん》を上回るほどである。特にノートパソコンを製造する主要メーカーとその川下にある部品メーカーが集っている。

2005年、台湾の最後のノートパソコンのOEM製造ラインといわれる大衆コンピュータ（FIC）の製造ラインが蘇州に移ったことで、蘇州が完全に台湾に代わって、世界最大のノートパソコンの製造基地となった。06年、蘇州でのノートパソコン製造台数は約1400万台で、世界全体の製造台数の約25％に相当した。07年にはその製造台数は3216万台に達し、全世界のノートパソコン製造台数の40％を誇るまでになった。

こうした中で昆山への台湾からの投資額は、台湾と人的な関係も地理的な関係も密接な福建《ふっけん》省全体のそれを上回り、中国で唯一《ゆいいつ》台湾同胞投資企業協会を擁する県レベルの市となった。

台湾企業の密集度をはかるもう一つのパラメーターがある。投資に来た台湾ビジネスマンの子供たちに教育を提供する台商子弟学校があるかどうかだ。東莞の次にできた台商子弟学校は、昆山花橋鎮にある華東台商子弟学校と言えよう。01年秋に開校した同校は、台湾人の校長をもち、台湾の教科書を使い、教師の多くも台湾から招かれる。政治舞台で繰り広げられる中台の激しい対立はここでは見られず、むしろ統一が予想以上に進んでいる印象を受ける。

昆山と蘇州、さらに周辺の無錫《むしやく》、常州《じようしゆう》などの台頭により、蘇南は世界の人々が言う「世界の工場」の現場そのものとなった。三井住友銀行蘇州支店の幹部行員が「蘇南に進出した日系企業だけで宇宙衛星のロケットまで作れそう」と冗談を言うほど、外資企業の密集度が印象に残る。

また、昆山と言えば、多くの中国人は世界無形文化遺産に指定された伝統戯曲「昆《こん》曲《きょく》」を想起する。「昆曲」の発祥の地である。昆山はいまや中国本土と台湾を結ぶ経済舞台となり、政治ではとうていできない中国本土と台湾の新しい関係をつくる歴史的な一幕を開けたのである。

昆山にここまでスポットが当てられたのは偶然ではない。同市は中国最大の商業都市上海と悠久の歴史のある町蘇州との間にある地理の便を最大限にいかし、これまで中国で初めて国の資金に頼らず、みずからの努力で資金調達して国家級経済技術開発区を作ったり、二十四時間苦情処理などの行政サービスを提供するなど、きめ細かく投資環境を改善する努力をしてきた。これが昆山の魅力となって、台湾企業の集中投資という実を結んだのである。

昆山だけでなく、江蘇省全体、とくに蘇南一帯は９０年代後半から中国でもっとも活気のある地域となっている。

長江と淮河《わいが》の下流にある同省は、蘇州、無錫、常州、南通《なんつう》、鎮江《ちんこう》、南京《ナンキン》の６市からなる蘇南と、徐州《じょしゅう》、淮陰《わいいん》、連雲港《れんうんこう》、塩城《えんじょう》、揚州《ようしゅう》の５市からなる蘇北に分けられる。長江、太湖《たいこ》、洪沢湖《こうたくこ》、陽澄湖《ようちょうこ》、駱馬湖《らくばこ》、高郵湖《こうゆうこ》などをはじめ２９００あまりの川と３００の湖を擁し、水面面積が総面積の17%を占めるうえ、68%の土地が海抜45メートル以下の平野である。その水面面積が中国一ということで、「水郷の江蘇」と呼ばれている。

省都南京市は、2400年以上の歴史をもつ都市で、三国時代の呉《ご》、東晋《とうしん》、宋《そう》、斉《せい》、梁《りよう》、陳《ちん》、五代時代の南唐《なんとう》、明《みん》、太平天国、中華民国が首都を置き、中国の六大古都の一つとして知られる。

南京から上海までの鉄道沿線は中国で有数の発達した工業ベルト地帯となり、1990年代に入ってからは、蘇州、無錫、常州、江陰《こういん》、武進《ぶしん》、常熟《じようじゆく》、呉江《ごこう》、張家港《ちようかこう》、呉《ご》県《けん》、昆山、太倉《たいそう》などの県（市）は「金持ち県」として知られ、そのGDPは北方の省都級大都市のそれを上回っている。

同省は台湾企業の投資を誘致するほかに、シンガポールとの提携にも力を入れている。蘇州市東郊外では、シンガポールのリー・クワンユー元首相とゴー・チョクトン前首相の積極的な支持により、総面積70平方キロのニュータウン蘇州工業園区（略称は園区）の建設がすすめられ、ニュータウンには近代産業区、ハイテク技術区、加工生産区、それに学校、住宅、病院、ショッピングセンター、研究機関などが設置されている。近くには金鶏湖《きんけいこ》があり、良質な水源が確保されている。上海と浙江省・杭州市を結ぶ鉄道や高速道路の利用も非常に便利だ。

周庄の水郷

後に蘇州にできた高新技術産業開発区（略称は高新区または新区）も園区をヒントに作られた開発区である。それ以降、園区と新区モデルは中国各地でコピーされ、中国全体の外資企業誘致のレベルが大きく高められた。蘇州モデルも熱く語られていた。

しかし、やがて単に外資系大手企業の工場を誘致するだけの蘇州モデルに対して、人々は一種の「大家経済モデル」に過ぎないと批判的な目線を向けるようになった。その批判はわかりやすく言えば、蘇州がやっていることは、賃貸住宅ビジネスのようなものであり、土地と建物を提供してテナントから家賃をもらうビジネスモデルだ、というものだ。地元の産業が育っておらず、自らの経済力による再投資能力はあまりないというのが実態なのである。

２００８年１月から発効する「労働契約法」の実施と人件費の高騰《こうとう》などの最新事情もあって、外国企業の加工貿易や輸出に依存する蘇州モデルはもう終わりに近づいている。新しいビジネスモデルを見つけることが、蘇州ないし江蘇省全体の課題となりつつある。

０８年５月、長江にかかる蘇通大橋の開通で、南通と上海を１、２時間で結ぶことができるようになった。廉価《れんか》な労働力が豊富で広大な土地が利用できる蘇北（江蘇省北部）と長江デルタ主要都市との繋《つな》がりが一気に強化され、江蘇省全体の経済レベルを高めるのに大きな期待がかけられる。

浙江省と同じように、同省は悠久の歴史と恵まれた自然により観光名所が多く、中国の代表的な観光地でもある。唐詩や宋詞に謳《うた》われる秦淮河《しんわいが》、近代中国の建国の父といわれる孫文《そんぶん》の墓地がある中山陵《ちゆうざんりよう》、明の初代皇帝・朱元璋《しゆげんしよう》の明孝陵、鑑真和上《がんじんわじよう》が

揚州大明寺

世界遺産 拙政園

かつて住職をしていた大明寺、風光明媚《めいび》な痩西湖《そうせいこ》、「姑蘇《こそ》城外　寒山寺《かんざんじ》／夜半の鐘声客船に到《いた》る」という唐詩人・張継《ちょうけい》の詩で知られる寒山寺、臥薪嘗胆《がしんしょうたん》という四字熟語を残した古代越王《えつおう》・勾践《こうせん》を幽閉した場所と言い伝えられている霊岩山、蘇州で歴史がもっとも古い庭園とされる滄浪亭《そうろうてい》、元《げん》の時代の代表的な庭園として知られる獅子林《ししりん》、造園芸術の傑作といわれる拙政園《せっせいえん》、太湖、呉・越時代に生きた絶世の美女・西施《せいし》にまつわる美しい伝説をのこす蠡園《れいえん》、美女に化け人間との悲恋に命を捨てた白蛇の神話の舞台である金山、三国時代の劉備《りゅうび》の呉・孫権《そんけん》の妹との縁談がまとまった場所として語られてきた甘露寺のある北固山《ほくこさん》などが、人気の観光スポットである。

同時に、長い間文化の発信地でもあった。水墨画が盛んで、清《しん》の時代に鄭板橋《ていはんきょう》ら「揚州八怪」と呼ばれる画家、文学者、現代で超一流と評される画家傅抱石《ふほうせき》、銭松岩、徐悲鴻《じょひこう》、劉海粟《りゅうかいぞく》を輩出した土地である。呉門画派、揚州画派、金陵画派など有名な流派を形成し、中国の絵画に大きな影響を及ぼした。現在も省内では数多くの画院があり、他の省・市・自治区の追随を許さない。昆山周辺で流行した昆劇は、京劇、越劇《えつげき》、粤劇《えつげき》とならぶ地方劇である。

歴史に大きな足跡を残した人物も多い。

日本の律宗開祖である鑑真（688～763）は唐代の高僧、本籍揚州。揚州大明寺の住職だったとき、唐を訪れた日本の学問僧に乞《こ》われて律宗に明るい高僧として日本に渡る決意をし、五回におよぶ航海の失敗と挫《ざ》折《せつ》による失明を経験したのち、ついに７５３年に日本の土を踏むことができた。奈良東大寺で戒律を教え、日本仏教の授戒制度を確立した。７５９年に唐招提寺を建て、律宗をひらいた。中国の建築、彫刻、医薬学などを日本に伝え、中国と日本の交流史に大きな足跡を残した。井上靖の名作『天平《てんぴょう》の甍《いらか》』（新潮文庫）の主人公となっている。

江陰出身の徐霞客《じょかきゃく》（１５８６～１６４１）は明時代の地理学者で、有名な『徐霞客遊記』を後世にのこした。『西遊記』で知られる呉承恩《ごしょうおん》（１５００頃～１５８２頃）、『水滸伝《すいこでん》』の作者施耐庵《したいあん》（元末明初に活躍）など、江蘇生まれの文化人も多い。

近代では、一世を風靡《ふうび》した京劇の名優梅蘭芳《メイ・ランファン》（１８９４～１９６１、泰州出身）など、有名人を生み出している。毛沢東《もうたくとう》につぐ指導者として長年首相をつとめた周《しゅう》恩来《おんらい》（１８９８～１９７６）は淮安《わいあん》の出身。フランス留学時代、革命運動に参加。中華人民共和国建国後から１９７６年に死去するまで国務院総理をつとめ、実務にあたった。中国国内はもとより、世界的にも人望の高い中国の指導者であった。前国家主席・中国共産党総書記江沢民《こうたくみん》（１９２６～）も揚州の出身である。

浙江省《せっこう》

——中国の宝塚「越劇《えつげき》」と紹興酒《しょうこうしゅ》の故郷

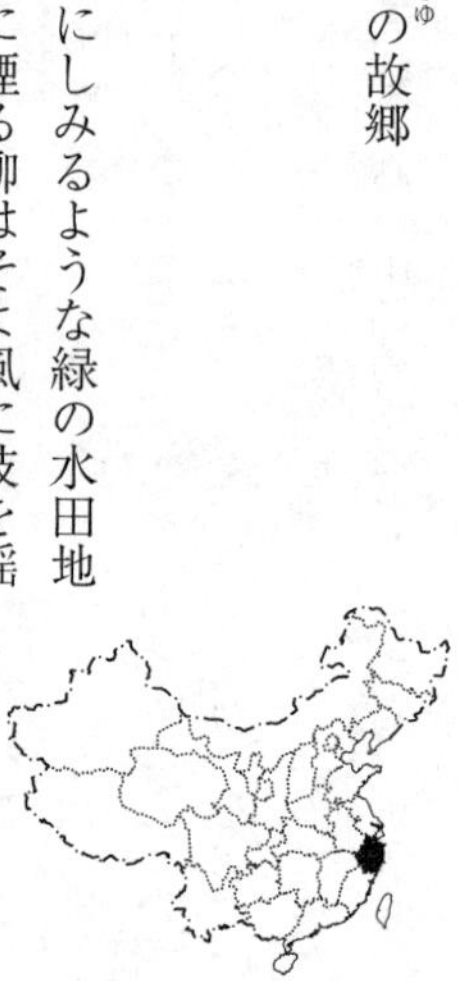

網の目のように分布している川が、目にしみるような緑の水田地帯を悠々と流れていく。川の両岸の春雨に煙る柳はそよ風に枝を揺らしながら、墨絵のような江南の美をあますところなく見せている。白亜の壁に黒い瓦《かわら》の農家が織りなす田園風景がかつて少年時代の魯迅《ろじん》を感動させたのと同じように、魯迅の後裔《こうえい》たちの心に故郷の美を静かに焼き付けている。大きな弧線を描くように川にまたがる石橋の円洞から、小舟が一艘《そう》また一艘と静かな水面を滑るようにやってきては、また去っていく。舟上には赤い絹のひもで結ばれた家財道具が溢《あふ》れんばかりに積まれている。嫁入り道具を運ぶ水郷ならではの風景である。湿った空気のなかに紹興酒の甘い匂《にお》いが漂っている。顔を優しく撫《な》でるように吹く風に運ばれてきたのか、越劇の「紅楼夢《こうろうむ》」の歌がどこからともなく聞こえてくる。犬の遠吠《とおぼ》え

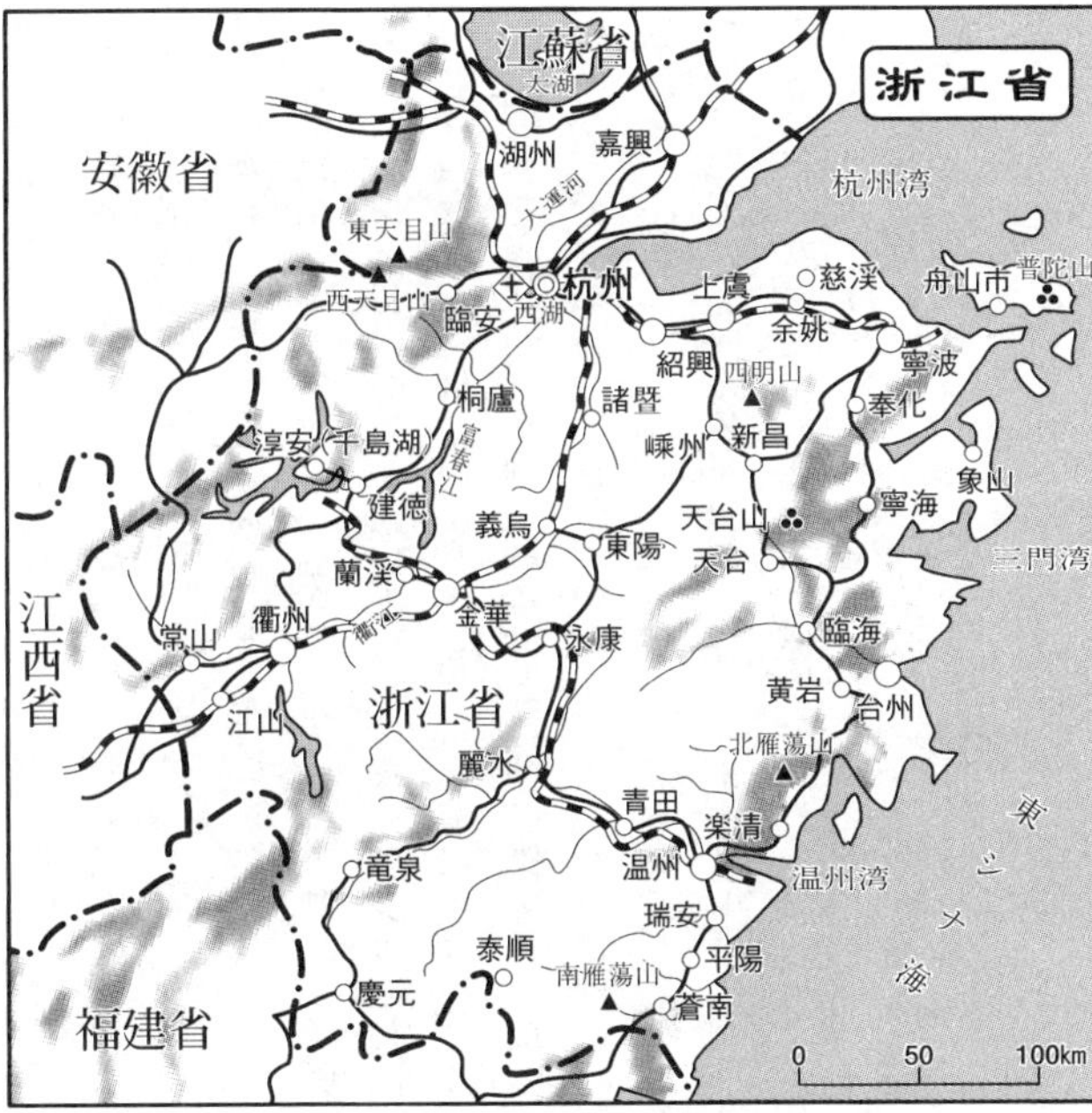

に鶏の鳴き声、そして小舟をこぐ音……。

江南の春は民族色豊かなBGMつきの水墨画である。これが浙江省だ。しかし急速な経済発展で、ついこの間まで目にすることができたこのような光景が、いまではかなりの田舎にでも行かないと見られないほどクラシックなものとなってしまった。

同省は四季がはっきりとしており、中国でも気候的にもっとも恵まれているところで、古くから「魚米の里」としてその豊かさが知られている。とくに浙江平野とも呼ばれる杭嘉湖（こうかこ）平野一帯は、江蘇《こうそ》省の蘇州あたりとならんで「上有天堂、下有蘇杭（天上に極楽あり、地上に蘇州・杭州あり）」とたたえられてきた。同省を語るには、二つのキーワードを避けて通れない。「越劇」と「紹興酒」だ。

越劇は中国南方でもっとも人気の高い地方劇で、紹興が発祥の地である。人気のわりには、歴史はそれほど古いものではない。20世紀初頭に紹興近辺で行われていた語り物が農民劇に発展し、1916年に上海《シャンハイ》に入り、20年代の上海で京劇からさまざまな要素を吸収し、新劇の写実性と昆曲《こんきょく》の優美さも加わって、都会的に洗練された女優ばかりの演劇へと成長し、1942年頃から越劇と呼ばれるようになった。上海、浙江を中心に、江南地方では京劇よりはるかに人気がある。長い間女優ばかりだったので、中国の宝塚的存在であった。1960年代以降男優も舞台に出るようになったが、いまも女優が中心を成す。男優を主とする京劇の美を剛と形容するなら、越劇の美しさは柔である。ストーリーも古典や時代物に題材を得る男女の恋愛物語が多く、女性ファンに熱烈に支持されている。京劇などで見られるトンボをきるような動きの激しい舞台ではないが、優雅な動作と哀愁をおびたトーンの高い美声に、江南の歴史と美意識を感じさせる。

浙江小百花越劇団は「江南に薫る百の花」とうたわれる麗《うるわ》しき女優たちで構成される中国でもっとも有名な歌劇団である。

越劇が江南の女性の心を酔わせるものだとすれば、紹興酒は多くの男性を陶酔させてきた名酒である。浙江平原に位置して、省都杭州市から東へ60キロ離れた紹興市は、この紹興酒の産地として知られる。「東方のベニス」ともいわれ、市面積の10％を運河やクリークが占めている。そのため、水郷やアーチ型石橋、紹興酒を詰めた大きな陶製の酒罎《さかびん》は、昔から紹興を語る際や描く際には欠かせない要素である。

紹興の歴史は古い。紀元前490年に建設され、越の国の首都だった。春秋時代は、呉《ご》の国と越の国が激戦を交わす戦場となり、「臥薪嘗胆《がしんしょうたん》」の故事をはじめ、さまざまな歴史ドラマが展開した舞台であった。

中国酒は大きく言えば、醸造酒である黄酒《ファンチユウ》と蒸留酒である白酒《パイチユウ》とに分けられる。黄酒は中国産醸造酒の総称で、なんといっても老酒《ラオチユウ》がその代表で、紹興で生まれたといわれるので紹興酒とも呼ばれる。

中国酒の起源は古く、4000年以上も前の遺跡からすでに醸造用具が発掘されている。蒸留酒を作りだしたのは、12世紀ごろの金の時代。ヨーロッパ文明がビールを蒸留してウイスキーを作ったのが17世紀ごろであることと比べると、酒づくり技術において中国がいかに進んでいたかがうかがわれる。

中国八大名酒の一つに数えられる紹興酒はアルコール度15％前後で、うるち米と麦《むぎ》麴《こうじ》、そして紹興の鑑湖《かんこ》の澄んだ水からつくられる。2400年もの伝統を誇る中国の代表的な酒だ。一口に紹興酒と言っても、加飯酒、花彫酒、老酒、女児紅、状元紅など銘柄や種類はたくさんある。女の子が産まれると、紹興酒をカメに封じて女の子が成人し嫁に行くときまで貯蔵する。結婚披露宴に封を切られた紹興酒は20年前後寝かされ、重厚な赤みをもつ芳醇《ほうじゅん》な酒と化した。それに由来して「女児紅」というブランドが生まれた。

春秋時代に呉と越の国に分かれた同省は、西南部が高い山地で、中部が丘陵と盆地で、東北部は平野である。南部は雁蕩《がんとう》山脈、北部は天目《てんもく》山脈と莫干山《ばくかんざん》、中部は天台《てんだい》山《さん》・四《し》明山《めいざん》などの仁霞嶺《じんかれい》山脈が走っている。主要な川には銭塘江《せんとうこう》、甌江《おうこう》、甬江《ようこう》などがある。

省都の杭州市は2200年以上の歴史がある都市で、五代の呉越、南宋《なんそう》の首都でもあり、いまでも中国の六大古都の一つとして往時の面影をしのばせている。港町の寧波《ニンポー》市は古くから海外との連絡の窓口だった。豊かな経済と豊饒《ほうじょう》な自然に恵まれているので、文化の発信地としての歴史も長い。省内には由緒《ゆいしょ》のある文化施設が多く、蔵書の歴史と伝統もほかの地方の追随を許さない。中国最古の蔵書楼とされる明《みん》時代の寧波天一閣《てんいつかく》、清《しん》時代の瑞安《ずいあん》玉海楼、杭州の八千巻楼、民間の南潯嘉業堂《なんじんかぎょうどう》など有名な古代蔵書施設があり、広く全国に知られている。現在の浙江図書館もかつての浙江蔵書楼で、１９０３年一般の人々に開放したのをきっかけに公共図書館にかわり、中国近代図書館史の最初のページをひらいた。書道の世界では知らない人はいないといわれる、晋《しん》代の書道家王羲《おうぎ》之《し》が『蘭亭《らんてい》集序』を書いた舞台・紹興の蘭亭も人々の印象に残る。また、20世紀の初頭に創立され、印鑑の文字を研究する西泠印社《せいれいいんしゃ》は中国近代の文化史に大きな影響を及ぼしている。

　また仏教の寺院がきわめて多い。天台山国清寺は天台宗の発祥の地であり、日本の天台宗の本山でもある。８０４年に最澄上人《さいちょうしょうにん》は天台山国清寺を訪ね、住職道邃《どうすい》に師事し、翌年に二百数部の経典をたずさえて日本に帰国して天台宗を開いた。鄞州《ぎんしゅう》区の天童寺は禅宗五山の一つで、日本や東南アジアと縁が深い寺院である。１２２３年、福井県の永平寺の創建者である道元《どうげん》禅師はここで禅法を伝承し、帰国後、曹洞宗《そうとうしゅう》を開いた。東晋時代の３２６年に開山した杭州の霊隠寺、９４５年につくられた浄慈寺なども東南アジアと日本の仏教界に大きな影響をあたえている。海に臨む普陀山《ふださん》は中国仏教の四大名山の一つになっている。

近代の中国に多大な影響を与えた人物には魯迅《ろじん》（1881〜1936）と蔣介石《しょうかいせき》（1887〜1975）がいる。

魯迅は、本名・周樹人、紹興の出身で、中国近代の代表的な作家。『阿Q正伝《あきゅうせいでん》』、『狂人日記』などの作品がある。日本の仙台に留学した経験をもち、現在東京・神田にある内山書店の店主と親交があった。

中華民国の総統であった蔣介石は奉化の生まれ。日本の陸軍士官学校に留学した経験をもち、後に、孫文《そんぶん》の信頼を得て黄埔《こうほ》軍官学校校長に就任。孫文死去後、国民党政府のトップになる。1949年、共産党に敗れて、台湾《たいわん》へ逃れた。台湾統一問題が議論されるなか、かつて「匪賊《ひぞく》」と罵倒《ばとう》された蔣介石だったが、「一つの中国」という原則を最後まで貫いたということで、その評価は近年だいぶ変わってきている。

1978年、改革・開放時代に入ってから、同省は私営経済の発展に力を入れ、温州地区にいたっては、中国国内でもっとも資本主義的な地方だという評判を得るほど、大胆な経済改革をすすめている。義烏《ぎう》の雑貨市場、紹興の軽工業・紡績製品市場がそれぞれ中国有数の規模を誇り、地域経済の実力を見せた。「温州モデル」ないし「浙江モデル」と呼ばれ、改革・開放の波に乗ってもっとも成功している省として知られる。温州、寧波、台州、義烏など経済改革がすすんだ地域では、成年の男といえば社長だといわれるほど、民営企業が発達している。多くの商品は中国国内だけではなく、世界においても圧倒的なシェアと生産力をもつ。近年、医療保険や養老保険制度の普及などで、改革・開放の成果が庶民の生活にまで浸透し、その恩恵を多くの庶民が享受《きょうじゅ》できるようになっている。外資企業や台湾企業も主要投資先として進出している。

２００７年あたりから、急激な元高と人件費の高騰《こうとう》で、単価の安さと大量生産で作り出される浙江モデルは大きな転換期を迎えている。そのため、イノベーションを意味する「創新」、自主開発による自社ブランドと知的所有権を意味する「自主品牌」と「自主産権」がもっとも関心の高いキーワードとなった。

経済のさらなる躍進を求めるために、貨物取扱量が中国国内二位を誇る北侖港《ほくろんこう》をもつ寧波と上海を結ぶ杭州湾大橋が０８年５月１日に開通した。かつての浙江財閥の本拠地で、多くの上海人も寧波からの移民または移民の後裔《こうえい》という関係をもつだけに、上海との地理的距離を一気に縮めたことで、寧波ないし「浙東」と呼ばれる浙江省東部と上海、さらに長江デルタ全体との繋《つな》がりを強化できる物理的基礎が打ち固められたのである。また寧波と舟山群島を結ぶ金塘《きんとう》大橋が開通することにより、寧波の海運玄関としての地位も投資先としての将来性も、省内の経済を支える強力なエンジンとしての役割も一層強化されるだろう。

省内の観光の名所として知られるのが、唐の詩人白楽天、宋の蘇東坡《そとうば》がこよなく愛した中国屈指の景勝の地・西湖《せいこ》、侵入してきた金の軍隊との戦いで知られる宋代の名将・岳飛の墓・岳廟《がくびょう》、旧暦中秋の名月のころに見られる銭塘江の潮津波、かつて蔣介石と宋美齢が結婚式をあげたのちにハネムーンに訪れた避暑地・莫干山、奇怪な形の山々と美しい滝で知られる山水の名勝・雁蕩山、第二の灕江《りこう》とたたえられる富春江、1078の島があり山紫水明の新安江・千島湖など。中国有数の漁場である舟山群島も近年人気の高い観光地となっている。

安徽《あんき》省

――水墨画と明《みん》の民居《みんきょ》が織りなす桃源郷の世界

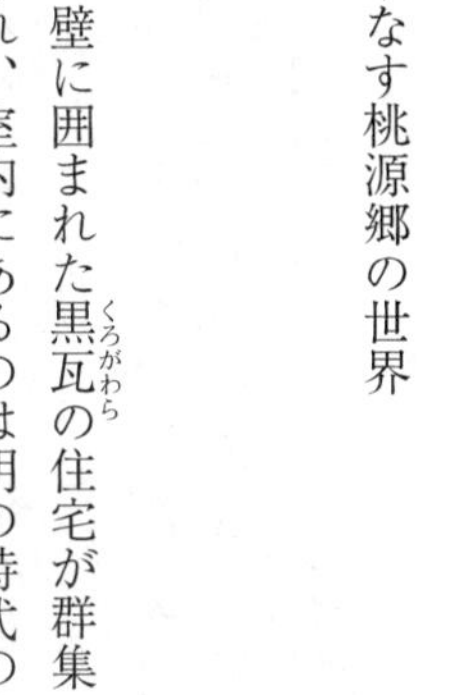

緑の水田の向こうに、白亜の高い壁に囲まれた黒瓦《くろがわら》の住宅が群集している。精巧で緻密《ちみつ》な彫刻が施され、室内にあるのは明の時代の格調高い黒檀《こくたん》の家具で、往時の裕福さをさりげなくしのばせる。日中戦争の戦火、国民党と共産党の内戦、文化大革命などの政治動乱、さまざまな歴史の荒波にまるで荒らされていない、いまでも桃源郷のようなその存在に、訪れる誰もが驚嘆の声をあげる。それが世界遺産となった安徽省の古村群だ。

中国でもっとも美しい山とされる黄山《こうざん》のふもと・屯渓《とんけい》周辺には、多くの伝統的民居が点在している。黟《い》県の西逓村《せいていそん》と宏村《こうそん》がその代表である。９５０年の歴史をもつ西逓村は面積13ヘクタール、14世紀から19世紀の民居二百数十棟が、明の時代あるいは清《しん》の時代のままに保存されている。明・清民居の博物館とも称される。宏村は１１３１

年に建てられ、明、清の時代の建築が百数十棟残っている。

応接間の真ん中に石ころが置いてある家がある。室内移動の邪魔となりそうなこの石は、実は取り除くと下が細い穴の井戸となっている。暑い夏には、石を外すと井戸の中の涼しい湿気が立ちのぼり、室内の温度を下げてくれる。冬は逆に井戸の水の温度が高いので、乾燥する室内の空気をうるおす。今日のエコロジーに合致する古代の知恵と合理性に頭が下がると同時に、多くの示唆《しさ》が得られる建築設計である。

安徽省を代表するもう一つの景色は黄山だ。

総面積は1200平方キロにおよび、中国でもっとも知られる景勝の地である。天《てん》都峰《とほう》、蓮花峰《れんかほう》、光明頂《こうめいちょう》などの主峰がある。奇松、怪石、雲海、温泉は黄山の四大絶景と言われる。山頂からの景色は雄大で、変化に富み、墨絵の世界そのものである。奇怪な松や岩石がさまざまな動物やものに似ていて、その自然の造形はいくら眺めていても飽きない。かつては徒歩でのぼるか強力《ごうりき》にかついでもらって頂上に行くしか方法はなかったが、現在はロープウェイを利用する手がある。西海大峡谷は近年新しく開発された観光スポットである。山谷に下りて、森の深みから黄山を仰ぎ見るというのがセールスポイントだ。

山上に北海賓館、西海飯店、途中に玉屛楼《ぎょくへいろう》などのホテルがある。現在、黄山一帯を

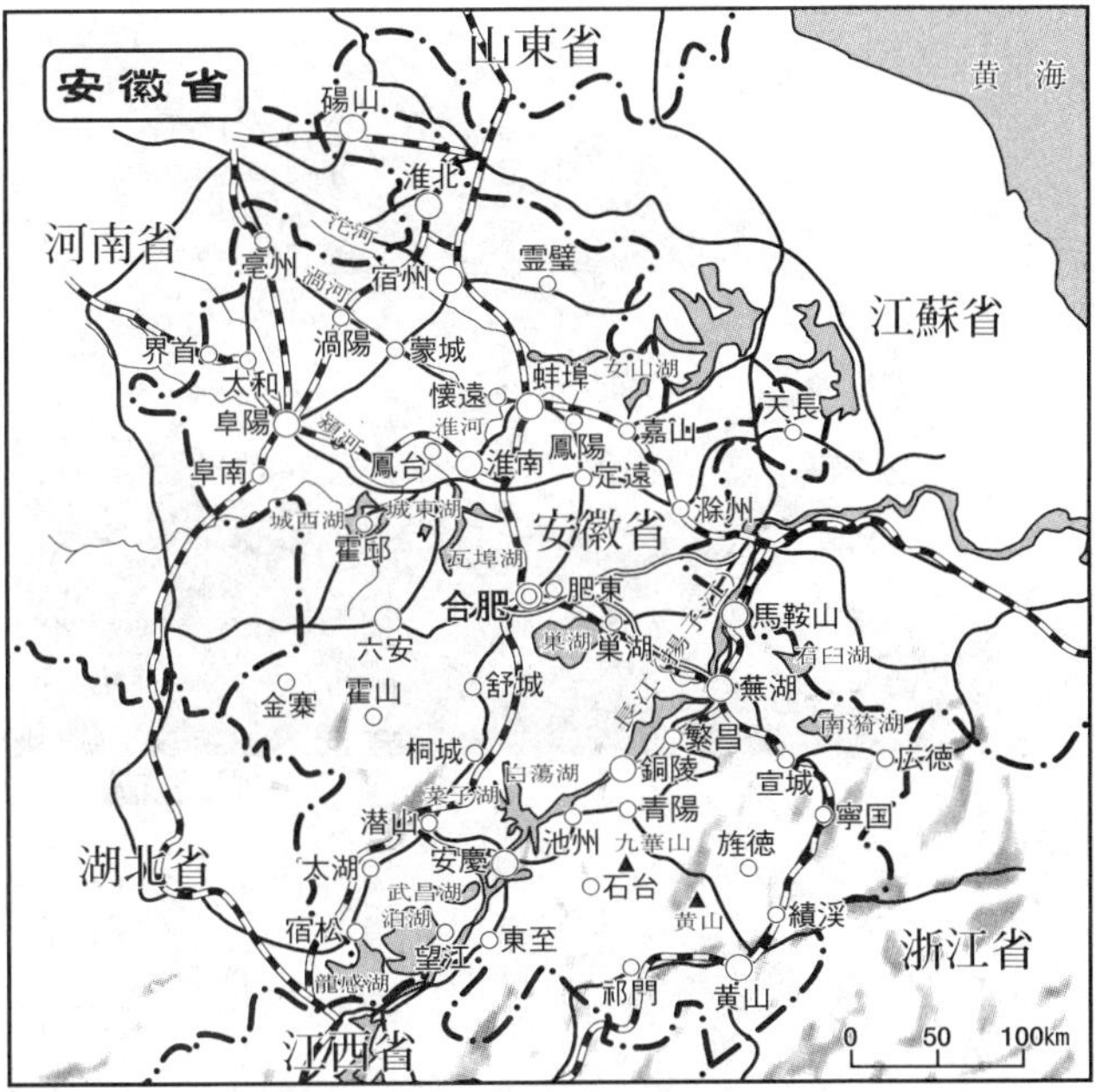

黄山森林公園とする計画がすすめられている。

麓《ふもと》の町・屯渓老街は宋《そう》代の街の風貌《ふうぼう》を色濃く残している。周辺に前述の西逓村と宏村など明、清代に建築された民家がそのまま残っている村落が何カ所もある。

墨絵を描く画家ならば、黄山の自然美を描く修練を経験しなければ一流にはなれないと言われるほど、白雲と奇岩の峰と緑の松が織りなす変化無窮の黄山の景色には墨絵を超えるほどの美しさがある。

世界遺産　黄山

　青陽県内にある九華山《きゅうかざん》は、山西省《さんせい》の五《ご》台山《だいさん》、浙江省《せっこう》の普陀山《ふださん》、四川省《しせん》の峨眉山《がびさん》と並ぶ仏教の四大名山である。面積は100平方キロ。99の峰があり、なかでも海抜1342メートルの主峰・十王峰と天台《てんだい》、蓮花、天柱《てんちゅう》などの九つの峰がもっとも有名だ。現在、化城寺、月身宝殿、百歳宮など78の古刹《こさつ》がのこっており、仏像は1500体にのぼる。

　水墨画のような風景と明の民居が織りなす桃源郷の世界。これが安徽省に対する多くの人々の印象であろう。

　いっぽう、中国の歴史を彩《いろど》る同省出身の人材も多い。三国時代の曹操《そうそう》、明朝を建国した朱元璋《しゅげんしょう》、清代の劉名伝《りゅうめいでん》、日本に台湾を売り渡したと言われる李鴻章《りこうしょう》、近代では、中国共産党の創立者でもある陳独秀《ちんどくしゅう》などが挙げられる。さらに、医学史上初の麻酔薬をつくった華佗《かだ》、種痘の接種法を明らかにした江希舜《こうきしゅん》、豆腐の製法を発明した劉安《りゅうあん》、道家《どうか》の創始者の老子、荘子、清代の新安書派の方苞《ほうほう》、『儒林外史《じゅりんがいし》』の著者である呉敬梓《ごけいし》なども広く知られる。

安徽省が育《はぐく》んだ道家学説、建安文学、桐城《とうじょう》文学、新安書派などは中国の哲学と文化に大きな貢献をした。徽劇《きげき》は中国伝統演劇である京劇が誕生する素地となり、現代の黄梅戯は中国四大劇の一つとして有名である。

活発な文化活動の副産品とでもいうか、古くから伝統的な文房具の産地としても有名だ。

古くから中国では、文房具のブランドを珍重する慣習がある。歴代の文人たちは、宣紙、徽墨《きぼく》、湖筆、端硯《たんけん》を「文房四宝」として愛用した。つまり、安徽省宣州（旧名、宣城郡ともいう。現在の涇《けい》県）製の紙、徽州（旧名。現在の歙《きゅう》県などの地域）製の墨、浙江省湖州（旧名。現在の呉興）製の筆、広東《カントン》省端州（旧名。現在の高要）製の硯《すずり》をもっとも上等な製品だとみるのである。そのうち二つが安徽省の製品であり、同省出身者の自慢となっている。

しかし、同省の人によれば、宣紙と徽墨に、現在は江西省《こうせい》の一部になったがかつて

世界遺産　屯渓の古村

は安徽省所轄《しょかつ》だった歙県の製造による硯・歙硯と宣州製の筆・宣筆を加えたものが、正真正銘の文房四宝であるという。一種のお国自慢ではあるが、古代民居にせよ、数多くの文学流派の活躍と「文房四宝」にせよ、洗練された文化の裏には、豊かな生活としっかりした経済的基礎があったことがうかがえる。

経済的にみれば、同省は商業を営んだ歴史が長く、かつて安徽商人は「徽商」とよばれ、全国の津々浦々で商売に従事する彼らの姿をみることができた。宋、明、清は徽商の全盛時代であり、中国の経済史に大きな足跡を残している。しかし、近代に入ってからはその勢いが衰え、浙江商人や上海《シャンハイ》商人に圧倒されてしまい、商業は同省の優勢ではなくなってしまった。

中国華東地区、長江の下流に位置する同省は、南の長江と北の淮河《わいが》という二つの河川によって、淮北平原・江淮丘陵・皖南《かんなん》山地という三つの地域に大きく分かれている。気候的には、温帯と亜熱帯の境であり、温暖で湿潤、日本と同じで四季がはっきりしている。

上海、江蘇《こうそ》省、浙江省、山東《さんとう》省と同じように華東地区に属するが、省全体がその中部に位置するので、工業も経済も長い間立ち遅れた状態にあった。1960年代から70年代は旧ソ連との軍事衝突に備え、同省が上海の「小三線（ミニ後方の意）」と位置づけられ、上海から多くの軍需関係の工場が皖南の山間地帯に移転してきた。その結果上海と密接な提携関係が結ばれたようにみえたが、工場が上海または中央に直属するだけであったため、その恩恵は同省にはおよばなかった。

省内でも比較的豊かな淮南と非常に貧しい淮北に分かれ、淮北の農民は長い間、農閑期に都会に物乞《ものご》いにいく習慣があるほどの貧困にあえいでいた。改革・開放の最初の狼煙《のろし》が同省の最貧困県である鳳陽《ほうよう》県で上がったのも必然的なことだと思える。

しかし、改革・開放の主要舞台がしばらくして農村部から都市部に移ってしまい、同省はそれまでの苦境から脱出する暇もなく、またしても取り残されてしまった。経済の成長率を見ても、上海、江蘇省、浙江省などとは比べるべくもなく、近年は西部の省・自治区にも後れをとってしまった一面もある。

80%以上の市・県は河川沿いに位置しているので水運を発展させる下地がある。80年代に、長江の水運能力を開発するために、内陸地である同省は遠洋運輸会社を設立し、蕪湖《ぶこ》港、安慶《あんけい》港から日本、ロシアに直行する国際航路を開いた。さらに蕪湖港に国内最初の自動車専用埠頭《ふとう》・裕渓口《ゆうけいこう》石炭専用埠頭、朱家橋《しゆかきよう》対外貿易専用埠頭も作った。だが、経済を飛躍させるほどのきっかけにはならなかった。

石炭資源のあまりない華東地区では、両淮と呼ばれる淮南、淮北にある豊富な石炭資源と火力発電センターが動力源とされる。長江流域の開発計画も現実味を帯びはじめたのをうけて、長江沿岸を重点開発地区にした華東地区のエネルギー供給省として上海経済圏に組み込まれる可能性が濃厚になっている。しかし、これまでは、こうした資源を経済発展に有効に利用したとは言えない。近年、安徽省政府は、資源省を資源加工省に変えようと呼びかけるのもこうした現実を目にしたからである。

同省の最高学府とされる中国科学技術大学は、中国科学院に直属する名門で、文化大革命中の1970年に北京《ペキン》から合肥《ごうひ》に移転された。同大学は先進的な研究設備があり、優秀な教授陣もそろっている。78年から特別な才能を持つ少年を対象にする少年クラスが設けられている。

上海東南医学院が前身の安徽省医科大学も1949年に合肥に移ってきた移転組だ。

1978年末同省の最貧困県である鳳陽県の小崗村《しょうこう》では、農民たちがひそかに人民公社所有の農地を個々の農家に分けて、自己責任で農業を営む試みをはじめた。これはのちに「家庭請負制」として全国的に知られ、人民公社の崩壊のきっかけを作った。小崗村は中国の農村のモデルになったばかりでなく、世界的に広く紹介された。しかし、その影響を受けて改革に乗り出したほかの農村地方は次第に豊かになったが、30年経《た》ったいまでも、小崗村にはたいした変化がなく、小学校、道路、役場など村の主な施設も、ほかの地方自治体が寄付して作ったものが多い。かつてのモデルはふたたび貧困に陥るモデルケースになりそうだ。

小崗村の登場と再沈没は、同省農村と農業の将来が茨《いばら》の道を歩むことを暗示的に物語っている。

一方、新しい機運も高まっている。人件費と地価の高騰《こうとう》で、上海および蘇州など上海周辺に進出した外資企業が、新しい製造基地として、地理的にも文化的にも上海に近く、人的資源が豊富で、人件費も地価もまだ安い同省に数年前から大きな関心を示している。ユニリーバや日本のスワニー、ダイドーリミテッドをはじめとする多くの企業が工場などを合肥市、馬鞍山市、青陽県などに移している。このビジネスチャンスをどう生かすか、安徽省の力量と政治手腕が試される。

福建《ふっけん》省

——華僑《かきょう》の里がいよいよ対台湾ビジネス最前線へ

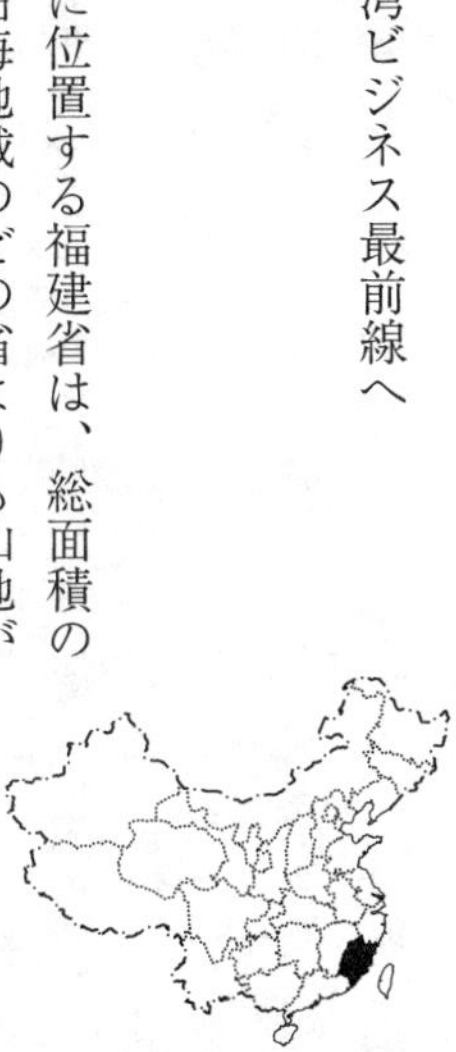

華東地区の東部、台湾海峡の西岸に位置する福建省は、総面積の95%を山地と丘陵が占め、東南部の沿海地域のどの省よりも山地が多いことから「東南の山国」と呼ばれる。武夷《ぶい》山脈、杉嶺《さんれい》山脈など六つの山脈が海岸に平行して省内を走る。わずか5%しかない平野と盆地は海辺や川谷に分布している。土壌はほとんどが赤土で、黄土も少なくなく、農業に向かない土地が多い。

また、海岸線が３３２４キロと長く、広東《カントン》省についで、中国で二番目に海岸線の長い省である。１２０以上もある港湾のなかで、比較的大きい港湾が22カ所。１４００以上の島が近海50キロの海に散らばっている。漁業に従事する住民も多い。

中国内陸部と交流を行うには高い山々を越えなければならないため、昔から、船で比較的容易に行ける、南洋と呼ばれる東南アジアの国々との交流が盛んに進められていた。

平安時代に空海をはじめとする多くの日本の学問僧が仏教の教義を勉強するため福州を訪れた。福州市東の鼓山《こざん》にある涌泉寺《ようせんじ》は、唐代日本の学問僧が仏教の真髄を学んだ場所である。「空海入唐《にっとう》の地」と書かれた空海の上陸記念碑もある。

泉州市はかつて海のシルクロードの出発地として名高く、世界第二の貿易港として栄えた。元の時代に泉州を訪れたマルコ・ポーロは「第二のヴェネツィア」と賞嘆した。19世紀に、同省の福州と廈門《アモイ》は、広州、寧波《ニンポー》、上海《シャンハイ》とともに貿易港として開放され、廈門の小島・鼓浪嶼《ころうしょ》には外国租界も置かれた。

中国最初の教会といわれる廈門の新街礼拝堂、一年中花が咲き誇り外国風の建物が林立する鼓浪嶼、イスラム教の創始者マホメットの弟子を埋葬した墓地・泉州市の霊山聖墓などは、こうした歴史が残した置き土産である。

こうした開放の歴史があったため、海外との人的交流も盛んだった。中国で最も知られる華僑の里の一つでもある。同省籍の華僑の人数は700万人以上にのぼり、広東省についで二位である。

18世紀後半、イギリス、フランス、アメリカなどの植民地主義国家は、中国で大量

の労働力を募集し、厦門から東南アジア、オーストラリア、サンフランシスコ、キューバ、ペルー、ガイアナなどの南米国家、アフリカへと売り飛ばした。華僑は「猪仔《チョシ》」と呼ばれ、苦力《クーリー》として鉱山採掘から鉄道、運河、港湾の建設まで、そして荒野の開墾、ゴムの栽培など、ありとあらゆる苦しい重労働を強いられた。

　こうしたなかで、華僑は持ち前の勤勉さや節約精神などで財産を蓄え、しだいに資産家となり、とくに東

世界遺産 土楼

南アジア一帯では地元の経済をリードするようになった。同時に移住先の国々に、農耕、建築、漁獲、醸造、製紙、料理など多くの技術を伝えた。同省籍の華僑として、シンガポール華僑の故・陳嘉庚《ちんかこう》やインドネシアの億万長者である林紹良《スドノサリム》がもっとも有名である。

「故郷に錦《にしき》を飾る」意識が強い華僑から提供された資金によって、厦門大学、泉州市にある華僑大学に代表される大学や病院、養老院、図書館などが建てられた。厦門市には華僑の歴史と業績を紹介する華僑博物館がある。

福建省はまた客家《ハッカ》と呼ばれる人々が主に居住している地域として知られる。中国建国の父とされる孫文、シンガポール初代首相のリー・クワンユー、中国の改革・開放路線を定めた鄧小平《とうしょうへい》、台湾の元総統李登輝《りとうき》も客家といわれている。「土楼」と呼ばれる円形、四角形の建築物に集団で居住するライフスタイルが非常にユニークで、広く注目されている。福建省の西部や南部に分布するこうした独特な形態を保つ集合住宅「福建土楼」は、「東洋の血縁倫理関係や集合居住の伝統文化を表すもので、世界で唯《ゆい》一《いつ》無二の建築芸術」と評価され、08年世界遺産リストに登録された。

対外通商の歴史が長く、台湾に近いため、海外に数百万人もいる華僑の人脈と経済力を最大の武器として経済発展を狙《ねら》っている。厦門経済特区は、深圳《しんせん》、珠海《しゆかい》、汕頭《スワトウ》と並ぶ中国最初の経済特区の一つである。1992年、福建省福清《ふくせい》市に開設された元洪工業区は、台湾の基隆《キールン》港から約230キロしか離れていない。こうした地理的な便利さは、製造コストを下げて競争力を高めようと考える台湾企業にとって魅力的だ。

だが、長年、独立路線を歩んできた台湾との緊張した関係が続いたため、厦門の経済特区としての効果は十分には上がらなかった。一方、開放政策と華僑投資に対する優遇措置を悪用した経済犯罪が深刻化し、厦門市の主要幹部が汚職で検挙されるといった事件が相次いだ。福建省全体も改革・開放路線がもっとも進む南方では次第に影が薄くなっている。

華僑の投資によって経済が大きく発展したことは、思わぬところにも影響を及ぼした。90年代に入ってから福建人自身が「福建省は烏龍《ウーロン》茶と密航者ですっかり世界的に有名になった」と自嘲《じちょう》気味に話すほど、同省住民の海外密航が大きな社会問題となっている。

成功した華僑を目の当《ま》たりにして、海外で一旗あげようとする人々、とくに若い男性が華僑神話を求めて、非合法な手段でつぎからつぎへと海外に出ていく。

密航者たちは、日本、アメリカ、西ヨーロッパだけでなく、台湾、香港《ホンコン》、メキシコ、シンガポール、ベリーズ、ケニア、東欧諸国、パナマ、ホンジュラス、南アフリカなどにも潜入している。その手段も多岐にわたる。密航船を仕立てて強硬に上陸する者もいれば、雲南省の国境の山々を徒歩で越え、ミャンマー、タイを経由してアメリカ、西ヨーロッパなどの国々にわたる者もいる。偽造パスポートを使用したり、政治亡命者を装《よそお》うなど、ありとあらゆる手段を駆使している。

その密航を斡旋《あっせん》するブローカーは蛇頭《スネーク・ヘッド》と呼ばれる。93年5月、ニューヨークの海岸に座礁《ざしょう》して失敗した「ゴールデン・ベンチャー号」事件や93、94年に日本で多発した密航事件は世界の注目を浴びた。

手段を選ばずに密航を敢行したために、移動途中で多数の犠牲者を出した悲惨な事件も数多く発生している。

98年8月17日、東京の大井埠頭《ふとう》で密入国を試みた中国人16人がコンテナの中で発見されたが、そのうちの8人は既に死亡していた。2000年6月18日未明、イギリスではこれをさらに上回る悲惨な事件が発生。ドーバー港にフェリーで到着したトラックから、58人の密航者の遺体が発見された。

おかげで福建省は密航者の送り出し地として、世界中から非難を浴びるはめとなった。中国政府も同省政府も密航をなくすためにさまざまな措置を講じ、厳罰でのぞんではいるが、長い間それほど成果はあがらなかった。就職難などによる人口の圧力と「海外に出さえすれば金持ちになれる」と信じこむ華僑神話が存在しているからだ。ようやく21世紀初頭になってから、国内経済の発展で密航は大幅に減った。だが、その根絶にはまだまだ長い歳月が必要だ。

一方、2008年に入ってから、福建省に世紀のチャンスが転がり込んだ。台湾総統選で、国民党の馬英九《ばえいきゅう》氏が圧勝し、腐敗に腐敗を重ねてきた独立志向の陳水扁《ちんすいへん》前総統に取って代わり、総統に就任した。長年の課題であった「三通（全面的な通商、通信、通航の開放）」も同年7月4日からの直行便の実現で、大きな弾みをつけた。中国人観光客も台湾を訪れるようになった。市長・県長レベルの行政指導者同士の相互訪問も実現し、

世界遺産 武夷山

台湾海峡の緊張関係が一気に緩和した。

台湾と中国本土との関係の劇的な改善は福建省にとってまたとないビッグチャンスとなる。

振り返ってみれば、ここ十数年は、海峡を隔てる台湾が独立傾向を強めるのに従い、同省は対台湾統一最前線という一面がクローズアップされてきた。

96年3月、台湾で初の総統直接選挙が行われ、独立路線を歩む李登輝が当選した。選挙前に李の当選を阻止するため、解放軍は台湾本島に極めて近い海域へ向けたミサイル発射演習を行い、台湾北部基隆や南部高雄《たかお》の付近海域に計3発の地対地ミサイルを撃ち込んだ。弾頭に火薬などの爆発物が入っていないとはいえ、緊張感はいやがうえにも高まった。その後も頻繁に軍事演習が行われ、そのたびに、同省には大規模の兵員と兵器が結集した。こうした一触即発の情勢の中で、同省は台湾との軍事衝突に備える最前線ということを世界中に印象づけた。

統一の実現は遠い将来の目標として、当面は平和、共存、共同発展というキーワードで両岸関係を維持していく。しかし、この平和がもたらした世紀のチャンスは、福建省が独占できるようなものではない。上海、広州、北京《ペキン》、南京《ナンキン》などにも同様にチャンスが転がり込んでいる。その中で福建省がどこまでチャンスをものにするのか、その本領が試されている。

この福建省でもっとも知られている歴史人物は、鄭成功《ていせいこう》（1624～62）だ。日本人の母親を持つ明《みん》の名将である彼は、本籍は福建省南安県だが生まれは日本である。1630年に明代の中国に渡った。近松門左衛門の戯曲「国性爺《こくせんや》合戦《かっせん》」で日本でも広く知られている。彼は61年、数万の兵を率いてオランダが占領した台湾を攻め、8カ月におよぶ激戦の末、翌年2月オランダを降伏させて台湾を支配下に置くことができた。以来、台湾を異族の手から取り戻したヒーローとされ、厦門の鼓浪嶼に鄭成功記念館が建てられている。

江西省《こうせい》

――紅色旅行と政治の裏舞台として知られる革命の地

江西省ははっきり言って知名度が低い。東西の区分けで言えば、江西省は広東《カントン》、上海《シャンハイ》、江蘇《こうそ》などの省や市と並んで豊かな東部に属してもおかしくないはずだ。しかし、東部地域のなかではおそらく最貧困の地域と見ていいだろう。だから、いまは中部に属する省として区分されている。内陸の貧困地域の人々が先を争って沿海部へと出稼ぎに行く時、同じく貧困に苦しむ同省の人々は、土地にしがみついて、ただただ自分の不運を嘆くばかりだった。

もっとも、同省にとっては市場意識の欠如が、むしろ貧困よりも深刻な問題だ。

その典型的な例が、世界的に知られる中国最大の陶磁器の産地・景徳鎮《けいとくちん》だ。陶磁器の都を意味する「瓷都《じと》」と呼ばれる景徳鎮は、古くは新平鎮、または昌南鎮《しょうなん》という地名であったが、宋《そう》の景徳年間（１００４～０７）に景徳鎮と名を改めた。漢

代から陶器をつくり、南朝時代から陶磁器生産を始めたのである。景徳年間、宮廷用の磁器を生産するようになってから、景徳窯《よう》の名は全土に知られるようになり、その製品は海外にも数多く輸出された。当時、ここで焼き上げられた影青《インチン》磁器は大変な人気を集めた。

　景徳鎮は元の時代から青花瓷の生産を始め、明《みん》、清《しん》の頃には高いレベルに達した。特に、明の時代に、御用達《ごようたし》品をつくる「御器廠《ごきしょう》」と呼ばれる官窯の工房が設置されるなど、磁器生産の最盛期をむかえ、大量の磁器が外国に輸出された。その製品は、「白きこと玉のごとし、明るきこと鏡のごとし、薄きこと紙のごとし」などとたたえられ、高い技術水準をほこっていた。日本の有田焼にも影響をあたえている。

　この青花瓷は多くの人々に珍重され、長い間、中国ではほとんどの新婚家庭が景徳鎮製食器をナンバー1ブランドとして選んでいた。上品な青花瓷は近代化が進むいまでも根強い人気がある。こうした人気が景徳鎮の名を不動のものにした。

　市街から東南45キロの高嶺《カオリン》は、磁器の胎土カオリンの名の由来地として知られる。陶磁、建築史などの学術価値が高いことから、１９８２年、国によって歴史文化都市に指定された。この文化的な価値に目を付け、景徳鎮は９０年より国際陶磁器フェスティバルを開催し、積極的にその存在を海外にアピールするようになった。さらに、

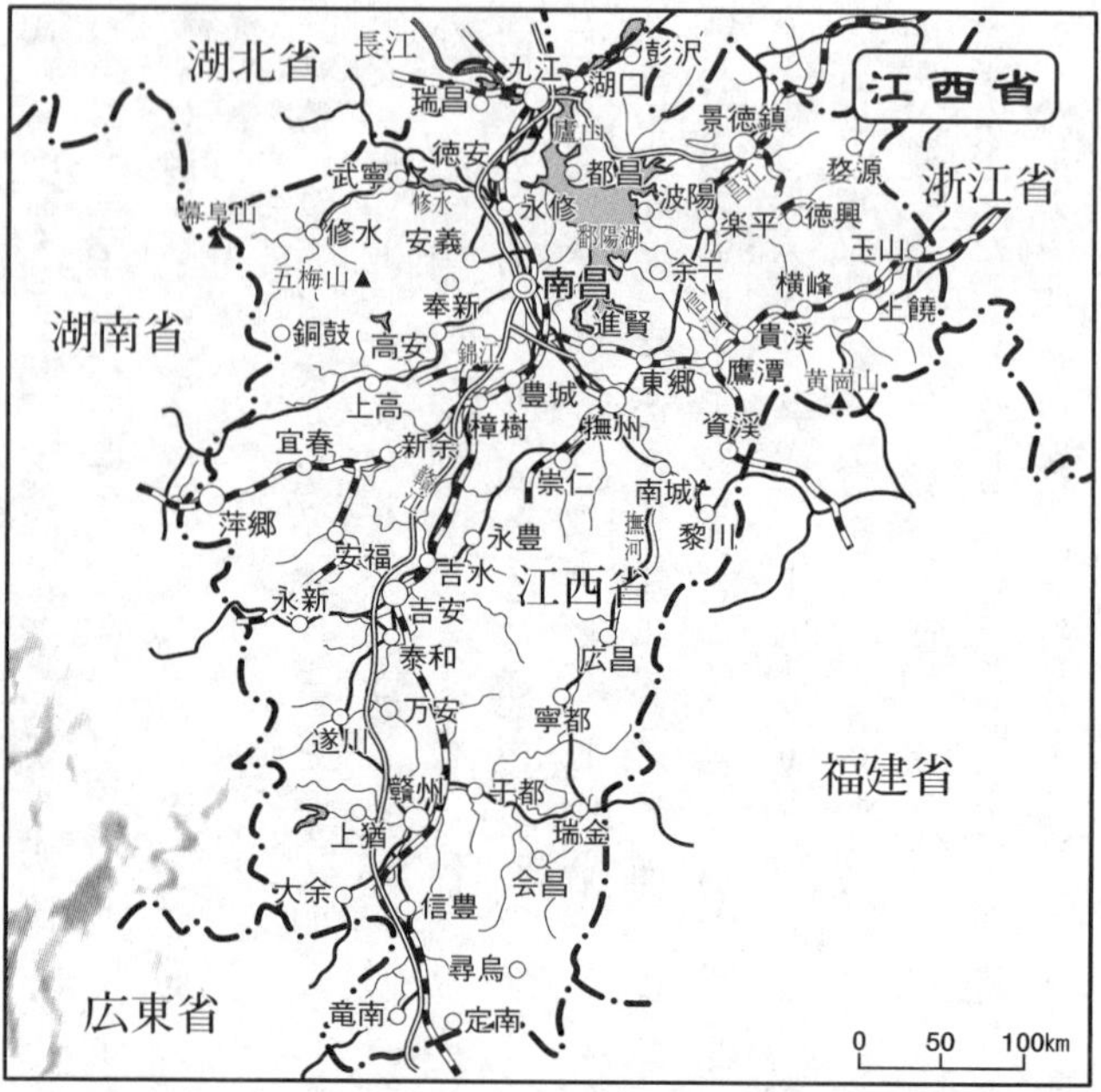

陶磁器を中心にした観光ルートや施設もできた。

現在、数百のさまざまな規模の陶磁器工場、研究所、個人経営の工房などが市内に遍在する。しかし、日常生活に欠かせない食器は景徳鎮ではあまり製造されておらず、大多数の工房や企業は販売価格の高い巨大な花瓶や壺などの装飾品の製造に精を出している。しかも、そのほとんどが清の時代のコピー商品である。粗製乱造が景徳鎮の陶磁器の評判を落とし、製品は安売りの市場で二束三文で売り叩《たた》かれている。また、自称製陶「名人」が多すぎる一方で、陶磁器生産や研究に従事する人数が年々減っている。2000年頃には10万人だった生産者が07年には8万6000人に減少した。景徳鎮の名声を慕って食器を買いに訪れた世界中の顧客が、その凋落《ちょうらく》ぶりに目を覆《おお》いたくなるような心境で景徳鎮を後にする。「瓷都」という光栄ある称号もすでに陶磁器製造の新興地域に奪われてしまった。

こうした景徳鎮の栄枯盛衰に見られるように、江西省はかつては決して貧困の代名詞というわけではなかったが、市場意識の欠如のために競争に負け、淘汰《とうた》の運命を受け入れざるを得なくなったのである。

古くからこの地は、茶、蜜柑《みかん》、稲の栽培で有名な土地柄であった。明、清時代には、中国の四大米市、五大茶市、四大名鎮の一つに数えられていた。しかし、阿片《アヘン》戦争後に同省の経済的地位は後退し、単なる農業省に甘んじて現在にいたっている。

いまでも、陶磁器の生産のほかに中国最大の銅生産基地を有し、タングステン、ウラン、タンタル、ニオブの生産高は中国で一、二を争っている。省の北部には中国最大の淡水湖、鄱陽湖《はようこ》が水をたたえ、その周辺は河川・湖沼《こしょう》が密集している。そのため淡水魚の養殖が盛んで、灌漑《かんがい》のゆきとどいた沿岸の平野は、中国有数の稲作地帯として名高く、同省の食糧生産量の半分を占める。

こうした自給自足ができる農民生活は、かえって経済意識の革新を妨げ、北以外の三方を山地にかこまれた地理的な不便さも閉鎖意識を助長し、改革・開放の波に乗りそこねて、躍進をつづける沿海地区の多い東部地域のなかでは、あまり注目されることのない内陸省へと成り下がった。近年、同省の余剰労働者が広東省や福建《ふっけん》省など経済が大きく成長している省だけでなく、貧しい西部に属する雲南《うんなん》省にまで流れる傾向が強まっており、出稼ぎ労働者の主要送り出し地となってしまった。

華東地域の最貧困省を救済するため、中央政府は近年、意図的に上海の幹部を江西省に送り込み、市場経済の優勝組である上海の開発経験を同省に移植しようとした。

そしてここへ来て、世紀のチャンスが訪れた。

人件費や土地代の高騰《こうとう》で、世界の工場といわれる珠江《しゆこう》デルタでは加工貿易に従事する企業が次第に競争力を失い、生産コストを下げるために新しい製造基地を探し求めている。珠江デルタに近く、豊富な農村労働力がある同省は絶好の候補地となった。1995年に開通し全長2538キロの北京《ペキン》と香港《ホンコン》を結ぶ京九鉄道、広州と上海を結ぶ高速道路の発達も同省の地理的なハンディをかなり軽減した。

一方、「老俵《ろうぴょう》」と呼ばれ、保守的イメージが強い江西省の農民は、90年代の後半から省外への出稼ぎブームを巻き起こし、意識の変化が見られた。ミャンマーに隣接する国境地帯の雲南省西双版納《シーサンパンナ》で「輪タク」と親しまれる三輪車のタクシー運転手のほとんどが江西省からの出稼ぎ労働者である。北京では、温暖な南方から野菜などを運んできて販売する商人の多くが江西省出身者で、「江西菜幇《さいほう》」という固有名詞ができるほどその勢力を誇る。

海外では知名度の低い同省だが、中国の政治を語るうえでは欠かせない存在である。省都南昌《なんしょう》は、中国人民解放軍が誕生した町として知られる。1927年8月1日、周恩来《しゅうおんらい》、朱徳《しゅとく》らが指導する北伐軍3万人余りがここで武装蜂起《ほうき》を行い、中国共産党の指導下の軍隊となった。

蜂起の失敗後、その残軍が翌年に朱徳の指揮のもと、井岡山《せいこうざん》に根拠地をつくった毛《もう》沢東《たくとう》の指揮する農民蜂起部隊と合流し、中国工農紅軍（紅軍と略す）を創設した。以降、各地で共産党の指導で蜂起した軍隊はすべて中国工農紅軍と称するようになった。抗日戦争の勃発《ぼっぱつ》後、国民党政府軍との内戦を中止し、紅軍の主力部隊は1937年8月国民革命軍第八路軍《だいはちろぐん》（または第十八集団軍とも呼ぶ。一般は八路軍と略して呼ぶ）に、同年10月に江西、福建、安徽《あんき》など八つの省で活動する紅軍ゲリラ部隊は国民革命軍新編第四軍（新四軍と略す）に改名した。

世界遺産　廬山

抗日戦争勝利後、国民党政府軍との内戦が再発し、政権奪取をめざして今度は中国人民解放軍と名を改めた。その名は中華人民共和国建国後も変わらず、現在に到《いた》っている。南昌市内には、それを記念した蜂起革命軍の司令部跡地、八一広場、高さ45メートルの八一蜂起記念塔など数多くの史跡がのこされている。

井岡山革命根拠地もまた、中国革命を語る際に避けて通れない存在だ。

1927年、毛沢東が紅軍を率いて、羅霄《らしょう》山脈にある井岡山を中心に初の革命根拠地をつくった。勢力最大時には、人口250万が居住する21の県にまでおよんだ。紅軍勢力の増大に脅威を覚えた国民党政府軍は、大規模な掃討作戦をおこなった。国民党軍の圧倒的軍事力の前で、紅軍は34年8月井岡山根拠地を放棄し、転戦しながら戦略的大移動をおこなった。1万キロ以上の行軍をしたのち、翌35年10月に甘粛《かんしゅく》省の会寧《かいねい》で紅軍の主要軍団は合流し、陝西《せんせい》省延安を中心に新しい根拠地をつくった。これがのちに有名になった「長征」である。現在、井岡山根拠地内には毛沢東住居跡、革命博物館、合流記念碑、烈士記念塔などの史跡がのこる。

九江の近くにある廬山《ろざん》は、「香炉峰の雪は御簾《みす》を撥《かか》げて看《み》る」と白居易《はくきょい》の詩句で知られる有名な避暑地だ。蔣介石《しょうかいせき》、毛沢東などもかつてはここに専用の別荘をもっていた。

中華人民共和国建国後、廬山は何度も共産党の党内闘争の舞台となった。元国防部長彭徳懐元帥《ほうとくかいげんすい》は、1959年夏に廬山でひらかれた中国共産党政治局拡大会議中、急進的路線を強硬に推進する毛沢東に意見書を提出したことで毛沢東に批判され、職務を解かれ、長年政治的迫害をうけたまま、文化大革命中に不遇のうちに生涯を閉じた。

1970年夏、廬山でひらかれた中国共産党第九回第二次中央委員全体会議で、後継者として指名された林彪《りんぴょう》元国防部長、共産党副主席は、国家主席のポストの問題で毛沢東と袂《たもと》を分かつことになった。翌年9月13日、林彪は中国を脱出、旧ソ連に亡命する途中で死亡した。

毛沢東時代が幕を降ろしたいまは、政治の裏舞台も山のリゾートである廬山から海のリゾートとして知られる北戴河《ほくたいが》へと変わった。舞台の変化にも時代の変遷《へんせん》を見ることができる。

一方、近年、中国革命のゆかりの地を巡るツアー「紅色旅行」が流行《はや》りだすと、井岡山革命根拠地をもつ江西省を訪れる観光客が増え、観光業は江西省経済を支える一大産業となっている。

山東《さんとう》省

――知名度の低さに悩む経済大省

団扇《うちわ》大に薄く伸ばして焼き上げた小麦粉餅《もち》に自家製味噌《みそ》を塗り、穫《と》れたてのネギを包んでおいしそうに頬張る日焼けした顔。これが長い間農業省だった山東省のイメージだった。

東部沿海地で黄河の下流に位置する同省は、山東半島が黄海と渤海《ぼっかい》に突き出し、渤海海峡を隔てて遼東半島をはるかにのぞむ。省の中間部は山地となり、西南と西北は平らである。有名な華北平野の一部を形成し、省の総面積の3分の1以上も占める魯《ろ》西南《せいなん》、魯西北平野は、黄河が運んできた土砂でできたものである。沂河《ぎが》、京杭《けいこう》大運河などもある。微山湖《びざんこ》など、湖は魯中南山地・丘陵地帯と魯西南平野のあいだに集中しており、湖泊地帯を形成している。西北部の平野地帯を斜めに流れていく黄河は、その河床が一部の地方では地面より十数メートルも高いので、世にも希《まれ》な「地上河（天井川)」となっている。

中国古代から経済、文化が繁栄していた地域の一つである。沂源《ぎげん》原人の発見により40～50万年前、古人類が生存したことが判明した。春秋末期に儒教を樹立した孔子をはじめ、墨子、孟子《もうし》、諸葛孔明《しょかつこうめい》など歴史に大きな足跡をのこした人物を輩出した。戦国時代に山東と呼ばれるようになったが、周の時代に斉《せい》、魯の国が山東にあったから、のちに山東は「斉魯」とも呼ばれ、略称はいまでも「魯」となっている。

改革・開放路線が定められた1978年、山東省の経済力は上海《シャンハイ》市、江蘇《こうそ》省、四《し》川《せん》省、遼寧《りようねい》省の後塵《こうじん》を拝していた。だが90年代にはいってから、同省は突然スパートをかけた陸上競技選手のようにみるみるうちに追いあげ、猛烈なスピードで成長しつづけ、いまや広東省、江蘇省に次ぐ地位を築きあげた。しかも、この勢いはまだまだ衰えを見せていない。模範的な先進省の広東、江蘇の人々もその躍進ぶりには驚き、相次いで山東を訪れ、その飛躍の秘密を探るようになった。

経済力をもつようになった山東省は、これまではあまり縁のなかった中国共産党の最高指導部である中央政治局と政府の最高機構である国務院にもみずからの代弁者を送りこんだ。これは、経済力の増大による地方の発言権の強化を端的に象徴した出来事だと言えよう。

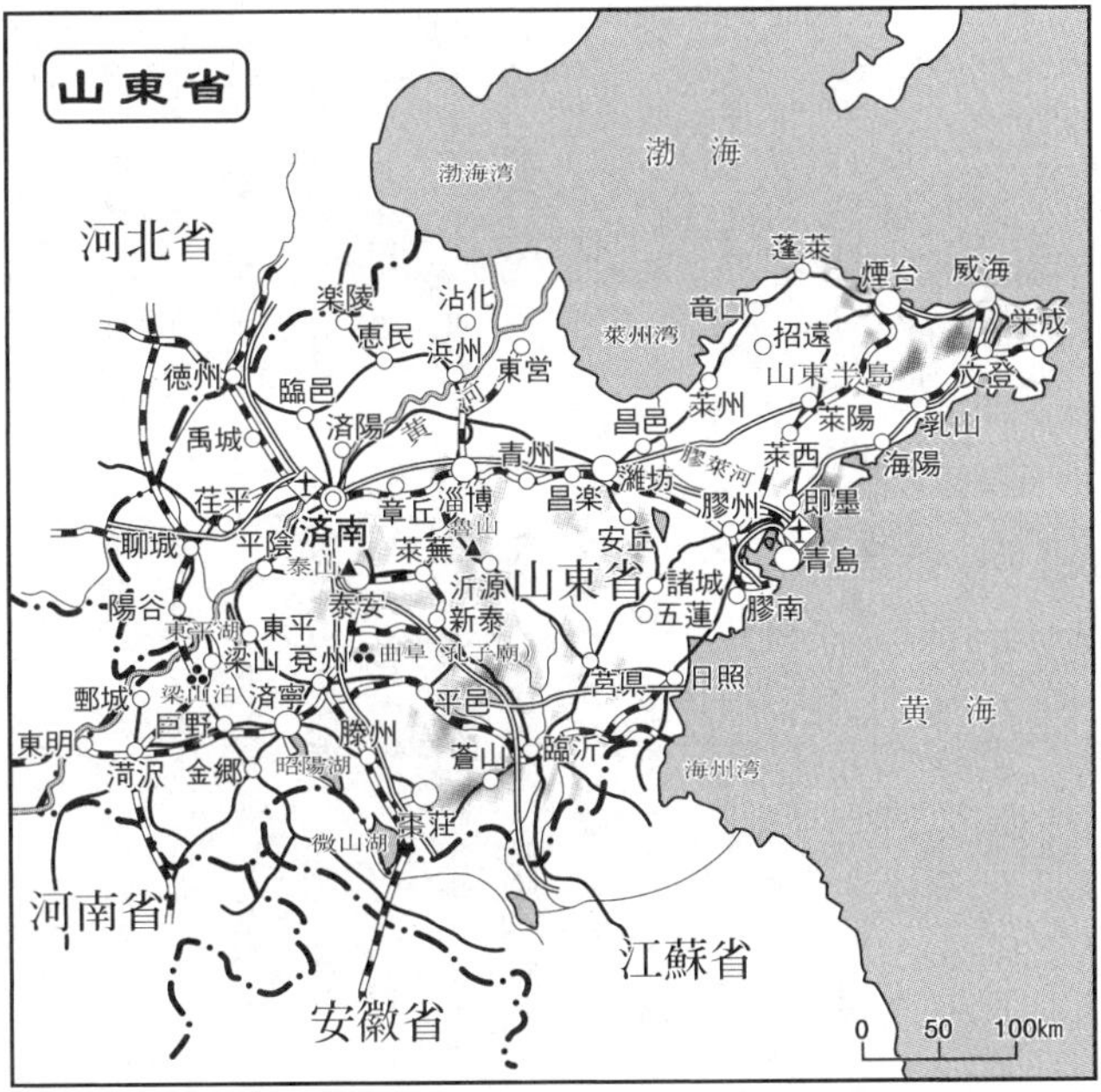

生産性を大幅に改善させた農業のほか、新興勢力となった地方都市と地方を基盤とする企業が山東省の発展神話を支えたと言えるだろう。省全体の経済発展の躍進を力強く支えているのは、青島《チンタオ》、煙台《えんたい》、威海《いかい》、濰《い》坊《ぼう》の四つの地区がある山東半島だ。山東半島は経済成長がもっとも速く、機関車のように省全体の経済を牽《けん》引《いん》する役割を果たしている。青島、煙台には日本企業も進出しており比較的に知られているが、威海、濰坊は

先進地区のニューフェースといえよう。

農業もスケールメリットを狙《ねら》い、どんどん近代化され、農産品の日本への輸出が年を追うごとに増加している。２００1年に日本がネギなど中国産農産品の三品目に対してはじめて暫定的にセーフガードを発動したが、そのネギの主要な産地がまさしく山東省である。山東省の農産品なしでは日本の台所は維持できなくなると言っていいほど、日本は大きく依存するようになった。だが、０8年年初には、日本で農薬が検出された「餃子《ギョーザ》事件」が発生し、野菜の日本輸出にも大きな影響を及ぼした。今後、同省産野菜のブランドイメージの再構築が求められている。

同省は中国のリンゴ生産量の約3分の1を占めるほどの名産地である。特に栖霞《せいか》市はリンゴ市と呼ばれるほど有名だ。年産１００万トン、30％は海外へ輸出する。リンゴが66万人の農民の生活を支えている。この地位を築いた功労者は、１９８５年に初めて日本から導入されたリンゴ品種「紅富士」だ。その導入で、栖霞産リンゴの評価が飛躍的に高まった。以降、「藤牧」「津軽」など日本のさまざまな優良品種が栖霞市に根を下ろし、日中経済交流の実を結んでいる。

同省の経済を引っ張るもう一つの機関車が、青島に本社をもつ大手家電メーカーのハイアール（海爾）などの家電企業だ。特に「中国の松下（現在はパナソニック）」

と言われるハイアールは、９０年代の後半から中国の家電メーカーの代表的な存在となった。

同社は従業員が四百余名の国有企業青島冷蔵庫総廠《そうしよう》をその前身とし、８４年に三回も工場長を変えたりして企業の再起を図ったが、いずれも失敗に終わり、負債額が膨らみ、給料も支給できないほど窮地に追い込まれた。しかし８５年にドイツの技術を導入することで、辛うじて冷蔵庫メーカーとしての地位を確保した。それがきっかけとなり、外国企業の進んだ企業経営ノウハウや技術を積極的に利用し、国有企業から株式上場企業への一連の改革を経て、急成長をとげ、いまや数十の企業を傘下《さんか》に入れ、中国最大の総合家電メーカーとなっている。

イギリスの「フィナンシャル・タイムズ」で２０００年に報じられた「世界でもっとも尊敬されている企業経営者30人」に、アジアからは3人の企業経営者が選ばれた。当時のソニーとトヨタの社長と、ハイアールの張瑞敏《ちようずいびん》ＣＥＯである。これは中国の企業経営者がこれまで受けた最高の栄誉だ。

ハイアール飛躍のきっかけは中国のＷＴＯ加盟だった。多くの中国企業が海外製品の中国市場への流入に警戒感を強める中で、同社は逆にこれで海外進出のハードルが低くなったとして、絶好のビジネスチャンスと受け止め、９０年代の終り頃から、企業の戦略を調整して海外市場の開拓と育成に力を入れた。フィリピン、インドネシア、マレーシア、アメリカ、イランなどの国に製造工場を作り、海外に専属代理店ネットを築き上げ、100以上の国と地域にその製品を輸出している。東京銀座の街角やアラブ首長国連邦のドバイを流れる運河のほとりにも、同社のネオン広告が見られるほど海外での存在感を急速に高めている。

これまで中国のヒーローといえば毛沢東《もうたくとう》、鄧小平《とうしょうへい》のようにほとんどが政治家だった。しかし、ハイアールの登場と成功は、中国でも企業経営者がヒーローになれる時代が訪れたことを物語っており、21世紀の中国は経済が政治よりさらに重みをもつ時代となることを示唆《しさ》した。

ハイアールのほかに、ハイセンス（海信）や100年以上の歴史をもつ在来の企業である青島ビールなど、同省を代表する主要企業も快進撃を続け、同省の経済発展を力強く支えた。

省都済南《さいなん》市は、ユネスコに世界自然遺産と指定された泰山《たいざん》の北麓《ほくろく》、黄河の南岸にあり、市名は古代の済水という川の南にあったことに由来する。悠久の歴史をもつ文化都市で、宋《そう》時代の名詩人李清照《りせいしょう》、辛棄疾《しんきしつ》の故郷でもある。工業生産額は省内一位を青島に譲ったが、津滬《しんこ》線などの鉄道がここで合流し、省の重要な物流拠点である。

山東省は昔から豊かな省のイメージがあまりなかった。「闖関東《ツアングアントン》（東北地区へ移民する）」という言葉が代表するように、農民は貧しく干ばつ・水害が多い故郷を離れ、東北と呼ばれる黒竜江省《こくりゆうこう》、吉林省《きつりん》、遼寧省に移住して新天地を求めるという伝統がある。この国内移民現象は、国民の移住を厳しく制限した文化大革命時代でも、中断したことがなく、改革・開放がすすみ、生活水準の向上がみられるようになった80年代までつづいた。

孔子の故郷である曲阜《きよくふ》は中国古代文化の発祥の地で、春秋時代の後半、東方の政治・経済・文化の中心となり、歴史上有名な「斉魯文化」を孕《はら》み育てた。城内には歴代の皇帝が孔子を祀《まつ》るために建てた聖地・孔廟《こうびよう》がある。大成殿と孔子が弟子たちに学問を授けた杏壇《きようだん》などがある孔廟は、総面積22ヘクタールの壮大な規模を誇り、北京《ペキン》の紫禁城、泰山の岱廟《たいびよう》とならぶ中国の代表的宮殿式建築の一つとされる。

孔子直系の子孫が代々住んだ邸宅である孔府、孔子とその家族専用の墓地の孔林は、孔姓をもつ市民が5分の1にもおよぶこの町の風景となり、貴重な観光資源となっている。近年、孔子への再評価もあって、地元では孔子ブランドの酒やビール、醤油《しようゆ》などがあいついで生産され、好調な売れ行きをみせている。孔子ブランドによる町おこし作戦が成功しているようである。賛否両論を呼んだが、2002年から曲阜の中心部を囲む明《みん》時代の城壁も再建された。

農業生産額が中国一を誇る農業省らしく、綿、油料作物、果物の生産量が各省のなかで上位の地位を不動のものとした。白菜、ネギなどの野菜のほかに、煙台のリンゴ、萊陽《らいよう》の梨《なし》、楽陵《りょう》の金糸小棗《きんししょうそう》などブランドとなった農産品も多い。寿光の野菜卸市場は現在、長江より北方で最大の野菜卸市場という地位を築き、南は広東省から北は黒竜江省まで数百の市・県・区が仕入れ担当者を派遣し、ここで毎日大量の野菜を買い入れている。さらに前述した通り日本をはじめ、香港《ホンコン》、フィリピンなど二十数カ国と地域にも大量の野菜が輸出されている。

また、山東における塩生産の歴史は5000年にもおよび、最大の海塩産地の一つと数えられている。

そして、山東半島の金埋蔵量が中国一で、招遠《しょうえん》金鉱や88年操業を開始した三山島金鉱などが有数の金産地として知られている。近年、玲瓏、焦家など超大型金鉱が相次いで発見され、金埋蔵量が大幅に増えている。

世界遺産 泰山

世界遺産 孔廟

さらに、華東地区ではもっとも石炭資源に恵まれ、棗荘《そうそう》炭鉱など大型炭鉱がある。60年代に開発・生産をはじめた石油・天然ガス産業は急速な成長をとげ、同省の主要産業となった。

渤海に近い黄河デルタにある勝利油田は黒竜江省の大慶《だいけい》油田につぐ中国最大級の油田である。地元の東営市は完全に同油田の城下町となっている。河南省と同省にまたがる中原油田の主要な採掘区がある魯西南、渤海湾、莱州《らいしゅう》湾でも豊富な石油資源が埋蔵され、その開発がすすめられており、山東省は原油生産量が全国の3分の1を占めるほどエネルギー資源省の地位も固めてきた。油田・天然ガス田のあいつぐ開発により、石油精製業・化学工業の発展もめざましいものがある。斉魯石油化学工業公司はその代表企業といえよう。石炭や石油に恵まれている立地条件をいかして、近年、大規模な発電所があいついで建設された。

山東半島には水深の深い海湾が多く、3000キロ以上の海岸線に20以上の港湾があり、沿海港湾の密度がもっとも高い省である。「東方のスイス」と自負する青島市にある青島大港、煙台港、日照港などがその代表である。青島・煙台～香港・マカオ・日本に直行する国際航路も開設されている。特に青島港はコンテナ取扱能力の急増で、世界に注目される主要港湾の一つとしてその地位を高めている。

済南市に本社を置く大型トラックメーカー「中国重汽」集団やディーゼルエンジンなどを製造する中国最大の自動車部品製造企業「濰《い》柴《しば》動力」などの台頭により、同省は自動車製造分野でも存在感を増している。

孔子のほかに、『三国志』に描かれている軍神・諸葛孔明《しょかつこうめい》（181～234）、中国最初の軍事著書『孫子兵法』を書いた戦国時代の軍事家・孫武《そんぶ》、「書聖」といわれる東晋《とうしん》の書道家・王羲《おうぎ》之《し》（321～379、また303～361の説もある）、「顔体」という書体をつくり書道に大きな足跡をのこした唐の書道家・顔真卿《がんしんけい》（709～785）、「蘇《そ》辛《しん》」と呼ばれたように蘇《そ》東坡《とうば》とならぶ宋の大詩人・辛棄《しんき》疾《しつ》（1140～1207）、中国古代もっとも有名な宋の女性詩人・李清照《りせいしょう》（1084～1151頃）、怪奇短編小説集『聊斎志異《りょうさいしい》』の編著者・蒲松齢《ほしょうれい》（1640～1715）、生没年不詳であるが秦《しん》の始皇帝がほしがる「不老不死の薬草」を探しに日本の紀伊に渡ったと言い伝えられている徐福《じょふく》らが同省の出身である。また『水滸伝《すいこでん》』の英雄たちの舞台である梁山泊《りょうざんぱく》も同省にある。

しかし、目覚ましい経済発展と悠久の歴史文化に対して、海外での同省の知名度はいま一つ。国際社会でいかに早く効果的に認知されるかが、新世紀を迎えた同省が直面する新しい課題である。

河南省《かなん》

——市場経済時代に毛沢東《もうたくとう》思想を守ろうとする農業省

河南省の省都鄭州《ていしゅう》市を出て、京深自動車道と呼ばれる国道107号線を南へ120キロほど走り、さらに東へ曲がると、忽然《こつぜん》と近代的な建物群が現れる。

広い通りの両側に、柳、松、柏《かしわ》などの樹木が鬱蒼《うつそう》と茂り、芝生が目にしみるほど鮮やかな緑を見せており、色とりどりの花が咲き乱れている。工場、商店、従業員食堂、図書館、社宅、村民用住宅、オフィスビルが緑のなかに見え隠れしている。街全体がきれいで、すれ違う人々も忙しげだ。

大通りに沿って村の中央に辿《たど》り着くと、高さ6メートルの白玉《はくぎょく》の像が建っている。故・毛沢東の全身像だ。銃を構えた二人の民兵が、雨の日でも灼熱《しゃくねつ》の真夏でも毛沢東像の両側に直立不動の姿勢で24時間警備している。

　電柱に据え付けられたスピーカーからは、「東方紅」、「大海航行の舵手《だしゅ》」、「団結こそ力」など革命の歌が聞こえてくる。街のいたるところに、「進歩を遂げるために毛沢東著作を学ぶべきだ」、「成長するには共産党にしたがっていくべきだ」という大文字で書かれた宣伝文句が見られる。雷鋒《らいほう》、董存瑞《とうぞんずい》、焦裕禄《しょうゆうろく》など1950年代か60年代に宣伝された模範的人物の大きな肖像が目を引きやすい街角に描かれている。

文化大革命時代の人民公社でよく見られた光景が、ここでは21世紀を迎えたいまも見ることができる。はじめて訪れた多くの人はタイムマシンにでも乗ったような驚きを覚える。

毛沢東思想の村という別名でも呼ばれる臨潁県《りんえいけん》城関鎮《じょうかんちん》の南街村《なんがいそん》だ。例の毛沢東像は毛沢東生誕100周年の1993年に26万元をかけて作られたものである。ちなみにその年の河南省の一人当たりGDPは1867元。全国の各省・市・自治区と比べると下から六番目で、最貧困省の一つに数えられる。そんななか、3500名の村民がいるこの村は、1万7800平方キロの面積で故・毛沢東主席を大いに喜ばせる実績を作った。1991年に村営企業の成功で売上高が村として河南省内ではじめて1億元を超え、「億元村」という称号に輝いた。97年には売上高が17億元とピークを作った。その後、村営経済の運営にはかなり厳しいところがあるが、共産主義的な特徴がいまでも保たれている。幹部を含む村民の毎月の収入はみな同じ250元だ。住宅から日常生活に必要な基本的な商品まで、すべて統一して支給され、家の近くには幼稚園、学校があり、学費や医療保険など二十数項目の福利厚生もいっさい村が負担する。

かつて毛沢東が夢見ていた豊かな共産主義の雛形《ひながた》である人民公社の理想像が、この地図を探しても見つからないほど平凡な河南省の農村、南街村で実現されたのである。同村は「中原第一村」と呼ばれ、広く知られるようになった。

鄧小平《とうしょうへい》が提唱する改革・開放に入り、南街村も一時期はほかの農村地方と同じように農地を農民個人に分け、個人主導の経済体制を導入した。だが、農業を捨てて商売に走る村民もいれば、こそ泥を働く者もいた。煉瓦《れんが》製造工場と小麦粉加工工場という村の経営していた二つの工場の経営を個人に任せたが、上納すべき利益は収められなかった。村が混乱に陥った状況を見て、1984年に個人に分け与えた農地を集団経営に集め、公有制経済の道を再び歩みだした。こうして革命理想を思わせる人民公社の現代版ともいえる「河南省南街村集団有限公司」（略称は南街村集団）ができたのである。

二十前後の共産党支部、300人近い共産党員に支えられるこの村は、いまでも共産主義的な要素を強めたコミュニティを作ることを目標にしている。一方で2004年、南街村集団は一部の幹部を同集団の株主とするなど、資本主義的な要素も取り入れている。

中国のほとんどの地域と完全に異なる道を歩むことで成功したこの村に、周囲の人々は羨望《せんぼう》の眼差《まなざ》しをむけ、出稼ぎ労働者たちはこの村の正式な村民になることを夢見ている。実際、いま1万人近くの外部の人間が南街で働いている。文化大革命時代の表現を借りれば、「毛沢東思想の勝利」と言っても過言ではない。しかし、近年、南街村はスキャンダル事件にみまわれ、「成功村」の栄光にも翳《かげ》りが出てきた。

この村が所属する河南省は、99年に省・市・自治区のなかで一人当たりGDPが最下位から数えて十位となり、その後順位を上げたものの、2007年現在、上海《シャンハイ》との格差は依然として4倍以上あり、その差は思っていたほど縮まっていない。このことからも同省の立ち遅れが指摘されている。

黄河の中流・下流に位置する同省は、省の大半が黄河の南にあるということで「河南」と呼ばれる。北、西、南は太行山《たいこうざん》、伏牛山《ふくぎゅうざん》、桐柏山《とうはくさん》、大別山《だいべつさん》の四大山脈に囲まれ、東部は平野である。中国の聖山五岳の一つ中岳・嵩山《すうざん》も同省にある。黄河は一番大きな水系だが、鄭州より東は平野になっているため、土砂が堆積《たいせき》して河床が地面より3〜7メートル高い「地上河（天井川）」となっている。

古代の中国は九つの州に分かれており、豫州《よしゅう》である同省は国の中間部に位置するから「中州」「中原」とも呼ばれていた。鄭州や安陽《あんよう》には殷《いん》の時代の都市遺跡がいまもなおのこっている。中華文化を孕《はら》み育てた地として知られる。

歴史名城も多い。東京《とうけい》ともいう洛陽《らくよう》は、九つの王朝の都であったため「九朝の古

世界遺産 竜門石窟

都」と形容され、京都の町作りに大きな影響を与えた。現に、京都にはいまでも洛陽を冠にする学校もあり、京都を「洛陽」と呼ぶこともある。地方から京都へ行くことを「上洛する」「入洛する」という人もいる。東京から地方に行くことはすべて下るという動詞で表現する東京の人間でも、京都に対しては「上洛する」と姿勢を低くする。そこからまた、洛陽の存在の大きさを垣間見《かいまみ》ることができる。

一方、「七朝の古都」との誉《ほま》れが高い開封《かいほう》は、紀元前770年春秋時代に鄭国がここに都を置いて以来、およそ200年の間に、戦国時代の魏《ぎ》国、五代の後《こう》梁《りよう》、後晋《こうしん》、後漢、後周および北宋《ほくそう》、金という七つの王朝がここを首都とした。とくに北宋の首都汴京《べんけい》時代はもっとも栄えた。中国美術の宝物とされる名画「清明上河図」に克明に描かれているのは汴京時代の開封の繁栄ぶりである。

洛陽と開封は西安、北京《ペキン》、南京《ナンキン》、杭州《こうしゅう》、安陽と並んで「七大古都」と呼ばれ、悠久の歴史の馨《かお》りが漂う町として世界的にも知られている。

洛陽にある白馬寺は仏教が中国に伝来してから建てられた最初の寺であり、中国仏教の祖庭である。商の都であった安陽には甲骨文《こうこつもん》の発見で世界的に有名になり、2006年、世界遺産にも登録された小屯の殷墟《いんきょ》、つまり殷の遺跡がある。

洛陽の竜門石窟《せっくつ》は、清らかな伊水《いすい》が流れる竜門山の断崖《だんがい》に、北魏から宋まで700年の長きにわたって掘られた石窟群である。1キロにもおよぶ石窟は、大同、敦煌《とんこう》とともに中国三大石窟の一つに数えられる。現存する洞窟だけでも1352カ所にのぼり、仏像の数は約10万体。北魏から唐・宋までの歴史、文化、彫刻、絵画、建築、服装、舞踊、医薬、書道、民俗などを知るうえで貴重な存在である。なかでも代表的なのが、則天武后《そくてんぶこう》をモデルにしたといわれる奉先寺の「盧舎那仏《るしゃなぶつ》」である。奈良東大寺の大仏もこの端正で気品あふれる「盧舎那仏」を念頭につくられたといわれる。

禹《う》県の鈞瓷《きんじ》は宋代でもっとも有名な五つの瓷窯《じよう》の一つとされ、宮廷専用の瓷窯である。古くから「どんなに財産をもっていても、鈞瓷一つには所詮《しょせん》およばない」といわれるほど有名だ。名品には裏に製造番号が打たれている。白地に薔薇《ばら》、海棠《かいどう》の花のような鮮やかな紅色、紫色が浮かぶのが特徴である。

鄭州の西82キロにある鞏《きょう》県小黄冶《しょうこうや》、大黄冶村は唐三彩《とうさんさい》の名窯である。70年代にここで唐三彩名窯の遺跡が発見された。緑または藍《あい》、黄、白の三色をもって飾られた唐三彩は、もともと副葬品としてつくられたものであったが、鮮やかな色と目新しい造形で貴族文化の流行にのって、人気をあつめた。

鄭州市から約80キロ離れた五岳の一つ・嵩山のなかにある少林寺は北魏時代の495年に開山し、中国禅宗の祖・達磨《だるま》禅師が9年におよぶ座禅を組んだことで知られる名寺であり、禅宗と少林拳《けん》の発祥の地でもある。

悠久の歴史があるばかりでなく、地理的にも恵まれている。鄭州鉄道センターはアジア最大といわれるように、中国の鉄道網の中心は鄭州にあるといっても過言ではない。南北鉄道幹線の京広線（北京〜広州）と東西幹線の隴海《ろうかい》線（連雲港〜蘭州《らんしゅう》）がここで交差する全国鉄道網の要《かなめ》であり、鄭州は中国の交通網にもっとも重要な役割を果たしている。現在、十数本の旅客鉄道線が鄭州を経由して各地にのびている。

しかし、輝かしい歴史とは裏腹に保守的ムードが強い。1950年代以来同省が辿《たど》ってきた道は決して平坦《へいたん》なものではなかった。毛沢東が提唱する「大躍進」と人民公社の方針に盲従したため、60年代初期に大量の農民が餓死するという悲惨な事件がおこった。中央政府は人口増加を食い止めようとして計画出産の徹底実施を求めたが、同省の農村部ではそれを有名無実のものにし、人口増加にブレーキをかけようとしなかった。そのため、同省は1997年重慶《じゅうけい》市が四川《しせん》省から分離した後、人口最多の省となり、四川省にならぶ出稼ぎ「大省」へと変わった。人口圧力が大きく、就職難などが社会的問題となり、若い男性は南方へ、若い女性は北京など大都市へ出稼ぎに行く光景が省内各地でみられる。人口の急激な増加に反して、農地は減少する一方で、農業省としての根本が揺らいでいる。

上、中流の取水増加が原因の水不足によって、近年、黄河が干上がる「断流現象」が深刻化している。それも農業省としての将来を大きく制限してしまう。そこで、黄河の慢性的な水不足と広大な北方地域の渇水現象を抜本的に解決しようと、水量が豊富な長江の水を引っ張ってくるという壮大な「南水北調」プロジェクトが注目されている。2002年12月、朱鎔基《しゅようき》首相（当時）によって着工が宣言された。西気東輸、西電東送、青蔵《せいぞう》鉄道とともに、西部大開発の重要プロジェクトとして注目を浴びている。この「南水北調」の中央ルートの水路は鄭州で黄河を横断してさらに北上する。

05年9月、黄河横断工事が始まり、07年7月黄河を横断するトンネルの掘削工事がスタートした。2010年に工事が完成し、通水を開始する予定だ。

河南省は観光資源が豊富な土地である。西安（古代は長安と呼ぶ）とならぶ名高い古都洛陽は、竜門石窟、白馬寺、『三国志』の英雄関羽《かんう》の首塚・関林など名所旧跡がいろいろあり、観光客にも人気が高い。

しかし、長年観光資源の有効利用よりも、重工業の発展を狙《ねら》った政策をとってきたために、観光地としての地位は大きく落ち込んだ。一方、頼みの重工業も厳しい競争にさらされて低迷を余儀なくされている。洛陽に中国最大のガラス製造工場と国内有数の規模で知られるトラクター製造工場があるが、激しい市場競争の中で相次いで赤字に陥り、洛陽は負け組の都市に成り下がった。結局、タバコ、酒の醸造、紡績が同省の経済を支える三大支柱産業となった。しかし、これらの産業のこれからの発展も心配される。

ただ、近年は農業省の特徴を生かして、食品加工業が大きく成長している。中国最大の食肉加工基地と主要の食糧加工基地となった漯河《とうか》市では、2003年から、毎年「中原食品節」と呼ばれる食品祭を開催するようになり、08年から、その食品祭が「中国（漯河）食品博覧会」と改名され、中国全土さらに世界にアピールしようと張り切っている。

中華文化を孕み育てた地らしく、中国歴史と文化に大きな足跡を残した人物が多い。その一人が玄奘《げんじょう》（602〜664）だ。三蔵法師《さんぞうほうし》ともいわれる彼は、唐代の高僧であるために俗称として唐僧とも呼ばれている。唐の太宗《たいそう》時代にシルクロードを経由してインドに赴いたことがある。仏教の教義を中国にひろげるうえで多大な影響を残した。『大唐西域記』などの著述がある。のちにインドに仏教の経典をもとめに行く経緯は明《みん》の小説家呉承恩《ごしょうおん》の手により名作『西遊記』となる。

もう一人は鞏県出身の杜甫《とほ》（712〜770）。李白《りはく》とともに唐代でもっとも有名な詩人である。代表作に「兵車行《へいしゃこう》」「春望《しゅんぼう》」「三吏三別」などがある。

そのほかにも、南宋時代に金の侵略に最後まで抵抗した岳飛《がくひ》（1103〜42）や清末から民国初期にかけての軍閥で1915年12月帝政を復活し、わずか3カ月で皇帝となる夢が破れた袁世凱《えんせいがい》（1859〜1916）と89年の天安門事件で失脚した元共産党総書記趙紫陽《ちょうしよう》（1919〜2005）がいる。

湖《こ》北《ほく》省

――中部台頭の先陣を切る交通の要《かなめ》

１９７８年から始まった改革・開放路線によって、中国の都市勢力図は大きく塗り替えられてしまった。かつて一漁村に過ぎなかった広東《カントン》省の深圳《しんせん》が一躍１９８０年代から９０年代前半にかけて中国を代表するスター都市となった。また一地方都市に過ぎなかった江蘇《こうそ》省蘇州市が「世界の工場」の舞台として脚光を浴びた。輝くニュースターの都市群が上昇する陰で、かつての明星都市は暗闇《くらやみ》に落ちたかのように記憶の隅へと追いやられてしまった。重工業基地の遼寧《りょうねい》省瀋陽《しんよう》市が然《しか》り。湖北省の省都である武漢市も同じ憂《う》き目に遭った。同省は長江の中流、洞庭湖《どうていこ》の北に位置するため、「湖北省」と呼ばれる。略称は鄂《がく》である。

武漢は古くから多くの省をカバーする交通と物流の要衝として機能してきた。省内を数多くの国道が走る。北京《ペキン》と広州、香港《ホンコン》を結ぶ陸路に、上海《シャンハイ》と四川《しせん》、重慶《じゅうけい》を結ぶ水路が交差し、水量の多い時期には、上海から1万トン級の船が長江をさかのぼって武漢まで運航する。漢口港など多くの港をふくむ武漢港は、中国で南京《ナンキン》についで二番目に大きい河川港で、重慶、上海を終点とする客船・貨物船の定期便を出している。武漢港客運埠頭《ふとう》は長江最大の客運センターとしての存在を誇っていた。

地理的に交通の便のいい武漢は19世紀半ば頃から、イギリス、フランス、帝政ロシア、ドイツ、日本の租界となり、近代産業の発祥の地となった。早くから開発が進められ、同省は鉄鋼、機械製造、冶金《やきん》、造船、自動車製造、紡績などの工業基地であった。葛洲壩《かっしゅうは》などに大規模水力発電所があり、中南地区で最大を誇示する華中電力網を形成し、湖南省など中南地区の省・市に電力を供給しているばかりではなく、華東地区の上海などの工業都市にも送電している。

８０年代、武漢は地の利を生かして、交通と流通をキーワードにして経済発展を狙《ねら》っていた。しかし、内陸地に位置していたため、改革・開放の波に乗り遅れ、近年地盤沈下が甚だしい。高速道路の普及により、かつて「黄金水道」と呼ばれた長江の水運業の地位が急速に低下し、北京と武漢を結ぶ鉄道も絶対的優位性をなくした。裏づけのない「交通の要」という名ばかりのものとなり、武漢の衰退が省全体の地位低下

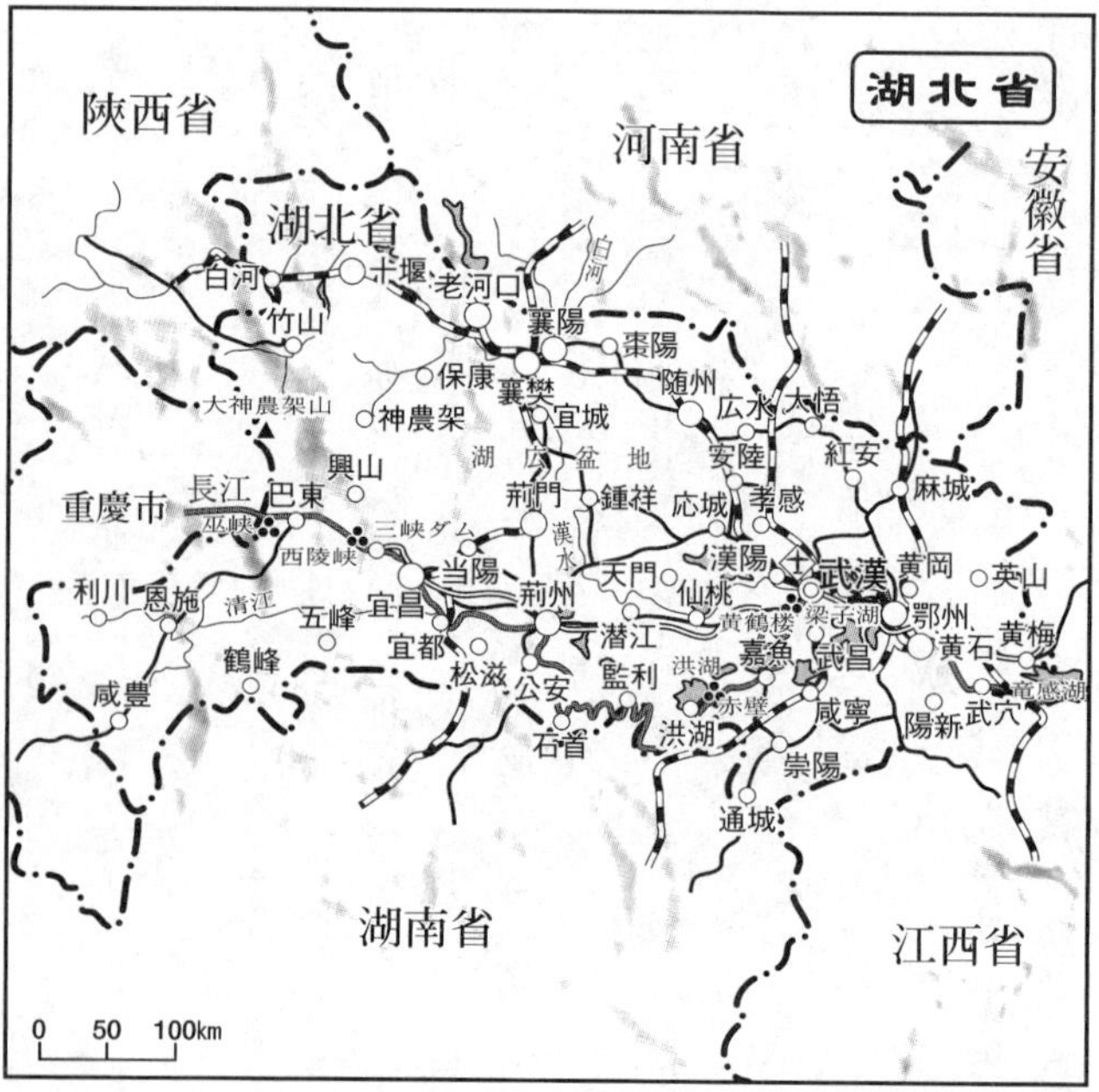

を招いてしまった。いつの間にか武漢市が中国主要都市の前列から消え、湖北省も人々の意識の中でごく普通の省のひとつに格下げされた。

　かつてのリーダー的な地位を挽回《ばんかい》するために、同省は自動車産業に再起の夢をかけた。

　山間部にある十堰《じゅうえん》市につくられた自動車会社第二汽車製造廠《しょう》（当時は二汽と略された。現在の東風汽車公司）は同省の期待を一身に受けた。当時は、吉林《きつりん》省長春市にある第一汽車製造廠（現在は「第一汽車」）に対抗するために1969年に設立された自動車メーカーで、主に「東風」ブランドのトラックを作っていた。現在では世界的にも有数の規模を誇る中国最大のトラック製造会社となり、新しい自動車製造基地としての地位を不動のものとしている。

この二汽を前身とした東風汽車は、トラック一辺倒という局面を打破するために、80年代末から乗用車製造にも乗り出し、90年代に入ってからはフランスの自動車メーカーのシトロエンや日産や韓国の自動車メーカーと提携して合弁会社を設立し、乗用車市場に殴り込みをかけた。

自動車製造においては中国で一、二を争うほどの実力をつけたが、悩みも大きかった。当時、戦争に備えるという発想で、工場をわざわざ山奥の十堰に作ったため、輸送事情が東風汽車の足を大きく引っ張った。経営側も国有企業の旧来の意識に縛り付けられ、市場のニーズ変化に柔軟に対応できず、一時「自動車の都」が廃都に陥る危険にさらされていた。そこで日産との全面提携をきっかけに、2003年9月、本社が十堰から武漢に移転し、再起を図った。現在、10万人の社員を抱える同社は十堰～襄樊《じょうはん》～武漢にかけて中国内陸部最大の自動車産業地帯を形成し、中型・大型トラックなどの商用車や自動車部品の製造と組み立てを主とする十堰基地、小型トラックや乗用車を主に製造する襄樊基地、乗用車の製造に専念する武漢基地と広州基地を擁し、上海フォルクスワーゲン、長春汽車、天津《てんしん》一汽とならぶ、中国四つの乗用車生産基地の一つとして勢力を誇示できるようになった。

武漢鋼鉄をはじめとする鉄鋼、石油化学、電子・情報技術、紡績、食品加工などの産業も近年、大きく伸びている。

製造業が大きく成長するにつれ、交通の要とされる武漢の役割が再評価され、2005年に武漢鉄道局が再び設立され、武漢と河北省の首都石家荘《せっかそう》市を結ぶ高速鉄道（日本の新幹線に当たる）の敷設《ふせつ》工事も08年に始まった。2010年頃までには、武漢発の列車が中国の主要な大・中規模の都市に通じるといってもいいほど、鉄道における武漢の存在感が大きくなる。北京、上海、広州、成都とは4〜6時間で結ばれる。その頃には、武漢は北京、上海、広州に並ぶ中国四大鉄道の枢軸《すうじく》のひとつに復活するだろうと期待されている。

一方、天河空港の三期目の拡張工事も08年に始まり、近い将来に、北京、上海、広州と並ぶ、世界に直行便を飛ばす大型空港となる可能性も出てきた。

中部地域台頭の先陣を切る重責を担《にな》う同省だが、かつては雄を争う三国時代の華や

世界遺産 武当山紫霄宮

かな舞台であった。いまでも豊富な歴史の遺跡が残っている。五百羅漢の表情が面白い帰元寺や、岳陽《がくよう》の岳陽楼、南昌《なんしょう》の滕王閣《とうおうかく》とならび、江南の三大名楼の一つと名高い黄鶴楼《こうかくろう》（以上は武漢）、宋《そう》代の大詩人・蘇東坡《そとうば》が「赤壁賦《せきへきふ》」「赤壁懐古」などの名作を書きのこした東坡赤壁《とうはせきへき》（鄂州）、三国時代の名戦場である周郎赤壁（赤壁市の赤壁山）、2000年の歴史を誇る兵家必争の地である荊州《けいしゅう》古城（現在の江陵《こうりょう》県城）、三国時代のもう一つの名戦場で趙雲《ちょううん》将軍が大活躍した長坂坡《ちょうばんは》（当陽）、諸葛孔明《しょかつこうめい》が青年時代に隠居し、劉《りゅう》備《び》が「三顧の礼」つまり3回もここを訪れ協力を要請したことで有名な古隆中《こりゅうちゅう》（襄陽）などが、有名な観光ポイントになっている。

豊かな自然もある。省内には神農架《じんのうか》、武当山《ぶとうざん》、荊山《けいさん》などの山々がある。天柱峰を中心に広がる武当山の古建築物群が自然景観にうまく溶け込み、世界遺産に指定された。「魚と米の里」と呼ばれる江漢平原、たくさんの湖が点在する鄂東《がくとう》沿江平原が長江中流部に広がる。主要河川は、長江のほかに漢江（漢水とも呼ばれる）、堵河《とが》、清江、内荊河などがある。湖が多く、同省は「千湖の省」という美名をもっている。面積420平方キロの洪湖《こうこ》は同省最大の湖である。

古代植物の避難所との異称で知られる神農架は、鄂西北の四川、陝西《せんせい》、湖北の三省が交わるところにあり、主峰の神農頂は海抜3105・4メートル、湖北省の最高峰である。面積約3250平方キロ、原生林のままの自然が残っていて、中国政府から自然保護区に指定されている。古代の名医・神農がいろいろな野草を味わって、漢方に使える薬草を探した土地と言い伝えられている。近年、野人が出没しているとの目撃情報もあり、研究機関だけでなく、マスコミを含めた多くの人々が注目している。

湖北省宜昌《ぎしよう》市三斗坪《さんとへい》に建設された長江の三峡ダムも湖北省を訪れる多くの人の関心を集めている。長江三峡は、重慶市奉節《ほうせつ》県の白帝城《はくていじよう》の麓《ふもと》から湖北省宜昌市の南津関《なんしんかん》までの区間を指し、重慶市と湖北省にまたがる名高い観光の名所である。西から東へ瞿《く》塘峡《とうきょう》・巫峡《ふきょう》・西陵峡《せいりょうきょう》が滔々《とうとう》と流れる大河を呑《の》み込むように航路の先に立ちはだかっており、その険しさで旅する人々を圧倒している。

毛沢東《もうたくとう》はかつてここに巨大なダムをつくることを夢見ていた。1992年4月、中国の国会に相当する全国人民代表大会で三峡ダム建設プロジェクトが承認され、94年12月に正式に着工した。ダムの堤高185メートル、頂上部の長さ3035メートル、幅15メートル。流域人口約4億人の長江をせき止めるこの三峡ダムの総工費は、試算では95年中国の国家歳入の4割強に相当する2500億元で、まぎれもなく中国近代史上最大の建設プロジェクトの一つであった。三峡ダムの建設により水没地はダム上流約600キロまでおよび、百万単位の人々が移住を余儀なくされた。2003年に一部発電を開始し、08年実質的に完成した。発電容量1820万キロワットで、原子力・火力を含めて世界最大の規模を誇り、年間発電量は847億キロワットとされる。

三峡ダム建設の決定プロセスや工事品質に対する疑問が根強く残り、さらに環境への影響なども心配され、三峡ダムの建設に反対する人間も少なからずいて、特に学者や文化人のなかに、慎重な声が多かった。三峡ダムの可否に結論がでるまでには、歳月が必要だ。

湖《こ》南《なん》省

――テレビ革命を巻き起こし、美しい秘境もある

中国が改革・開放時代を迎えてから、毛沢東《もうたくとう》の故郷である湖南省は貧乏くじを引いてしまった。貧しい生活に嫌気がさした同省の住民は日銭を稼ごうとして深圳《しんせん》経済特区をもつ広東《カントン》省に流れ込んだ。中国共産党の領袖《りょうしゅう》である毛沢東、劉少奇《りゅうしょうき》、胡《こ》耀邦《ようほう》、華《か》国鋒《こくほう》をはじめ多くの革命指導者を生みだした栄光ある同省は、まるで一夜のうちに出稼ぎ労働者供給省となってしまったかのようだった。

しかし、かつて革命の狼煙《のろし》を挙げた同省は１９９０年代の半ばに、またもや革命の火種をまいた。中国は言論の統制が非常に厳しい国である。そのため、長い間、国民の意識に大きな影響力をもつ映画、テレビ、新聞、出版などの分野に対して、共産党が厳しい規制を敷いていた。この規制はだいぶ緩和されたとは言え、いまでもまださ

まざまな形で存続している。
　市場経済化が進むことによって、まず出版分野では民間資本が現れ、出版市場の一角に大きく食い込んだ。だが、活字よりはるかに大きな影響力をもつテレビに対しては、これまでどおり共産党による規制がかたくなに維持されている。こうした局面に湖南省が戦いを挑んだのである。
　９０年代、同省所属の湖南テレビ・放送メディア公司は、中国全土で受信できる衛星放送という文明の利器を活用することで、「快楽大本営」、「玫瑰《バラ》の約束」などの高視聴率番組を中国全土のお茶の間に送り込み、連続ドラマの「還珠王女」は国内テレビドラマの最高視聴率記録を作った。娯楽番組のブームを巻き起こしたと言っても過言ではない。2005年に、「超級女声」という歌のオーディション番組では、中国全土約3億人もの視聴者をテレビに釘《くぎ》づけにした。日本語だと「スーパー歌姫」といった意味の「超級女声」の略である「超女」という造語は近年、中国でもっともはやった流行語の一つになった。

湖南テレビの広告収入や人気もCCTV（中央電視台）についで全国二位となり、国家テレビ局のCCTVの独占的地位に敢然と挑戦するといった域を超え、相手を脅《おびや》かすほどの実力を備えるまでに成長した。湖南テレビの成功に刺激されて、中国主要地方のテレビ局も衛星放送に力を入れ、今日のように一般の家庭でも数十ないし100近くのテレビチャンネルを受信できるような盛況《ちようさ》を作り出した。

テレビ分野の躍進で注目を集めた湖南省は、長沙市を省都とする。省名は大部分の地域が洞庭湖《どうていこ》の南側にあることに由来する。湘江《しようこう》が同省内を縦断しているため、略称は湘という。

同省北部に広がる洞庭湖平原と湖北省の江漢平原は両湖平原とも呼ばれ、中国三大平原の一つである長江平原の主要部分で河川が多く、流域面積5000平方キロ以上の大きな川が17もある。同省と湖北省《こほく》にまたがる洞庭湖は江西省《こうせい》の鄱陽湖《はようこ》につぎ中国で二番目に大きい湖だ。古代に湘江流域に芙蓉《ふよう》がたくさん植えられ、唐代の詩人譚用《たんよう》之《し》の詩には「秋風万里　芙蓉国」という名句もあったため、芙蓉国も同省の別称となっている。

　南部は森林が比較的多く、80年代に入ってから23の森林自然保護区をあいついで指定し、森林資源と環境の保護に力をいれている。同省西北の大庸《だいよう》、慈利《じり》、桑植《そうしょく》の三県（市）が交わるところに、約400平方キロの観光区が広がり、張家界《ちょうかかい》、索渓峪《さくけいよく》、天子山、楊家界の四つの区域からなる。ここでは自然の風化と水蝕《すいしょく》作用によって形成された数千の山や峰が千奇百怪の形をなし清流が流れていく。なかでも、国家森林公園に指定され、天然の山水画世界と絶賛される張家界はとくに有名である。張家界は2000以上の石峰がそびえ立ち、見渡す限りの原始林におおわれ、金鞭渓《きんべんけい》などの山渓がそのなかを流れる。

　ところが、これほど有名になった張家界は80年代初期まではほとんど知られていなかった。いわば現代の桃源郷である。洞窟《どうくつ》や絶壁が有名な索渓峪、雲海や滝が見物できる天子山もなかなかいい。1988年10月、張家界国家森林公園、索渓峪自然保護区、天子山自然保護区らの三つの景勝地が「武陵源風景名勝区」とまとめられ、92年には、ユネスコの「世界自然遺産」リストに登録された。

同省には、もうひとつ世界文化遺産への登録を目指す地域がある。「鳳凰《ほうおう》古城」と呼ばれる鳳凰だ。

鳳凰。フェニックスを意味する美しい言葉を地名にしたこの町は、湖南省西部を意味する湘西の山奥の湘西苗《ミャオ》族土家《トウチャ》族自治州にある。作家沈従文の名作『湘行書簡』によってその名が世間に知られたこの町は、「中国で最も美しい小さな町」と絶賛されている。

1934年1月8日から3月5日にかけて、沈従文が湖南省の常徳市から舟に乗って、故郷鳳凰に帰る旅をした。その旅行中に、作家は移動途中で見たものや感じたことを細かい筆致で手紙に書いて新婚間もない妻へ報告していた。のちにこれらの手紙を中心に本にまとめたのが『湘行書簡』だ。

透き通る川の水、山奥に通じる川を行き交う木の舟、川魚の料理に漁夫の歌、川辺にある「吊脚楼《ちょうきゃくろう》」という高床型の伝統的住宅に映える苗族と土家族の女性たちの色彩

世界遺産　武陵源

豊かな服装、釜《かま》の上にぶら下がっている「ロウ肉（燻製《くんせい》の肉）」と農家の自家製の酒……。都会に住む妻への深い愛情の念を伝える沈従文の手紙は、同時に湘西と鳳凰への愛《いと》しいまなざしを込めて描きあげた民俗の絵巻物そのものでもある。

観光客が少ない時期を選んで、鳳凰を訪ね、小雨に濡《ぬ》れて鈍く光る石畳の路地に沿って、町中を右へ左へと足任せで歩き回ると、いまでも沈従文の作品に描かれた光景をたっぷりと楽しむことができる。「吊脚楼」、その前を流れる清流、清流の水面を悠然と滑っていく鵜飼《うか》いの船とその後を追いかけるアヒルの群れ、遠くには黛《まゆずみ》の山々……。古い町に懐《なつ》かしい匂《にお》いを嗅《か》ぎ、目の前に広がる風景にほのかな陶酔感を覚える。

同じ湘西苗族土家族自治州にある王村鎮もお勧めできる。王村鎮と言っても、ほとんどの日本人はピンと来ないだろうと思う。映画『芙蓉鎮』（1987年）を観《み》た人になら、説明しやすい。『芙蓉鎮』のロケ地がまさしくその王村鎮だ。だが王村鎮はすでに昔の地名になった。現在では芙蓉鎮と名を改めた。言うまでもなく映画の知名度を意識しての改名だ。ちなみに、王村とは王様の村という意だが、古代に地元の領主の出身地だったためだ。

勾配《こうばい》のある芙蓉鎮の町を散策しながら、土家族の村民たちと会話したり自家製の酒を飲んだりしていると、殺人的なスケジュールに追われる都会での日々が嘘《うそ》のように思えた。町には滝があり、川もある。水上交通の便利さが昔から町に繁栄をもたらしている。戦国時代にはすでに出来上がっていた町だけに、骨董品《こっとうひん》の店が多い。土家族の文化の息遣いを感じさせる古い民俗品が、町の貫禄《かんろく》と歴史の風雪をさりげなく語っている。

湘西に隣接する懐化市もほとんどの日本人は知らないだろう。実は、日本でヒットした映画『山の郵便配達』（1999年）はそこをロケ地として撮影されたものだ。懐化市洪江に残る旧市街「洪江古商城」は明《みん》・清《しん》の時代には商人の町として知られ、「小南京《ナンキン》」「湘西の真珠」などとたたえられた。新聞社、両替商、学校、劇場、店舗、売春宿など明・清代の伝統建築が数百棟保存され、老朽化は進んでいるものの、昔の都会の面影をいまなお色濃く残している。

中国には「湖広熟、天下足」または「両湖熟、天下足」という言葉がある。つまり、湖南省と広西《こうせい》チワン族自治区や広東省、または湖南省と湖北省で水稲《すいとう》がたわわであれば全国への食糧供給は問題がないというのだ。こうした豊かな土地柄に目をつけ、日本の関西の中堅スーパー平和堂が1998年に長沙に百貨店を開店した。近年新しい店舗を増やし、省内その他の地方都市への進出を狙《ねら》っている。

古代貴婦人の亡骸《なきがら》の発見により長沙の名を一挙に世界中に知らせた長沙馬王堆《まおうたい》漢墓、

その貴婦人の亡骸およびその貴重な副葬品を展示する湖南省博物館、毛沢東の生家がある韶山沖《しょうざんちゅう》、南昌の滕王閣《とうおうかく》および武漢の黄鶴楼《こうかくろう》とならんで三大名楼の一つとして知られる岳陽の岳陽楼、宋《そう》の儒学大家朱熹《しゅき》が講学した岳麓《がくろく》書院、東晋《とうしん》の詩人陶淵明《とうえんめい》が描いた「桃花源記」で知られる桃源県の桃花源、中国で聖山五岳の一つである南岳・衡山《こうざん》に鎮座する日本曹洞宗《そうとうしゅう》の祖庭・南台寺、祝融峰《しゅくゆうほう》などの名所がある。ちなみに五岳とは、東岳の泰山《たいざん》（山東省）、西岳の華山《かざん》（陝西省《せんせい》）、北岳の恒山《こうざん》（山西省《さんせい》）、中岳の嵩山《すうざん》（河南省《かなん》）に南岳の衡山をいう。

同省出身の著名人を二人紹介しておこう。

毛沢東（1893～1976）は、湘潭《しょうたん》の出身。共産党の創立に参加し、1927年農民蜂起《ほうき》を指導し、のちに農民蜂起部隊を率いて江西省の井岡山《せいこうざん》に移動して革命根拠地をつくり、農村から都市を包囲する戦略をとり、35年長征の途上で党内と紅軍内の指導的地位を不動にした。さらに49年、中華人民共和国建国後、党・政・軍の最高指導者の地位を確保してきた。半植民地の中国を立ち直らせた指導者としてその功績は大きい。しかし50年代後半、「大躍進」、人民公社など一連の急進的な政策を推進したために国民経済に多大なマイナス影響を与え、59年、国家主席を辞任した。それでも神様のように崇拝され、実際に中国の最高指導者であることに変わりはなかった。66年には文化大革命を巻きおこし、中国社会を大きく後退させ、経済を崩壊寸前に追い込んでしまった。死去後、その路線は鄧小平《とうしょうへい》によって大きく是正されたものの、中華人民共和国をつくった偉人として、いまだに民衆に大きな名声をのこしている。

胡耀邦（1915〜89）は瀏陽《りゅうよう》の出身。少年時代に革命に身を投じ、共産主義青年団中央第一書記などを歴任。文化大革命の清算を積極的に行い、華国鋒が党総書記を解かれたのち、党総書記に就任。86年に主要都市で発生した民主化運動に対する対応が問われ、積極的に進めていた政治改革も党内の根強い反対に遭い、87年党総書記を辞した。89年死去。その死は世界を震撼《しんかん》させた天安門事件のきっかけとなった。共産党高級幹部は死去後ほとんど北京の八宝山に納骨されるが、胡耀邦の墓は江西省の共青城につくられた。現在も改革派指導者として民衆に慕われている。

広東省《カントン》

――香港《ホンコン》との力関係が逆転した

広東省は香港、マカオと切っても切れない関係で結ばれている。経済特区の深圳《しんせん》市と珠海《しゆかい》市はそれぞれ香港、マカオに隣接し、香港とマカオの投資支援を受け、その後方基地として経済的に飛び立つことができた。いや、深圳と珠海だけでなく、珠江《しゆこう》デルタ全体、さらに大きく言えば広東省全域も、香港とマカオなしでは今日の発展を語れない。

しかし、これほど密接な関係をもつこれらの都市間、香港と深圳、マカオと珠海とは珠江の入海口に広がる海に隔てられ、まるで逆さに描かれたV字の両端に位置している。両端の都市間には、広州を迂回《うかい》するルート以外には陸路による交通手段がない。もし香港と珠海を結ぶ大橋があれば、逆V字型がA字型となり、交通の便が一気によくなるだろう。そのため、1983年の時点で、香港の財閥関係者から香港珠海大橋案が出された。中央政府も97年にその建設を許可した。後に、この大橋がマカオまで通じるという建設案がまとめられたものの、工事開始の気配はまったくなかった。当初、香港は広東省の発展を過小評価し、大橋の開通は在来の財閥の利益を損なうものとして関心を示さなかった。後半は逆に、経済的に大きく躍進した広東省のほうで香港への依存度が大幅に低下したため、かつての熱心さを失った。こうして25年間の歳月があっという間に過ぎ去った。

2008年3月、ようやく香港、広東省、マカオの三者の出資比率がその受益程度によりそれぞれ50・2%、35・1%、14・7%と決められ、大橋プロジェクトが動き出した。25年間がもたらした力関係の変化で香港は建設費の半分を負担せざるを得なくなった。言い換えれば、広東省が香港モデルに依存してきたこれまでの年月に別れを告げたのである。

90年代の後半にはすでに、深圳や広州など対外的に知られた大都市はもちろんのこと、東莞《とうかん》や仏山《ふつざん》、南海、順徳などの新興都市も、広東省の豊かさをいやというほど見せつけるまでに発展を遂げていた。分譲マンションが建ち並ぶ高級住宅地は、香港に負けないほどの景観を見せ、省内の主要都市のレストランでは香港に引けを取らない賑《にぎ》わいを見せる。2007年に、香港ドルと人民元との為替レートが逆転し、深圳

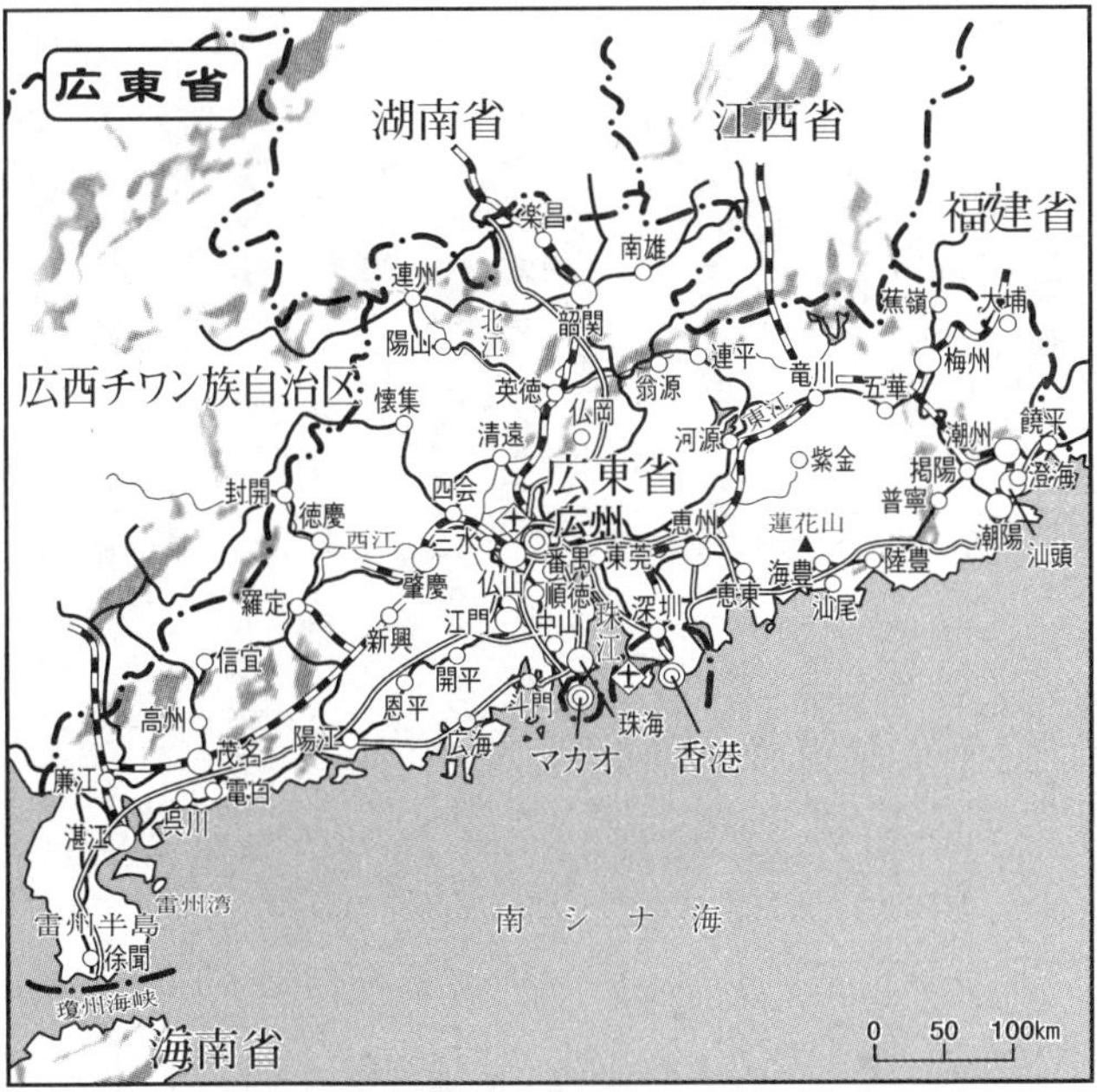

などの都会では、タクシーの運転手が香港ドルによる支払いを拒否し始めた。以前から考えれば信じられない現象だ。

広東省、特に潮州は、唐・宋《そう》の時代から華僑《かきょう》を海外に送りだす最大の「華僑の郷《ふるさと》」として知られている。世界各地に存在する華僑のなかで、広東を祖籍にもつ者は2000万人以上。その分布範囲は100以上の国・地区にわたっている。そのため、タイなど華僑が集中して居住する国では、潮州語がかなりの範囲で通用するほどだ。

現在、同省内に華僑を肉親にもつ華僑家族は1000万人以上とされる。故郷への華僑の積極的な投資とビジネス活動は、同省の経済振興に大きく寄与している。花都、番禺《ばんぐ》、順徳、潮州、普寧《ふねい》、掲陽《けいよう》、梅州《ばいしゅう》などでは華僑資本の影響力が特に大きかった。

1978年から始まった経済改革・開放は、広東省をスタートラインとした。中国政府が最初に許可した四つの経済特区のうち、深圳、珠海、汕頭《スワトウ》（いずれも80年に設置）と三つまでが同省内にある。香港、マカオをはじめとする海外の華僑資本の導入と東南アジアにいる華僑との交流の便を考えたからだ。鄧小平《とうしょうへい》の予想どおり、それ以降の経済発展の歩みも、華僑資本抜きには改革・開放のスタートを語れないほどに大きなものだった。

特に、香港に隣接する深圳は、中国の外資誘致、先進技術の導入の窓口となったばかりでなく、電子産業の重要な生産基地にも成長した。かつて一漁村に過ぎなかった同市は80年代後半から改革・開放のシンボルとして世界的に知られた。さらに、仏山、東莞、中山など9都市からなる珠江デルタは、同省の経済発展に大きく貢献したばかりでなく、これまでの中国の経済発展に重要なエンジンの役割を果たしてきた。

かつては二流省と見られがちであった同省は、現在では中国で屈指の経済力をもち、

2007年末までで連続19年GDP中国一の座を守り抜いてきた。同年の中国都市GDPランキングにおける上位5市にも、上海（一位）、北京（二位）に次ぎ、広州と深圳がそれぞれ三位と四位として名を連ねている。ちなみに、五位は江蘇《こうそ》省蘇州市だ。

このような同省の地位上昇により中国の経済地図は大きく塗りかえられた。80年代初頭の工業力順位が上海、江蘇、遼寧《りようねい》、山東《さんとう》、四川《しせん》、黒竜江《こくりゆうこう》、広東だった、ということを思い起こすと、隔世の感がある。

総合家電メーカーの美的《ミデア》集団、エアコン大手の格力《グリー》、世界最大の電子レンジメーカー格蘭仕《ギャランツ》、不動産大手の万科などの企業が広東省の躍進を大きく支えてきた。特に、深圳に本社を置く中国最大の総合通信ソリューション提供会社華為《ファーウェイ》はインド、アメリカ、スウェーデン、ロシアにも研究所をもち、8万人もの従業員の4割以上が研究開発に従事し、世界100以上の国に通信製品と通信ソリューションを提供している。07年の特許協力条約（PCT）に基づく国際特許出願ランキングによれば、企業別では松下電器（現在は「パナソニック」）が一位だが、華為は前年の十三位から四位へと大躍進を遂げ、長年のライバルである米シスコシステムズを大きく引き離した。

07年の時点で、深圳港のコンテナ取扱量が世界四位、輸出入額が中国一を2年連続で維持し、輸出においてはすでに15年も中国最多となっている。発展著しい東莞、中山、順徳、南海の四市は「四匹のミニ・タイガー」と呼ばれ、その実力は広く認められている。発展のスピードも、かつてアジアの「四つのドラゴン」とされたシンガポール、韓国、香港、台湾の70年代より速い。さらにホンダ、トヨタ、日産が工場をもつ広州は新しい自動車製造基地としても注目を浴びている。

しかし、同省の経済モデルは大きな試練に直面している。

経済発展のエンジンとされる珠江デルタは、これまで海外企業や香港との加工貿易で発展を支えてきた。電子レンジの製造台数では世界一を誇る格蘭仕に見られるように、そのビジネスモデルはOEM生産に依存しており、自らのブランドは持たない。また、知的所有権の競争にも大きく後れをとっている。そんな中で、人件費の高騰《こうとう》、ガソリンなどエネルギー価格の急激な上昇、原材料費の相次ぐ値上がりで、広東省が依存してきた加工貿易モデルはすでに限界に達しつつある。08年春節前後には、香港、台湾、韓国系の企業の多くが夜逃げ同然で生産工場を閉鎖してしまった。

一方で、長年、香港からはマイナスの影響も受けてきた。不動産投資に走り、バブル経済に踊らされた。自然環境の悪化、公害の深刻化、治安の悪さなどが大きな社会問題にもなり、珠江デルタないし広東省全体の経済失速と地位低下の心配は消えていない。

ＧＤＰが台湾と肩を並べたとは言え、香港や台湾との間には依然として大きな経済格差が存在している。鳴り物入りで開設された深圳、珠海、汕頭という三つの経済特区についても、汕頭が完全に失敗し、特区であることもほぼ人々から忘れられている有様なのをはじめ、珠海も鳴かず飛ばずの状態だ。

前述した通り、日系自動車メーカーの進出で中国の自動車製造基地として盛況を見せている広州だが、自力で自動車を開発する実力はほとんどない。その意味では典型的な「大家経済モデル」だと言えよう。「世界の工場」と形容される東莞も２００８年の世界的な金融危機の影響を受け、中国で倒産企業がもっとも集中する地域の一つとなった。

製造からいかに早く創造の新局面を切り開き、21世紀も中国経済の先頭を走り続けられるか。これは同省にとって最大の課題であり、至上の使命でもある。香港との力関係は逆転したが、広東省が渡り合うべき相手は世界の強豪だ。ＧＤＰが中国一という実績で満足していては将来はない。

広東と言えば、広東料理を思いつく人が多い。広東省の略称が「粤《えつ》」なので広東料理は中国語で「粤菜」ともいう。魯菜《ろさい》（山東料理）、川菜《せんさい》（四川料理）、淮揚菜（淮揚料理）とならぶ中国四大料理の一つとして知られる。

広東料理は主に広州、潮州、東江の三つの系統からなる。広州系統が今日の広東料理の主体をなし、珠江デルタとその周辺部の特色が見られる。潮州、汕頭地区を地盤にする潮州料理は福建省南部の影響を受けており、海鮮料理を特徴とする。東江料理は客家《ハッカ》料理とも呼ばれる。タイやフィリピンなど東南アジアの国々で出会った広東料理の多くは実は、潮州料理と東江料理の系統を引いたものが多い。

世界中に広東出身の華僑が広がっているため、中国四大料理の中でもっとも海外で普及しているのがその広東料理である。蝦餃子《えびギョーザ》、焼売《シューマイ》、焼きビーフン、餐包《ツァンパオ》などで知られる広東の「飲茶《ヤムチャ》」も特筆されるものである。元々茶請けや間食として発展した飲茶はいまや広東、香港、マカオの朝の風物詩となっている。

広東料理のスープは医食同源の中国人の飲食観をもっとも端的に表しているメニューで、その右に出るスープは他の料理にはなかなか見つからない。蒸し魚の火加減の把握も匠《たくみ》の域に達している。また、食材の豊富さは「飛ぶものは飛行機以外、足のあるものは机を除く」と表現されるほど有名だが、近年、野生動物の乱獲につながると批判されるようになった。

世界文化遺産に登録された開平市の「望楼」と村落が最近、人気の観光地として注目されている。華僑の海外生活の歴史とその背景を知る貴重な存在が、華僑送り出し地ならではの観光ポイントである。

広西《こうせい》チワン族自治区

——ASEAN《アセアン》への玄関口を目指す山水画の世界

広西と聞いて、日本人が果たしてピンと来るかどうか、はなはだ自信がない。しかし、桂林《けいりん》と言えば、おそらくほとんどの日本人が知っているだろうと思う。

小雨に煙る翠峰《すいほう》のなかを縫うように流れる川、翡翠《ひすい》のような清流に悠然と浮かぶ鵜《う》飼《か》いの筏《いかだ》、時刻によって変化する倒影を川面《かわも》に映している奇岩怪石、旅の疲れを優しく癒《いや》す南国の植物と心を落ち着かせるしっとりした空気……。この動く画廊のように美しい景色に代表される山水画の世界が広西にある。

2000年以上の歴史をもつ桂林市の市名は、市内いたるところで金木犀《きんもくせい》（中国語では「桂花樹」という）の木が林となっているところに由来する。典型的なカルスト地形で、地殻の激しい変動によって石灰岩の海底が突きあげられ、台地となった。そ

れはまた長い年月をへて雨によって浸食され、今日みられるような奇怪千万の形へと変わり、観《み》る者の目を楽しませている。

「桂林の山水は天下に甲たり」という定評がある。ビユーポイントは、金木犀の名所である畳彩山《じょうさいざん》、定粤寺《ていえつじ》がある伏波山《ふくはざん》、文字どおりの奇観を呈する象鼻山《ぞうびさん》、地下河が洞窟《どうくつ》となった七星岩《しちせいがん》鍾乳洞、大自然の芸術宮という異称をもつ蘆笛岩《ろてきがん》鍾乳洞、両岸の山水が山水画そのものの灕江《りこう》、「南天一柱」

と形容される独秀峰《どくしゅうほう》などがある。鵜飼いもしている灕江を船で40キロほど下ると陽朔《ようさく》に着く。陽朔は山水画に勝る桂林の景色のなかでもさらに優れた景観をみせる。唐代の詩人・韓愈《かんゆ》が桂林の景色を「江作青羅帯、山如碧玉簪」と詩に詠《よ》んでいる。江は青羅の帯をなし、山は碧玉《へきぎょく》の簪《かんざし》の如《ごと》し、である。

一度は訪ねてみたいこの夢のような世界である広西チワン族自治区は、中国で少数民族が居住する自治区のなかでも緯度が最も低い。

少数民族のなかでも人口がもっとも多いチワン族の約90%が同自治区に居住し、人口がチワン族につぐヤオ族、古い歴史をもつミャオ族など28の少数民族が同居する。同自治区特有の少数民族にはモーラオ族、マオナン族、ジン族がある。うち、ジン族は主に防城各族自治県の巫山《ふざん》など三つの島に住む。そのため、これらの島は「ジン族三島」とも呼ばれている。

チワン族をはじめとするこれらの少数民族は歌や踊りに長じ、刺繍《ししゅう》や錦織《にしきお》りなど手工芸品も得意とする。チワン族は「山歌」とよばれる民謡、チワン劇、チワン舞踊などの独特の芸術文化を持っている。銅鼓、花山壁画、チワン族錦などもかれらの芸術の結晶として知られている。現在、チワン族が使用する言語は、１９５７年から使用を開始した表音文字によるものである。

イスラム教を信じる回族以外は、同自治区の少数民族はとくに固有の宗教を信仰していない。ほとんどの少数民族が地域内の祖先を崇拝し、多くの神を信じる自然信仰である。

自治区の首府は南寧《なんねい》市だが、桂林と比べると知名度が低い。だから、同自治区の略称も桂林を連想させる桂となっている。

同自治区は、西北から東南へ傾斜して弧を描くようにつづく山脈に囲まれ、やや長い盆地型の地形である。比較的低い山と丘陵が多いのが特徴である。自治区内の最高峰は苗児山《びょうじさん》で、灕江、資江、潯江《じんこう》の水源地でもある。主に桂南に分布する山々は五嶺《れい》の中の三つである越城嶺《えつじょうれい》、都龐嶺《とぼうれい》、萌渚嶺《ほうしょれい》、また十万大山《じゅうばんだいざん》、大苗山《だいびょうさん》、大瑤山《だいようさん》などの山々がある。

柳州市を中心とする桂中平原などの平原もあるが、平地の面積は比較的小さい。玉林盆地は同自治区内で最大の盆地である。約1600キロにのぼる海岸線があり、多くの港湾がある。台風はあまりこない。紅水河、柳江、桂江、左江、右江、邕江《ようこう》（郁《いく》江《こう》ともいう）、潯江などの河川がある。降水量が豊富で、年間平均降水量は1050～1750ミリ。水資源もきわめて豊かで、紅水河の水量は黄河の約三倍である。溶岩が多く、美しい峰や洞窟《どうくつ》をつくり、特に陽朔、桂林一帯は国際的にも有名で、

桂林

広西にとっては貴重な観光資源であり、主要産業の一つとなっている。

　歴史を見ると、宋《そう》代に現在の広東《カントン》省と同自治区を含めた広南路が置かれた。のちに広南路は東と西の両路に分かれ、行政府の「治所（役所）」を広州に置く広南東路、治所を桂林に置く広南西路となり、その略称がそれぞれ広東、広西となった。当時は現広東省の雷州半島、海南島まで管轄《かんかつ》した。これは元《げん》代に廃止され、湖広行中書省に編入された。明《みん》代に広西布政使司が設置され、清《しん》代に広西省となった。そして中華人民共和国建国後の1958年に、広西省が廃止され、現自治区となった。

　1851年、洪秀全《こうしゅうぜん》が農民たちを指導

して、桂平県金田村で蜂起《ほうき》した。同自治区は、清王朝を倒す太平天国革命のスタート地として知られている。

海外に居住する同自治区籍の華僑《かきょう》は200万人近くにのぼり、華僑の里として、広東、福建《ふっけん》につぎ三番目の地位をほこり、マレーシア、タイ、ベトナムなど50あまりの国と地域に移住している。現在、自治区内には80万人以上の帰国華僑が居住している。

首府・南寧市は典型的な南国都市で、緑が多く、市内を邕江が流れ、水運が発達していて、古くは邕州と呼ばれ、1600年以上の歴史を持つ都市である。唐代から同自治区の政治と軍事の中心でもある。現在は、同自治区の最大の工業都市と交通センターである柳州市に対し、南寧市は教育・科学・文化の中心を担《にな》っている。

中国には「湖広熟、天下足」という言葉がある。つまり、広西、広東と湖南《こなん》、湖北《こほく》で稲がたわわに実れば全国への食糧供給は問題がないという意味だ。しかし、改革・開放時代の波に乗って、80年代から大きく躍進した広東とは対照的に、同自治区はいまでも中南地区で経済がもっとも立ち遅れ、桂中・柳州・南寧一帯と桂西山間地帯との経済格差も大きい。一部の地方では成人の識字率が低く、労働力の質の低さがめだち、ハイテク産業の誘致に労働力供給の面で大きな障壁となっている。

一方、同自治区には、恵まれた一面もある。隣接するベトナムとの関係改善により、

１９９６年に、17年ぶりに両国を結ぶ国境鉄道の2ルートが再開された。これにより、国境の町 憑祥《ひょうしょう》市、東興市が対ベトナム貿易でにぎわう最前線となった。憑祥市の浦《ほ》寨《さい》辺境貿易区は９２年に設立された面積わずか2平方キロほどの空間だが、いまや中越国境地域で最大を誇る市場の一つになった。

同自治区内は、海岸線が長く、北海港、欽州《きんしゅう》港など大小１３０近くの港湾がある。北海市西85キロの防城港は中国最西部の良港で西ヨーロッパにもっとも近い中国の港湾として脚光をあびている。これらの三つの港湾は、1万トン級以上の貨物船が停泊できるバースを、近い将来、現在の26カ所から65カ所に増やす計画を進めている。２０１０年までの貨物取扱トン数も1億トンを目標としている。この三つの港湾をより効率的に運営するため、０７年に広西北部湾国際港務集団を設立し、その一体化管理に当たる。

中国とＡＳＥＡＮ（東南アジア諸国連合）各国との経済提携交流関係が強化されたいま、中央政府は０７年12月に、同自治区北部湾経済区を中国とＡＳＥＡＮの経済提携の物流基地、貿易基地、加工製造基地および情報交流センターと位置付け、西部大開発の重要なプロジェクトの一つとして期待をかけている。

広西北部湾経済区は、北部湾地区にある北海市、欽州市、防城港市と自治区首都の南寧からなる。陸地面積は4万2500平方キロ、人口は1255万人に及ぶ。現在のところ、中国国内で面積がもっとも広い経済区とされる。

北部湾経済区を珠江《しゅこう》デルタや雲南《うんなん》省、四川《しせん》省など広大な内陸地と結ぶため、通過能力の高い鉄道の建設にも力を入れている。南寧と広州を結ぶ鉄道、湖南省と広西を結ぶ湘桂鉄道複線、南寧と柳州の都市間鉄道、さらに北京《ペキン》～広州などの主要幹線との接続工事が進められ、2010年には西南、中南、華南地域に通じる鉄道網が構築されることになっている。

同自治区もASEANとの関係強化に動く中央政府の戦略にのっとって、欽州市に保税区、憑祥市に中国・ASEAN国境総合保税区、南寧や防城港に保税物流センターなどの設立を考えている。さらに、地方銀行の設立や地方の債券発行などの許可も中央に求めている。

2004年5月、中国を訪れたベトナムのファン・バン・カイ首相（当時）は温家宝首相に「両廊一圏」に関する経済提携を提案した。「両廊一圏」とは「昆明《こんめい》―ラオカイ（中国名は老街）―ハノイ―ベトナム北部最大の港湾都市ハイフォン―クアンニン」、「南寧―ランソン―ハノイ―ハイフォン―クアンニン」という二つの経済回廊と「環北部湾経済圏」を言う。同年10月中国とベトナムが、専門家グループを設けて

「両廊一圏」の実現可能性を積極的に検討するという共同声明を発表した。

しかし、これらのいずれも現段階ではまだ絵に描いた餅《もち》に過ぎず、その実現までにはまだ多大な努力が必要だ。立ち遅れた同自治区にようやく経済発展の曙《あけぼの》が見えてきたと考えていいだろう。

いっぽう、悪質な汚職事件が近年相次いで摘発され、別の意味で同自治区の名が中国全土に知れ渡った。経済発展が進む中国では、政府役人の腐敗も進んでいる。広西ではこの腐敗ぶりがとくに目立つ。９０年代には平均して2カ月に一度県長クラス以上の政府役人や共産党幹部が汚職事件で検挙され、日本では国会副議長に相当する全国人民代表大会常務委員会副委員長や副県知事にあたる自治区副主席のような高官までもが巨額の汚職で逮捕されている。〝広西現象〟と呼ばれるほど、腐敗がのさばっている。しかも、こうした犯罪は「一族化」「集団化」「ネットワーク化」の傾向を呈している。

世界中から観光客が集まってくるが、観光面のサービスの悪さには目を覆《おお》いたくなる。山水画のように美しい世界の裏に潜む腐敗、犯罪とサービスの悪さ。これらの問題をいかに克服して近代化の進んだ社会を築くのか、北部湾経済区開発のチャンスをうまくつかんで経済成長の波に乗れるのか、広西が直面する重い課題は多い。西南地域への海の玄関と中国のＡＳＥＡＮへの玄関口となるよう飛躍が期待され、同自治区のこれからの歩みに人々の大きな関心が注がれている。

海南省《かいなん》

——南洋戦略を背負う中国のハワイ

空港のまわりには椰子《やし》や畑が広がり、時折、水牛が引く荷車や耕運機が通る。いつもと変わらぬのどかな田舎風景だった。しかし、その静寂さはやがて打ち破られた。

銀色の機体に赤い星が描かれた中国空軍殲《せん》8型戦闘機が海の方から飛んできたかと思うと、慌《あわただ》しく着陸した。その直後に、大きな機体を揺らしながら爆音を伴って飛来した米軍偵察機も緊急着陸の体勢に入った。気温摂氏30度近い蒸し暑さのなか、軍用空港が瞬《また》く間に緊迫した雰囲気に包まれ、武装した兵士が直ちに米軍偵察機を包囲し、まもなく機内に突入した。

飛行場に続く一本道の入り口には、警察車両が止まり、数人の警官が緊張した面もちで警備に当たっていた。

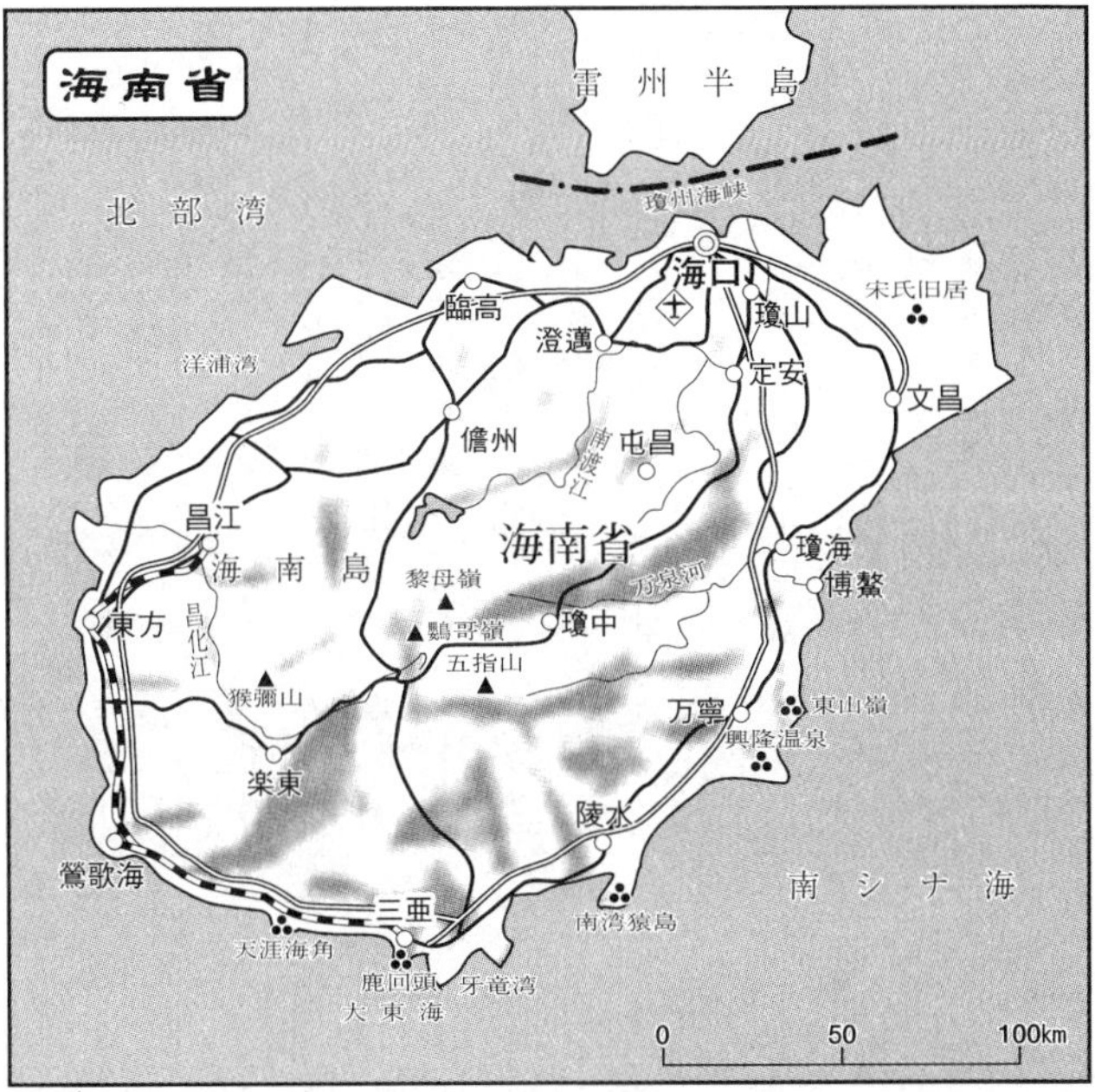

２００１年４月１日、世界を驚かせた米中軍用機接触事件が発生した直後、海南省陵水《りょうすい》リー族自治県の市街地から西に約５キロの陵水軍用空港で見られた緊張の瞬間であった。

中国の南部、南海大陸棚の北端にあり、北は瓊州《けいしゅう》海峡を隔てて広東《カントン》省の雷州半島にのぞみ、西は北部湾を挟んでベトナムと相臨む海南省は、中国で台湾《たいわん》についで二番目に大きい島である。１９８８年４月26日、正式に海南省としてスタートして以来、これほど世界的に注目されたことはこれまでになかったと思われる。いまでも多くの人々から「海南島」と呼ばれる同省は、良質の真珠を産することから、古くから珠崖《しゅがい》という別名で知られている。略称は瓊、省都は海口《かいこう》市。

中心部に海抜1867メートルの五指山《ごしざん》と1811メートルの鸚哥嶺《おうかれい》がそびえ立ち、下っていくうちに裾野《すその》がなだらかになっていく。全長331キロの南渡江《なんとこう》や五指山に源を発する昌化江、島東を流れる万泉河《ばんせんが》など154の河川がある。季節風が強い熱帯気候で、年間平均降水量は2000~2600ミリと豊富である。日照時間が長く、気温も高いので、年間二期作、三期作が可能である。

1949年中華人民共和国建国後、省に昇格するまでずっと広東省に属していた。楕円形《だえんけい》に近い海南島の南と東南はそれぞれ南シナ海と太平洋である。それがその戦略的位置の重要さを示した。現在、行政管轄《かんかつ》範囲は海南島本島のほか、西沙《せいさ》群島、南沙群島、中沙群島とそれらの海域におよぶ。

かつては交通が不便で海島の生活も厳しかったため、古くから左遷《させん》の地や罪人流刑《るけい》の地として知られている。島の一角に「天涯」「海角」と彫り込んである巨石が立つ名勝がある。これは地の果てを意味する。宋代の大詩人蘇東坡《そとうば》は3年間もここに左遷されていた。

生活苦に追われて、島の住民は古くから海外に移住する伝統がある。しかしいまは、中国有数の華僑《かきょう》の里となり、海外に定住する海南出身者は約２００万人に達する。その分布範囲はタイ、マレーシア、シンガポールなど53の国と地域におよぶ。省として歩みだして間もない同省にとっては、海外在住の華僑は貴重な国際人脈である。帰国華僑たちが経営する農場なども多数ある。

広東省から分離して省に昇格し、さらに経済特区にも指定されたが、水道、電気供給、交通、運輸などインフラ基盤が貧弱で発展を阻《はば》む要素となっている。このような局面を早く打開するため、外資の投資に思いきった優遇措置をとるなどして、島の改革・開放を遂行してきた。一方、島全体が自動車密輸・転売ブームに巻きこまれて混乱し、また一攫《いっかく》千金の夢を見る不動産開発のバブルに踊らされるなど、紆余《うよ》曲折の発展の道を歩んできた。９０年代前半に建てられた建物のなかには、未完成のまま幽霊ビルとなった物件も多い。「爛尾楼《らんびろう》」と呼ばれるこれらの建物にはバブル経済がはじけたあとの爪痕《つめあと》がいまでも生々しく残っている。

内地から多くの出稼ぎ労働者が殺到し、町の治安事情が悪化する傾向にあり、開発資金集めに手段を選ばぬ悪質な経済事件が多発し、急激な開発の勢いに法整備が追いつかず混乱がつづく一面もある。近年、観光地として広く認知され、開発のブームがもどり、成長する印象を訪れた人々にあたえている。

海南島本島の総面積は3万4000平方キロ。日本の九州とほぼ同じ面積で、中国唯一《ゆいいつ》の熱帯気候区に属している地域である。特に美しい砂のビーチと青い海で知られる三亜は、緯度もハワイとほぼ同じで、椰子やジャックフルーツの木が茂り、人々が抱く中国イメージとはかけ離れた南国の島の美しさを惜しみなく見せている。原子力潜水艦の母港機能を持つ港湾設備も三亜付近に存在する。

リー族の居住区に囲まれた五指山、鏡のように山々の影を映す万泉河、「東洋のハワイ」の美名のとおり美しい景色で有名な牙竜《がりゅう》湾ビーチ、目を洗われるような緑の椰子林と金色の砂浜が観光客の心を虜《とりこ》にする大東湾ビーチ、蘇東坡がここに流されたときに建てた載酒堂《さいしゅどう》、明《みん》代の高潔な官僚として民衆から愛された海瑞《かいずい》の墓地・海瑞墓、猿の天国とも言える南湾猴島《なんわんこうとう》など、名勝古跡も多い。

省都の海口市と香港《ホンコン》は飛行機でわずか50分の距離で、南はマレーシア、東はフィリピン、西はベトナムと近接している。およそ2～3時間でこれらの国にアクセスすることができる。

島内には主に漢族やリー族、ミャオ族などの少数民族が生活しており、文昌地方の方言を標準的な発音とする海南語が広く使われている。少数民族は総人口の16%を占める。

古来定住しているのはリー族、ミャオ族、回族、漢族など。リー族は新石器時代から海南島に住みついたもっとも古い住民である。古代の南方民族・百越族の血統を引いていると言い伝えられている。16世紀半ば頃、当時の明王朝は海南島の軍事力を増強するために、島外から多くの兵隊を移住させた。その一部は広西のミャオ族、ヤオ族であった。それが海南島でのミャオ族の居住史のはじまりとなった。以降、海南島の住民を表現する言葉に「苗黎《ミャオリー》」というものがあるが、海南島に住みついたミャオ族をさす言葉である。回族の同島での居住史も700年に及ぶという。

風光明媚《めいび》な土地に少数民族という特徴をいかして、リゾート地をめざして開発をすすめ、海南国際椰子祭や海南交易会を開催したり、世界中に分布する海南籍の華僑を味方につけようと海南世界郷団聯誼《れんぎ》大会をはじめたりして、活発に対外PRをおこなっている。

2001年、「博鰲《ボアオ》アジアフォーラム」が海南省博鰲で開催された。これはアジア地域の経済情勢などを討論する舞台として、1998年にフィリピンのラモス元大統領らが提唱したものである。海南省政府はこれをスイスに本部のある「世界経済フォーラム」が毎年開く「ダボス会議」のアジア版とうたい、それ以来、毎年開催している。

いっぽう、海南島周辺の大陸棚は、石油資源の埋蔵地である可能性が非常に高いとして注目されている。現在、すでに開発が進められている北部湾油田、鶯歌《おうか》海《かい》油田は、海南島の西と南にある。海南島と西沙群島の間に位置する南海油田も将来性が高いとみられている。96年に鶯歌海油田から引いてくる天然ガスのパイプラインが島に上陸し、それにあわせて石油精錬所などの大規模企業からなる重化学工業基地が建設された。それは同省の産業地図を徹底的に塗りかえるだけではなく、南海石油開発が新局面をむかえることをも意味する。しかし、南沙群島の主権を主張する周辺国もあり、南海石油開発にはまだいくつもの波乱が予想される。

南海諸島をめぐる領土紛争がこの地域でのホットな話題である。南海諸島とは、南シナ海に浮かぶ200以上の島々の総称である。その位置によって、東沙、西沙、中沙、南沙の四つの群島と黄岩島などに分けられる。そのうち、南沙群島は範囲がもっとも広く、最南部の島は曾母暗沙《そぼあんしゃ》である。西沙群島の永興島《えいこうとう》は面積としては同諸島のなかで最大である。

西沙群島の海域と一部の島で、70年代に中国海軍とベトナム海軍が激しく軍事衝突をおこし、最近ではフィリピンが南沙群島での一部の島の所有権を主張するなど、国際世論も南海諸島に注意をむけている。周辺国がしきりに南沙群島の主権を主張するなかで、中国との間に軍事紛争がおこるのではと懸念《けねん》する声が国際社会に高まっている。

こうした懸念を打ち消すため、中国政府は南沙群島の共同開発を呼びかけたり、周辺関係国の政府当局と南沙群島海域における外国船舶の航海の安全を保証する約束を発表するなどしており、ただちに軍事衝突がおきる心配はないだろう。

2007年秋、同省文昌市役人の対外発言によれば、国務院の許可を得て、これまでの行政機構である西沙群島、南沙群島、中沙群島弁事処に取って代わり、三沙市という新しい県級市を設立して、西沙群島、南沙群島、中沙群島を管轄するという。地級市の文昌市は三沙市の後方支援を行い、文昌市の清瀾《せいらん》港をその後方支援基地とする。これに対してベトナムなどの国が抗議した。そのためか、08年現在、海南省政府はまだこのことを正式には発表していない。

中華人民共和国建国後、熱帯農業を発展させる理想的な基地として大量の投資をおこない、農場をたくさんつくった。現在は熱帯作物の生産基地として、コーヒー、ビンロウ、胡椒《こしょう》、ハハコグサ、サイザル麻、カシューナッツ、ココア、サトウキビ、パイナップル、落花生、胡麻《ごま》などの栽培が盛んで、南方特有の漢方薬の栽培にも力を入れる。ゴム、椰子等も大規模で栽培している。

産業水準はまだ低い。しかし、石油産業は急速に成長する可能性を秘めており、同省の工業発展の起爆剤になると期待されている。文昌市には、中国第四の運搬ロケットの発射場として宇宙発射センターが新設され、２００７年からその拡張工事が始まった。地元では、１４年に運用開始を予定する同センターの刺激による経済効果が期待されている。

同省でもっとも成功した企業と言えば、おそらく海南航空（ＨＵ）だと思う。１９８９年に設立された海南省航空公司を前身とし、９６年に改称。海口市美蘭国際空港を本拠地としている。急速な成長が続き、海外からの資金導入も順調に進み、評価が高い地方航空会社として注目された。２００７年11月、山西航空、長安航空、中国新華航空と合併し、大新華航空（Grand China Air）と社名を変更した。現在では、中国国際航空（ＣＡ）、中国南方航空（ＣＺ）、中国東方航空（ＭＵ）に次ぐ、中国四番目の規模を誇る航空会社となっている。ただし、国際航路においては依然、海南航空と呼ばれる。

重慶市《じゆうけい》

――オートバイの都となった中国最大の直轄市《ちよつかつし》

重慶市と言えば、朝天門を思い出す人が多い。重慶半島の東南部の先にある朝天門は、山城という別称をもつ重慶の市内では海抜が一番低いところだ。長江の主要支流のひとつである嘉陵江《かりようこう》がここで長江と合流して遥《はる》かなる海へと流れていく。長江上流にある最大の港である朝天門は、重慶と四川《しせん》省の物流の要《かなめ》だ。

朝天門の長い階段を下っていくと、そのまま川に入ってしまう。真夏に膝《ひざ》まで川の水につかって、急な流れに足もとをすくわれてしまいそうな錯覚を覚えつつ、体のバランスをとりながら、宋《そう》の時代の詩人李之儀が書いた『卜算子』という名作を思い出す。「我住長江頭／君住長江尾／日日思君不見君／共飲長江水」。（私は住む、長江の頭〈上流〉／君は暮らす、長江の尾〈下流〉／日々君を想《おも》えど君を見ず／共に飲む、

長江の水)。恋歌ではあるが、長江の流れに裸足《はだし》で突っ立ったときの心境を一番語ってくれる詩だと思う。

重慶市の市街区は、南から北へ流れる長江と、西から東へ流れる嘉陵江の、二つの川に囲まれた半島状の地形の上に乗っている。半島の形は、右向きのガチョウに似ているので、その首のあたりにある公園は鵞嶺《がれい》公園と呼ばれている。長江と嘉陵江は嘴《くちばし》の先で合流する。二つの川に抱かれているように見えるので、江城という別名もある。

重慶市は、春秋時代の巴《は》国の都だった。巴国の最盛期には、その支配範囲は四川省の東部、陝西《せんせい》省の南部、湖北《こほく》省の西部、湖南《こなん》省の西北部、貴州《きしゅう》省の北部にまでおよんだ。秦《しん》・漢の時代から、この地域はほとんど同じ行政管轄区にあり、同市はずっと行政の中心だった。古くは江州、巴郡、楚州《そしゅう》、恭州と呼ばれた時期もあった。隋《ずい》、唐の時代には渝州《ゆしゅう》と呼ばれたことがある。そのため、渝という略称ができたのだ。1189年に、宋の光宗が先に恭王に任命され、後に皇帝に即位した。これを「二重の慶《よろこび》」として、恭州を重慶府に昇格させた。以来、重慶と呼ばれるようになった。冬と春は霧が多いので、霧都という別称もある。山の上に築かれた都市なので、山城とも呼ばれる。

長い間、中国では中華文明の揺り籠《かご》は黄河中流だとしていた。しかし、近年、四川省や重慶市での発掘調査で黄河文明と明らかに系統が異なる文化財が大量に発見され、黄河文明より歴史が古い長江文明が大きく注目されている。巴渝文化の発祥の地である同市もあらためてクローズアップされた。

1929年に重慶市となり、日中戦争中には中国の臨時首都となった。そのため、日本軍の無差別爆撃を受け、戦争の傷痕《きずあと》が深く残っている。戦後、南京《ナンキン》は首都の地位を回復し、重慶は直轄市の地位を保った。49年中華人民共和国建国後、一時は上海《シャンハイ》などとならぶ中央直轄市として、西南地域の政治、経済、文化の中心だったが、1954年1月21日、四川省の管轄範囲に入れられ、行政の中心は成都市に移った。97年、四川省から分離して直轄市に昇格した同市は元の重慶市、万県《ばんけん》市、涪陵《ふりょう》市、黔江《けんこう》地区の43県を19の区と21の県に併合して、面積が8万2400平方キロに及ぶ中国最大の都市である。2007年末の時点で、常時居住人口が2816万。漢民族のほかに、回族、ミャオ族、トゥチャ族等の少数民族が住んでいる。

かつて中国の戦略的後方とされる三線地帯に属したため、軍需企業が密集している。国の政策に従って、60年代から自動車製造が始まり、改革・開放を迎えた80年代に、生き残りの道を模索するなかで、機械大手の「嘉陵機器廠《しょう》」（現在は「嘉陵工業」）、「建設機床廠」（現在は「建設工業」）などの軍需企業はほかの国有企業などと連合し、それぞれ日本の本田技研、ヤマハ発動機と提携してオートバイを製造するといった思いきった方向転換を実施した。のちに民営企業の参入もあり、重慶を中国最大のオートバイ製造基地とした。いまやオートバイの製造台数は中国全土の約半分を占め、海外輸出台数は国内一を誇り、世界最大のオートバイ用エンジンの製造基地としても知られる。

日本の自動車メーカー・スズキ自動車の協力を得て乗用車生産を始めた長安汽車は、いまや中国有数の自動車企業に成長した。自動車・オートバイ産業が重慶の工業の40%を占めるほどその存在感を見せている。しかし、発達した製造力と比べて、研究開発力はまだ弱く、自社ブランドの樹立など多くの課題が残されている。

西南地区で最大の工業都市である同市が四川省から分離されたことは、これまで中国で人口最多の省だった四川省の経済にとって相当痛かったはずだ。しかし、秦巴《しんは》と武陵《ぶりょう》という二つの国定貧困地域を抱き合わせの形で重慶市に編入させたので、四川省の負担もその分軽くなったと考えられる。

三峡ダムの工事現場

そのおかげで重慶市は、農村人口が80%という広大な農村を抱える、直轄市らしくない直轄市となった。直轄市昇格の時点で、管轄下の40の県・区の半数が貧困区域に指定され、366万の農村人口の衣食住問題を抱えていた。当時は農村人口100人に対して14・8人が絶対貧困層に属していた。自然環境があまりにも厳しい地域に住む最貧困層の農民を集団移住させるなどの貧困脱出策を講じ、2006年末の時点で、絶対貧困層の割合を100人あたり2・2人に減らすことに成功した。しかし、それでもまだ年収が683元を下回る53万人の絶対貧困層が存在している。現在は最低限の社会保障網を農村全体にかけることを目標に、こうした貧困民の生活水準を高めようとしている。ただ、農村全体の所得向上は、相当の年月をかけて取り組まなければ解決できない重くて大きな課題だ。

重慶は全長193キロにおよぶ三峡の絶景を楽しむ旅の出発地である。三峡下りは長い間、ずっと長江下りのハイライトだった。景色の美で広く知られる観光地だけでなく、絶景を背景にして三国の英雄たちのドラマが展開され、数々の名詩が詠《よ》まれてきた歴史の舞台でもある。

　朝《あした》に辞す白帝《はくてい》　彩雲の間《かん》
　千里の江陵《こうりょう》　一日《いちじつ》にして還《かえ》る
　両岸の猿声《えんせい》　啼《な》き住《や》まず
　軽舟《けいしゅう》已《すで》に過ぐ　万重《ばんちょう》の山

「早《つと》に白帝城を発《はっ》す」と題して、唐の時代の名詩人李白《りはく》が詠んだこの詩は、日本でも広く知られており、まさに雄大な三峡を舞台にして詠まれた名詩である。

こうした景観と歴史に惹《ひ》かれて、毎年大勢の観光客がここを訪れる。しかし、2003年に三峡ダムが貯水を始めると、長江の水位が上がり、由緒《ゆいしょ》ある町や名勝地が水没してしまった。例えば、長江の北岸にある豊都《ほうと》は漢の時代に陰と王という二人の道士が修行し、仙人になったという伝説が語られていた土地だが、いつの間にか二人の人名だった陰と王が「陰王」つまり閻魔《えんま》大王と取り違えられ、「鬼城（鬼の町）」として知られていた。重慶から長江下りをする観光客が最初に上陸する観光地はたいていここだ。だが、三峡ダムの貯水で、鬼の町は本当に人間が住めなくなる町と化してしまった。沿岸の景観が水没により損なわれた。

しかし、三峡ダムの貯水で長江の水位が上昇した結果、三峡の中部にある巫峡《ふきょう》に注ぎ込む支流大寧河の人気が高まり、その上流にある峡谷の三つ続いている約50キロの区間が「小三峡」と呼ばれ、多くの観光客が訪れている。そびえ立つ山に挟まれた清流に点在する竜門峡、巴霧峡、滴翠峡にかすかに往時の三峡の雄姿を見出《みいだ》すことができるものの、三峡が持っていた険し

世界遺産 大足石刻

さ、スリル感、歴史の匂《にお》いはほとんどない。

ほかに唐・宋時代を代表する仏教の石像芸術の傑作「大足石刻」など人気のある観光ポイントもある。

四《し》川《せん》省

——中国の戦略後方基地

　2008年5月12日、マグニチュード8の大地震が発生し、四川省のみならず中国全土に激震が走った。死者・行方不明者は9万人前後。直接的経済損失は地震直後に「すでに1兆元を超えた」(同省経済担当副省長)と見られ、その再建復興に数年はかかるだろうと予測されている。
　しかし、この地震は人々の日常生活に大きな被害を与えただけでなく、さまざまな矛盾と問題点を抱える中国社会の脆弱《ぜいじゃく》さも浮き彫りにした。倒壊した学校の校舎は1万以上。無数の子供が「おから校舎」と呼ばれる手抜き工事による校舎の倒壊によって生き埋めとなり、幼い命の火がかれきの下で消えてしまった。あの暗闇《くらやみ》の中で子供たちが体験した恐怖、孤独、絶望は官僚と業者の腐敗と癒着が押し付けたものであった。

省都・成都《せいと》市では、超近代的な政府のオフィスビルが広大な敷地にそびえ立ち、目に沁《し》みる緑地に囲まれている。それを目の当《ま》たりにした多くの人々のまぶたには、どうしても倒壊したぼろぼろの校舎の映像が重なって見えてくる。

一方で、四川大地震は中国国民の強靭《きょうじん》さと忍耐強さを世界に見せた。震災地に駆け付けた無数のボランティアの存在は公民社会の訪れを知らせてくれた。国民による政治や社会活動への積極的、自発的な参加が、あまりにも多くの問題を抱える残酷な現実に希望の光を与えている。

四川省は、中国の中心とも言える長江の上流に位置し、三峡を通じて長江中・下流の各省・市とつながっており、中国の西部地区にとっては重要な交通経路である。省内70%の土地が1000メートル以上の高地で、東部地域は高峻《こうしゅん》な山々に囲まれた広い盆地であり、西部は海抜が急激に高くなった高原と山地だ。沿海部からは遠く離れており、日中戦争時に当時の中央政府は同省に避難した。日本軍も同省までは進撃できなかったのだ。

これまで中国で人口がもっとも多かった同省は、1997年に重慶《じゅうけい》が同省から分離したことで人口が大きく減った。「四川省2007年国民経済と社会発展の統計公報」によれば、人口が8127万人で、中国全土で人口が三番目に多い。21の市(州)を管轄《かんかつ》し、省内には53の少数民族が定住している。中国国内で二位のチベット族居住区、規模が最大のイ族居住区とただ一つしかない羌《きょう》族居住区がある。08年の大地震の震源地も、実は、阿壩《アバ》チベット族羌族自治州だった。

資源的にも恵まれている。金沙《きんさ》江《こう》、大渡河《だいとが》、沱《だ》江《こう》、嘉陵江《かりょうこう》、烏《う》江《こう》などの川があり、現在水力発電量は中国一を誇っている。鉱物の埋蔵量も豊富で、チタン、バナジウムの埋蔵量はそれぞれ世界で現在確認されている総埋蔵量の82%と67%を占める。天然ガスの生産もタリム盆地を擁する新疆《しんきょう》ウイグル自治区につぐ規模だ。

中国一の生産量に数えられる農産品が多く、特に約2000年来ずっと都江堰《とこうえん》に守られている成都平野（川西平野ともいう）は、水害も干ばつもなく安定した農業を営むことができる。そのため、同省は昔から物産が豊かな土地として知られ、「天府の国」と呼ばれている。養豚の規模も中国一を誇る。

そういったことを考慮し、中国政府では1950年代から70年代後半まで、戦時に備えるという戦略方針のもと、軍需産業をはじめとする重工業関係の工場を意識的に同省に移転・建設してきた。

特に60年代半ばから70年代末にかけ、中国政府は旧ソ連との軍事衝突に備え、全国の資金、物資、人材を集中的に投入し、西南・西北地区を中心とする内陸部に軍需産業をはじめ、重工業および鉄道・発電設備などの大型工場を短期間に数多く建設した。これがいわゆる「三線建設」と呼ばれるプロジェクトである。ちなみに、上海《シャンハイ》などの沿海部は第一線、その後方にある背域は第二線（ミニ三線ともいう）、西南地区のように国防上有利な地勢をもつ奥地は第三線とされる。なかでも四川省は水資源・鉱物資源に富み、内陸部にしては例外的に工業基盤を有するうえ、労働力も豊富であるため、最重点投資・開発地域とされた。

そのため、中国の戦略後方基地とされてきた西南地区でも、同省は最強の工業力を擁し、重工業・化学産業の新興基地として脚光をあびている。核兵器開発関連の軍需企業も多数ある。しかし、着手したプロジェクトは当初の見積りの甘さや文化大革命による混乱などが原因で、非効率的なものが多かった。1980年代初期に三線建設の開発戦略は全面的に見直され、改革・開放路線後に三線建設は完全に歴史から消え去った。

80年代半ば以降、市場経済システムがしだいに導入され、軍需企業を含む大手国有企業の多くは、軒並み経営不振に陥り、民間製品を製造するように経営方針の根本的な転換を試みた。綿陽《めんよう》市に本社をもつ長虹《ちょうこう》電子グループはその典型例だ。1958年に創立され、現在は中国本土で最大のテレビメーカーとして知られる同社は、中国空軍の主要戦闘機に装備されるレーダーなどを製造する軍需企業でもある。

一方、人口一人当たりの耕地面積は全国平均を大きく下回っており、所得格差も大きい。そのため、有数の出稼ぎ労働者の送り出し地としても知られている。

80年代中頃から同省の余剰労働力は、経済成長が早い広東《カントン》省など改革・開放の先進省へと流れ込み、改革・開放時代の新しい現象として世間の注目をあつめた。その影響力で「火鍋」と名付けられる辛い鍋《なべ》料理が中国全土に広がり、四川料理のすそ野を大きく広げた。

省都の成都市は、歴史の古い有名な都市で、三国時代に蜀《しょく》の劉備《りゅうび》もここを首都とした。チベット族、イ族など少数民族が居住する主な地域でもあり、中国で茶館がもっとも多い町としても知られる。

多民族が居住する地域らしく、宗教が盛んな土地でもある。「仏教の聖地」といわれる峨眉山《がびさん》には23もの寺院があり、中国仏教の四大名山の一つである。チベット仏教のラマ教の寺も多い。道教の発祥の地としても有名で、古代の水利施設のある都江堰市の青城山天師洞《てんしどう》、上清宮《じょうせいきゅう》、成都の青羊宮《せいようきゅう》、楽山大仏などが知られている。阿壩の九寨溝《きゅうさいこう》、黄龍《こうりゅう》も近年その自然景観で世界的に知られる観光地になった。

同省はまたパンダの主要棲息地《せいそくち》として知られ、数十のパンダ保護施設や保護地域が設けられている。

1983年、WWF（世界自然保護基金）と中国政府の協力

世界遺産　楽山大仏

世界遺産　都江堰と青城山

で、成都市の北西１３０キロ、標高１８００メートルの臥龍《がりよう》自然保護区に、パンダの保護・繁殖を目的とする臥龍パンダ保護研究センターが設立された。設立当時わずか4頭だったパンダは、繁殖の成功でその10倍ほどに増え、センター内で無邪気に遊びまわる子パンダのかわいい姿が訪れる多くの人々を虜《とりこ》にした。２００８年5月の四川大地震で同センターも大きな被害を受け、一部のパンダを北京《ペキン》などの動物園に移すなど緊急救済措置が取られた。

０６年、パンダの棲息地および保護地域として臥龍、四姑娘山、夾金山脈などの広い地域が世界遺産に登録された。

四川省西南部にある涼山イ族自治州は最大のイ族居住区である。州の首都西昌は、風光明媚《めいび》な観光地であると同時に、近代的な衛星打ち上げセンター「西昌衛星発射中心（ＸＳＬＣ）」の所在地でもある。

西昌市から北に60キロ離れた峡谷にある「西昌衛星発射中心」は、１９７０年から建設が始まり、８２年から使用を開始

世界遺産　黄龍

世界遺産　九寨溝

した。85年10月からは一般公開され、観光客を受け入れるようになった。

四川の地方劇は「川劇《せんげき》」と呼ばれ、近年、その表現手段の一つである「変臉《へんれん》」（仮面早変わり）が、その神秘的な技で多くの人々の心をつかんでいる。

麻婆豆腐《マーボードウフ》に代表される四川料理は、日本人の食卓にのぼるほど海外でもその存在感を誇る。担々麵《タンタンめん》や揚げゴマもちなど四川料理にある「小喫《スナツク》」もそのおいしさで有名だ。

三国時代の軍神・諸葛孔明《しよかつこうめい》や唐の詩人杜甫《とほ》や李白《りはく》、宋《そう》時代の詩人蘇東坡《そとうば》が活躍した舞台である同省は、現代中国を代表する作家巴金《はきん》、郭沫若《かくまつじやく》および鄧小平《とうしようへい》の生まれ故郷でもある。

文化人と政治家に縁の深い土地である。

貴州《きしゅう》省

――風雨橋と鼓楼《ころう》と最貧困省

うねうねと続く山道を走りつづけていると、桃源郷のような世界が見えてくる。

雨に霞《かす》む美しい棚田、ロマン漂う風雨橋、悠久の歴史を静かに語りつづける鼓楼、鮮やかな刺繡《ししゅう》が施された衣装、目も心も奪われる少数民族の情熱的な歌と踊り、囲炉裏の炎を見つめる長老の目、高床式住宅の一階に寝そべる豚、泥濘《ぬかるみ》をまったく気にすることなく闊歩《かっぽ》する鶏の群れとはにかむ少女、山々を覆《おお》う濃淡のある森の緑、秋の山谷に金色の絨毯《じゅうたん》のように点々と広がる熟れた稲田と稲穂の香り……。

これは多くの中国人が思い描く貴州省のイメージである。

西南部の雲貴《うんき》高原の東部に位置し、四川《しせん》盆地と広西丘陵地帯のあいだに広がる亜熱帯高原山地が同省の領域である。雲南《うんなん》高原の延長線上にある黔《けん》西北高原、同省の主体

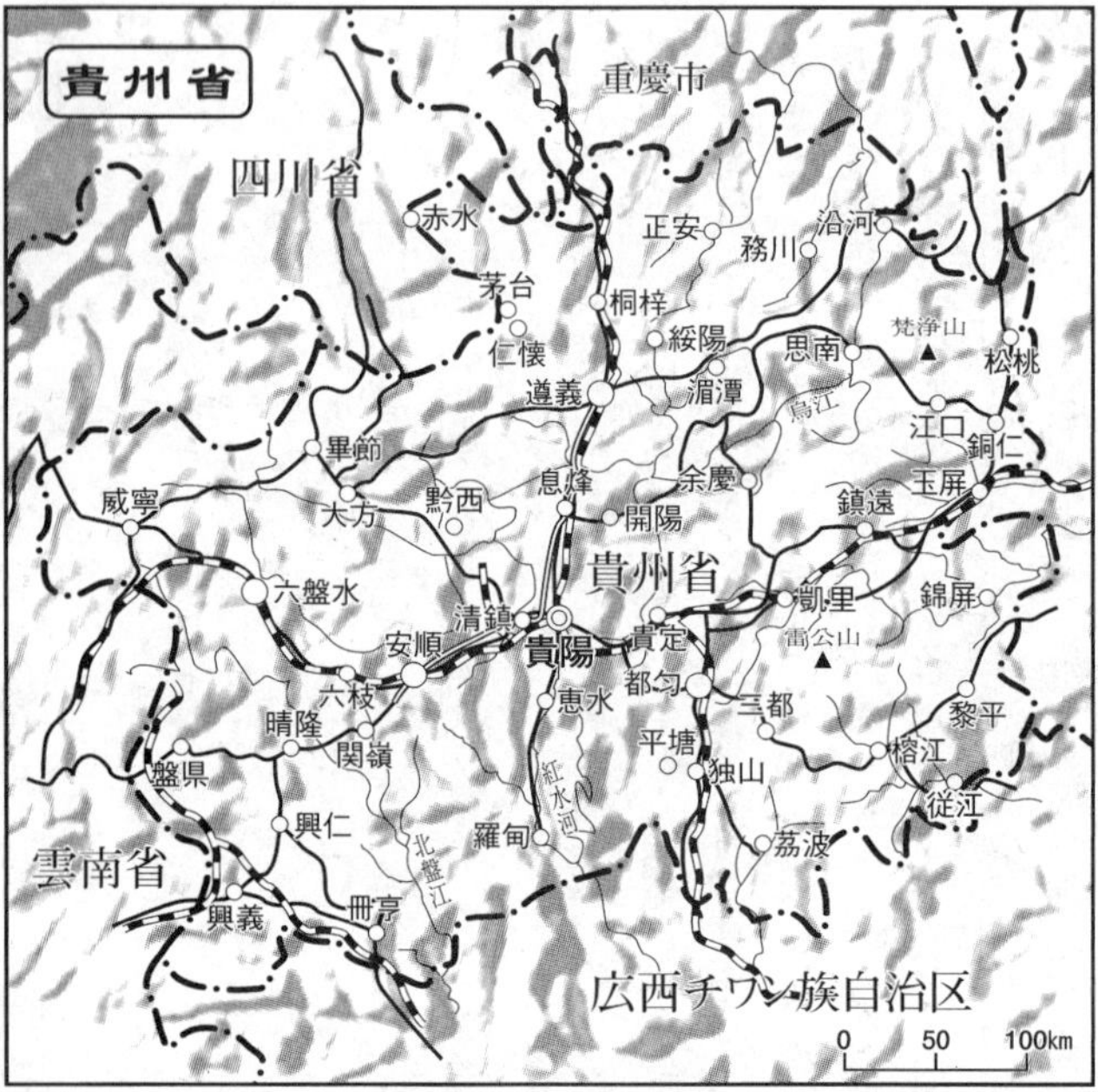

をなす黔中高原、貴州高原から湖南省西部の丘陵へと移っていく黔東高原からなる。

主要山脈には、赤水河《せきすいが》と烏江《うこう》の分水嶺《ぶんすいれい》である大婁山《だいろうさん》や武陵山《ぶりょうざん》、烏蒙山《うもうさん》、苗嶺《びょうれい》などがある。流域面積が10平方キロ以上の河川は1000近くにのぼる。苗嶺を分水嶺にして、河川は長江水系と珠江《しゅこう》水系に分かれる。主な川として赤水河、烏江、清水河《せいすいが》、南盤江《なんばんこう》、北盤江、都柳江《とりゅうこう》などがあげられる。

地元では「壩子《バーツ》」と呼ばれ

る盆地が多く、人々の主要居住地である。

貴州省の基本的なイメージは山だ。「手のひらの広さの平地もない」と酷評されるほど、平らな土地があまりない。いっぽう、気候は温暖かつ湿潤で、中部は曇や霧の日が多く、年間平均降水量は1200ミリである。そのため、「晴れの日が三日も続かない」といわれる。この二つは同省を語る際に、避けて通れないキーワードである。

もう一つの特徴は、少数民族が多いということだ。少数民族の主要居住省として、ミャオ族、プイ族、イ族など12の少数民族が総人口の4分の1を占める。

戦国時代には楚《そ》の国の黔中、且蘭《しょらん》、夜郎《やろう》の地であったが、漢代には荊州《けいしゅう》、益州《えきしゅう》に属し、元代には雲南、四川、湖広《ここう》に分属していた。省として設立されたのは清代《しん》であった。同省と雲南省を管轄《かんかつ》した清の武将呉三桂は少数民族の支配勢力・土司を利用して1673年反乱をおこした。呉三桂反乱が鎮圧されたのち、土司勢力も清王朝の圧倒的軍事力によって掃討された。

同省は中国革命史にも一ページをのこしている。1934年国民党政府軍の掃討に負けた紅軍は、江西《こうせい》省の井岡山《せいこうざん》根拠地を撤退し、のちに有名になった長征を余儀なくされた。翌35年1月、貴州省を通過した時、遵義《じゅんぎ》で共産党拡大政治局会議がひらかれ、毛沢東《もうたくとう》の指導的地位が確立された。赤水河、烏江は紅軍と国民党軍が激戦をおこなった地としても知られている。

省都・貴陽《きよう》市は2005年の時点で、面積8034平方キロ、人口388万人。元代は順元城と呼ばれ、明《みん》代の1385年に拡大工事をおこない、貴陽城の原型を形成した。1569年にもともと恵水《けいすい》にあった程番府《ていばんふ》が貴陽六府に改められ、以降は貴陽という地名が定着した。

ちなみに省都の貴陽の名は雨の日が多く、太陽が貴重だということから由来している。

中華人民共和国建国までは工業らしい工業がなく、産業基礎が非常に貧弱であった。こうした歴史的要素もあり、経済水準は現在でも全国平均を大きく下回っており、中国最貧困省の一つである。

1960年代以降、三線建設という国家的戦略によって、大都市や沿海部にあった多くの大手国有企業や軍需産業が同省に移転された。そのため、同省は航空、宇宙、原子力など軍需分野では優勢を保っている。しかし、交通の便が悪いことや大衆の生活に密接な関係をもつ産業を育てなかったことなどが原因で、長い間、同省の経済水準の向上にはそれほど寄与しなかった。

改革・開放時代に入ってから、市場経済の波に押され、民需品の開発と製造で再スタートを強いられる企業も多い。省内の軍需産業や大手企業は外資との提携で活路を見出《みいだ》そうとしている。しかし、産業の裾野《すその》となる中小企業や民営企業の育成にはまだ多くの課題がのこされている。幹部の汚職や腐敗など問題が多い。

電子技術やバイオなどの産業を誘致しようとして、貴陽ハイテク技術産業開発区、遵義、安順などに経済開発区を設置したが、省全体の経済活動を活発化させるにはそのパワーでは足りなかった。

転機は2000年頃にやってきた。中央政府が進める、西部大開発という戦略だ。発展スピードの速い広東《カントン》などに対して、貴州省は一躍電力や石炭を大量に輸出するエネルギー大省へと変わった。大炭田をもつ山西省など北部の資源省には及ばないものの、エネルギー資源のない南方では貴州省は水力発電や石炭埋蔵量にもっとも恵まれている地方の一つに数えられる。近年、発電所建設と炭鉱開発が急ピッチで進められている。

交通が同省の発展にネックになっているという認識から優先的に投資を行い、2001～05年までの5年だけで、交通インフラにつぎ込んだ投資額はこれまでの50年間の総額の25倍に相当する。06年末、農道、県道、省道、高速道路などを含む自動車道総延長が11万キロ以上に上った。

1949年の中華人民共和国建国時までは省内にわずか167キロの鉄道線しかなかったが、広西《こうせい》チワン族自治区の柳州市に通じる黔桂《けんけい》線、重慶《じゅうけい》~貴陽を走る川黔《せんけん》線、湖南省株洲《しゅしゅう》と連結する湘黔《しょうけん》線、昆明《こんめい》につながる貴昆線の4本の幹線鉄道のほかに、数年のうちに、さらに貴州と広州、上海と雲南省の昆明などを結ぶ5本の幹線鉄道が省内を通る。準高速鉄道も建設を進めている。

交通の便の改善は観光業の活性化に有利な条件を作り、同省も観光業を貴重な収入源にしようとして、貴陽を中心に黄果樹《こうかじゅ》滝や凱里《がいり》の少数民族生活区域を見物する観光コースをつくり、観光客の誘致に力を入れている。

省内の観光ポイントとして、三層の美しい角楼・甲秀楼《こうしゅうろう》、抗日戦争中多くの文化人が避難していた場所でもある花渓《かけい》、西安《せいあん》事件で蒋介石《しょうかいせき》を拘束し実力で国民党と共産党との合作による抗日を主張した張学良《ちょうがくりょう》が幽閉された鍾乳洞《しょうにゅうどう》の麒麟洞《きりんどう》、躑躅《つつじ》の群生地、猫猫洞《びょうびょうどう》遺跡、古代墓葬、毛沢東の指導的地位が確立された「遵義会議」の開催地跡、山間《やまあい》の清流に沿い独特の文化と建築美をみせる従江侗寨《じゅうこうどんさい》鼓楼、黎平《れいへい》県地坪《ちへい》風雨橋などが知られる。少数民族の歌、踊り、花灯など注目される郷土芸能や、蠟纈《ろうけつ》染めなど少数民族色豊かで芸術性の高い民芸品も多い。興義市頂効鎮にある、「貴州竜」という恐竜の遺跡もビューポイントである。

しかし、近隣の雲南省や湖南《こなん》省と比べ、知名度はまだ低く、外国人観光客もまだ比較的少ない。観光産業のより一層の発展にはまだかなりの努力と時間が必要だ。

いっぽう、盆地に住んでいる住民が多く、産業汚染や燃料用の石炭による汚染が深刻な社会問題となっている。経済発展に欠かせない人材を育てるためには教育に力を入れなければならないが、貧困であるうえに、山奥で交通の便が悪いなどの悪条件が重なり、義務教育も山村まではなかなか思い通りに浸透しない。

貴州省といえば、かならずといっていいほど出てくるのが、茅台酒《マオタイしゅ》だ。

1972年、周恩来《しゅうおんらい》総理（当時）が国交正常化のため北京《ペキン》を訪れた田中角栄首相（同）を招待したとき、この酒で乾杯した。このエピソードは茅台酒の名を世界中に轟《とどろ》かせ、中国国内でも大変な茅台酒ブームが巻きおこった。

仁懐《じんかい》市茅台鎮にある貴州茅台酒廠《しょう》がつくる茅台酒は、中国の典型的な蒸留酒で、火がつくほどアルコール度数が高い。文献によれば、2100年前、仁懐一帯でつくられた酒は味がよいということで漢の武帝に賞賛されたという。1915年パナマの博覧会で金賞を受賞したことでその地位を不動のものとした。1979年には中国の最高品質賞の「金質賞」を受賞した。中国政府が催す宴会に使う意味の「国宴酒」にも指定されている。

その名声を利用すべく、茅台酒を飲み干した後の空瓶を利用して偽《にせ》茅台酒を売り、暴利をむさぼる悪質な事件が現在でも各地で多発している。

いっぽう、生活水準の向上にしたがって、多くの人々の飲酒習慣にも変化がおこり、都市部ではアルコール度数が高い茅台酒などの白酒《パイチュウ》が敬遠される傾向があらわれ、同時に洋酒の外国産ウイスキー、ブランデーなどが人気をあつめ、ワインブームも続いている。危機感を強めた貴州茅台酒廠はアルコール度数をおさえた新しいタイプの茅台酒を開発し、激しい市場競争の中で老舗《しにせ》のブランドと地位を守り抜いてきた。

1997年、貴州茅台酒廠は、中国貴州茅台酒股份有限公司という株式会社に変わり、99年、傘下《さんか》の子会社を上海《シャンハイ》に上場させ、現在約20の企業から構成されるグループ企業になっている。

タバコ産業は同省の第二位の産業である。漆と桐油《とうゆ》（漆の溶剤）の産地としても有名だ。

農業の生産手段は立ち遅れており、生産高もそう高くはない。山地がほとんどだが、森林面積は案外少なく、植林もそれほどすすんでいない。天麻、杜仲《とちゅう》、朱砂、金銀花、黔党参《けんとうさん》などの漢方薬材や薬草が非常に有名である。

近年、上海などの大都市で辛さと山の幸を売り物にする貴州料理が静かなブームを呼んでいる。

雲南《うんなん》省

——民族のるつぼ

　雲南省には五蓮山、高黎貢山《こうれいこうざん》、怒山《どざん》、雲嶺《うんれい》、哀牢山《あいろうざん》などの山脈や、伊洛瓦底江（イラワディ川）、怒江（サルウィン川）、瀾滄江《らんそうこう》（メコン川）、金沙江《きんさこう》、紅河（ソンコイ川）、珠江《しゅこう》の六大水系に属する大小６００以上の川があり、温泉も多い。

　気候は多種多様だ。年中春のように温暖だが、雨が降ると冬のように寒くなる地域もあれば、いつもは夏のようだが、雨が降れば秋のようにすごしやすくなる地域もある。さらに、夏はなく、春も秋も短い年中冬のような地域もある。

　豊かな降水量のおかげで、「植物王国」「薬草の宝庫」などの異称もあるほど、植物資源は豊富で、種類の多さは中国一を誇っている。天然香料植物だけでも４００種近くあり、椿《つばき》、躑躅《つつじ》、百合《ゆり》などの観賞用植物は２１００種以上もある。省都・昆明《こんめい》市は

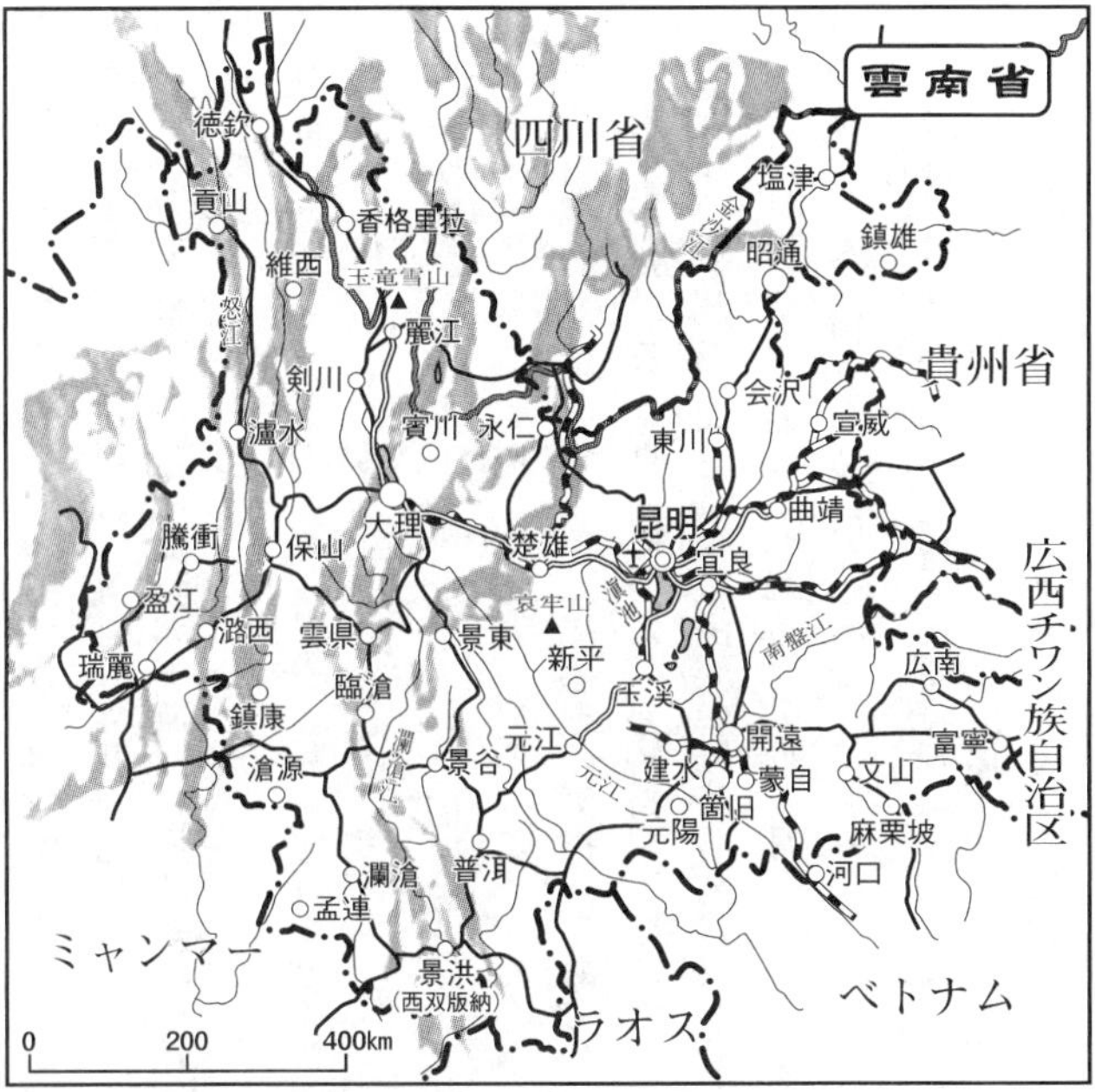

海抜1891メートルで、年間平均気温15・1度、「春城」と呼ばれている。省内には22の自然保護区があり、そのほとんどが熱帯雨林を保護する目的で設けられている。

雲南省のもう一つの特徴は、その多種多様な民族だ。民族のるつぼと形容されるようにイ族、ペー族、ハニ族など数十の民族が居住している。各民族間にはある程度住み分けが見られる。たとえば、イ族は主に楚雄《そゆう》イ族自治州や哀牢山、小涼山に集中している。ペー族の80％以上は大理《だいり》ペー族自治州に居住する。ハニ族の主要居住地は紅河、江城、墨江《ぼくこう》、元江など川の近くである。タイ族は西双版納《シーサンパンナ》、徳州の二州に固まっている。山頂、山腹、山麓《さんろく》、川辺にそれぞれ違う民族が分居する居住光景もみられる。

少数民族の祭りは、旧暦の正月や3月、4月などの農閑期におこなわれる場合が多い。なかでも、ミャオ族の「花山」、リス族の「賽歌会《さいかかい》」、ペー族の「三月街」、タイ族の「水掛け祭り」などが有名である。旧暦6月イ族の「松明祭り《たいまつ》」、同9月アチャン族の「会街」なども広く知られている。こうした祭事では、少数民族の人々は歌ったり踊ったりしてその年の恵みに感謝の気持ちをあらわし、翌年の豊作を祈る。そして、若い男女はこれを良い機会にして結婚相手を探す。

こうした祭りは、同時に少数民族の経済活動に欠かせない存在でもある。毎年の旧暦3月15日に大理でおこなわれる「大理三月街」は、1300年の歴史をもち、各少数民族の盛大な物資交易会でもある。参加者は多いときには100万人以上にもなる。

雲南省には観光名所も多い。昆明湖とも呼ばれる滇池《てんち》、広大な森林公園の中にある西山の竜門《りゅうもん》、昆明最古の寺とされる円通寺（以上は昆明）、見わたすかぎりの奇岩が織りなす絶景の路南石林《ろなんせきりん》、鮮やかな民族衣装をまとったペー族の少女たちと大理の三

大理

塔寺、日本の文化のルーツともいわれる照葉樹林文化の典型である西双版納、標高5596メートルの玉竜雪山《ぎょくりゅうせつざん》とそのふもとに広がるナシ族の村など、いずれも人気の高い観光ポイントだ。

燦々《さんさん》と輝く南国の太陽に照りつけられた照葉樹林と目にしみるような山々の緑、鮮やかな衣装に身を包んだ少数民族の少女たち、南国の民らしく明るく開放的な少数民族の歌と踊り……。これらが醸《かも》し出す快活な雰囲気は、海外旅行の機会に恵まれない人々にある種の異国情緒に近い感銘を与え、虜《とりこ》にしてきた。さらに日帰り旅行で隣国のミャンマーやベトナムにも足をのばすことができる。

ナシ族が多く居住している人気の観光

地麗江《れいこう》には、トンパ（東巴）文字を研究する東巴文化研究所や博物館があり、売店ではトンパ文字を刺繍《ししゅう》またはプリントしたお土産品などが売られている。

これらの要素が大きな魅力となって各地から観光客を引き寄せた。大型連休にもなると、雲南省行きの飛行機はまるでシャトルバスのように深夜まで往復を続ける。世界文化遺産に指定された麗江辺りへ行くと、夜中になってもその中心地は観光客であふれんばかりである。

雲南省も豊かな自然と多民族文化をセールスポイントとし、「昆明花博」を催すなどして、旅行業を経済発展の中軸に据えている。飛躍的に発展する観光業と盛んになる一方の国境貿易の需要を満たすため、高速道路の整備も進んでいる。

豊かな沿海部に比べると、雲南省が属する西部地域は貧しく立ち遅れた印象がある。しかし実際には、西部地域のなかで雲南省はずば抜けて恵まれた環境にある。沿海部の華東地域に属する江西省から多くの「農民工」と呼ばれる出稼ぎ農民が現金収入を目当てに西双版納に仕事を求めに来る。

同省出身の華僑《かきょう》はミャンマー、タイなど60以上の国・地区に分布し、経済発展に取り組む同省にとっては心強い海外人脈である。省内には帰国した華僑が中心となっている農場などもある。

世界遺産　麗江の古い街並み

　さらに国境地帯に位置することも同省の強みである。１９８０年代後半から、多くの国境地域が外国人に開放された。辺境貿易と呼ばれる周辺国との国境貿易が年を追うごとに規模を拡大し、東南アジア諸国との関係も大々的に強化され、昆明にはタイ、ラオス、ミャンマーの総領事館が開設された。国境貿易を通じ、同じメコン川流域にあるラオス、カンボジア、ベトナム、ミャンマー、タイとの物流も活性化している。

　こうした機運の中で、インドシナと雲南省を中心とする「拡大メコン地域」が大きく注目され、メコン川流域６カ国（カンボジア、ラオス、ミャンマー、タイ、ベトナムおよび中国・雲南省）を対象に結ばれる大メコン圏（ＧＭＳ：Greater Mekong Subregion）経済協力プログラムが進められている。

　２００８年６月には、昆明市で「大メコン圏（ＧＭＳ）経済回廊フォーラム」第１回会議が開催され、「昆明コンセンサス」が採択された。

　昆明からミャンマーまで約１０００キロを結ぶ自動車道も完成している。昆明からバンコクまで全長１８００キロ以上、全区間の大半が高速道路として設計される「昆曼道路」も、開通までのカウントダウンに入っている。現在、タイ国内と雲南省内の高速道路区間がすでに完成し、ラオス北部のボーケーオ県の県都である会晒《フェイサイ》（Houayxay）とメコン川を挟んで対岸のタイの清孔《チエンコーン》（Chiang Khong）という二つの国境の町を結ぶ大橋が建設中で、その竣工《しゅんこう》は２０１１年を予定しているが、現在、この区間だけはフェリーで結ぶ形で、０８年３月の時点ですでに早々と開通宣言が発表された。昆曼道路が完全開通後、マレーシアやシンガポールの道路網と接続し、急速に増えつつある〝ＡＨ〟（アジアハイウェイ・ネットワーク）の標識は、長年夢見ていたアジアハイウェイ・ネットワークが日に日に人々の生活に溶け込みつつあることを意味している。

　昆曼道路は東南アジアにおける南北経済回廊と呼ばれ、大メコン流域経済協力における重点項目の一つで、完全に開通すれば、中国とASEAN諸国は同道路を使って毎年1000億ドル分の輸出入を行うだろう、と雲南から東南アジアへ向かう最短ルートとして雲南側はタイに負けないほど大きな期待を寄せている。

昆明を始発駅にしてシンガポールを終点とする、中国とASEANの7カ国を結ぶ泛《はん》アジア鉄道の建設も路線案について検討を重ねている。

昆明巫家壩《ふかは》国際空港のロビーに立つと、とても一地方のローカル空港とは思えない。2005年の時点で、すでに北京《ペキン》首都空港、上海《シャンハイ》の浦東《ほとう》空港と虹橋《こうきょう》空港、広州白雲空港、深圳《しんせん》宝安空港、成都双流空港についで、7番目に年間利用客数がのべ1000万人を超えるハブ空港となった。香港《ホンコン》、マカオ、北京、上海、広州、桂林《けいりん》など中国各地を結ぶ170本以上の航路のほか、シンガポール、ハノイ、大阪、バンコク、アブダビなど12本の国際航路も開通している。省内の国境地帯にある西双版納や麗江、大理などの地方とも空路で結ばれている。

しかし、改革・開放の副作用ともいえる問題も次第に深刻化してきた。ミャンマー、ラオス、タイ3カ国の国境が交わるところに、俗に言う黄金の三角地帯《ゴールデン・トライアングル》がある。国際麻薬製造・販売グループがそこを拠点に、大規模な麻薬栽培・加工・販売をしている。国境貿易が盛んになるにつれ、麻薬製造・販売グループは雲南省を新しい麻薬密輸ルートとして利用し、同省の一部の地域では、深刻な麻薬問題に直面している。

一方、ベトナムに隣接する地域では、ベトナムから拳銃《けんじゅう》や自動小銃など大量の武器が流れてきて、麻薬密輸・密売グループの手に渡り、犯罪が日増しに凶悪化している。平遠《へいえん》街のように町全体が麻薬犯罪に走ったというところもあり、取り締まろうとした地元の警察当局が、一大勢力となった犯罪グループを前に、手も足も出なくなってしまったほどだった。

1992年、中国政府は麻薬撲滅のため、平遠街で大規模な麻薬掃討作戦を極秘に展開した。李鵬《りほう》首相（当時）が自ら総指揮を担当した。掃討作戦に参加した解放軍、武装警官は3万人に達し、装甲車など重装備の兵器も投入された。軍事衛星でこの動きをキャッチしたアメリカは、中国とベトナムとの国境地帯に大規模な軍事衝突の危険があると勘違いし、あわてて情報を公表したという。

このエピソードからもわかるように、同省で展開された麻薬取り締まり作戦は、米軍事当局が勘違いをするほど規模の大きいものであった。それは逆に麻薬汚染事情の深刻さを浮き彫りにした。

しかし、これほどまでに力を入れているのに、同省の麻薬汚染は、依然として厳しい状況にある。現在でも麻薬中毒者の治療や国境地域での取り締まりに多くの人力や予算を注ぎ込んでいるが、所得格差が広がるなかで麻薬汚染はあいかわらず猛烈な勢いで進行している。同省にとって、麻薬取り締まりはこれからも取り組まなければならない重大な課題の一つである。

チベット自治区

――世界の屋根にある秘境と憧《あこが》れのメッカ

私の机の上に三枚の写真がある。チベットで乱獲された、中国語で「蔵羚羊」と呼ばれるカモシカの写真だ。
皮を剝《は》がれ、角を切り取られた無惨《むざん》な姿のカモシカの死骸《しがい》が荒野のど真ん中に無造作に捨てられている。心臓が痙攣《けいれん》を起こすほどのショックを覚えた。写真から無言の怒りが静かに伝わってくる。カメラのレンズが捉《とら》えた雄大な自然と人間の欲望に言葉を失った。

近年、中国で行われたアンケート調査では、そのカモシカが自由に走るチベットを旅することがいま一番〝恰好《かっこう》いい〟と思われていることだという。この調査からもわかるように、チベットは中国国内でも人気の高い観光地となっている。

同自治区は「世界の屋根」といわれるヒマラヤ山脈の北側に位置し、平均標高40

00メートル以上。主に四つの地域に分かれている。崑崙《こんろん》山脈や唐古拉《タンクーラー》山脈などの間にある牧畜地の蔵北《ぞうほく》高原。海抜が比較的低く、チベットの主要農業区である蔵南谷地地域。万年雪をいただく山の麓に広がる、一年中緑の絶えない蔵東高山峡谷地域。そして、世界最高峰のチョモランマ峰（英語名エベレスト）があるヒマラヤ山地地域である。

チョモランマの標高は、これまで8848メートルとされてきたが、1999年11月11日に発表された最新の測量値によって約2メートル高いことがわかり、新しく8850メートルに改定された。

主要河川には、世界最高海抜地帯を流れるチベット最長のヤルンザンボ川、怒江（サルウィン川）、瀾滄江《らんそうこう》、金沙江《きんさこう》などがあり、湖も1500以上ある。うち、チベット語で「天湖」という意味の納木錯《ナムツォ》は標高が4600メートルもあり、中国でもっとも高い所にある高山湖である。

自治区首府・ラサ市は、面積2万9518平方キロで2007年末現在人口62万人。チベットの政治、文化、仏教、交通の中心であるラサは、チベット語で「極楽」を意味し、チベット族の民にとってこの世の極楽浄土であるとされている。

ジェームス・ヒルトンの小説『失われた地平線（*Lost Horizon*）』も、チベットを高原の奥地にひっそりと隠れた桃源郷として描いている。チベットは「シャングリラ」と形容されることが多いが、これはサンスクリット語で「理想郷」という意味で、ジェームス・ヒルトンの小説に登場した謎《なぞ》のラマ教寺院「シャングリラ」にちなんで命名されたものだ。97年、雲南《うんなん》省は同省内の迪慶《てきけい》チベット族自治州中甸《ちゅうでん》県が小説の舞台であるシャングリラだと宣言し、2001年、さらに同県名を香格里拉《シャングリラ》県に改名した。そのため、シャングリラというと近年雲南省を連想することが多いが、チベット族居住区であることには変わりない。漢民族文化とは異なるチベット族の独特の文化と、近代化されていない現地民の生活スタイル、そして海抜4000メートル以上の「秘境チベット」の景色は人々を魅了してやまない。

宗教に対する関心が高まっていることも、多くの人々の目をチベットに向けさせたもう一つの重要な要素である。

チベット仏教はラマ教ともいい、仏教の一流派である。

7世紀前期にチベットを統一したソンツェン・ガンボ王は、妃《きさき》として唐からむかえた文成公主とネパールからのプリク

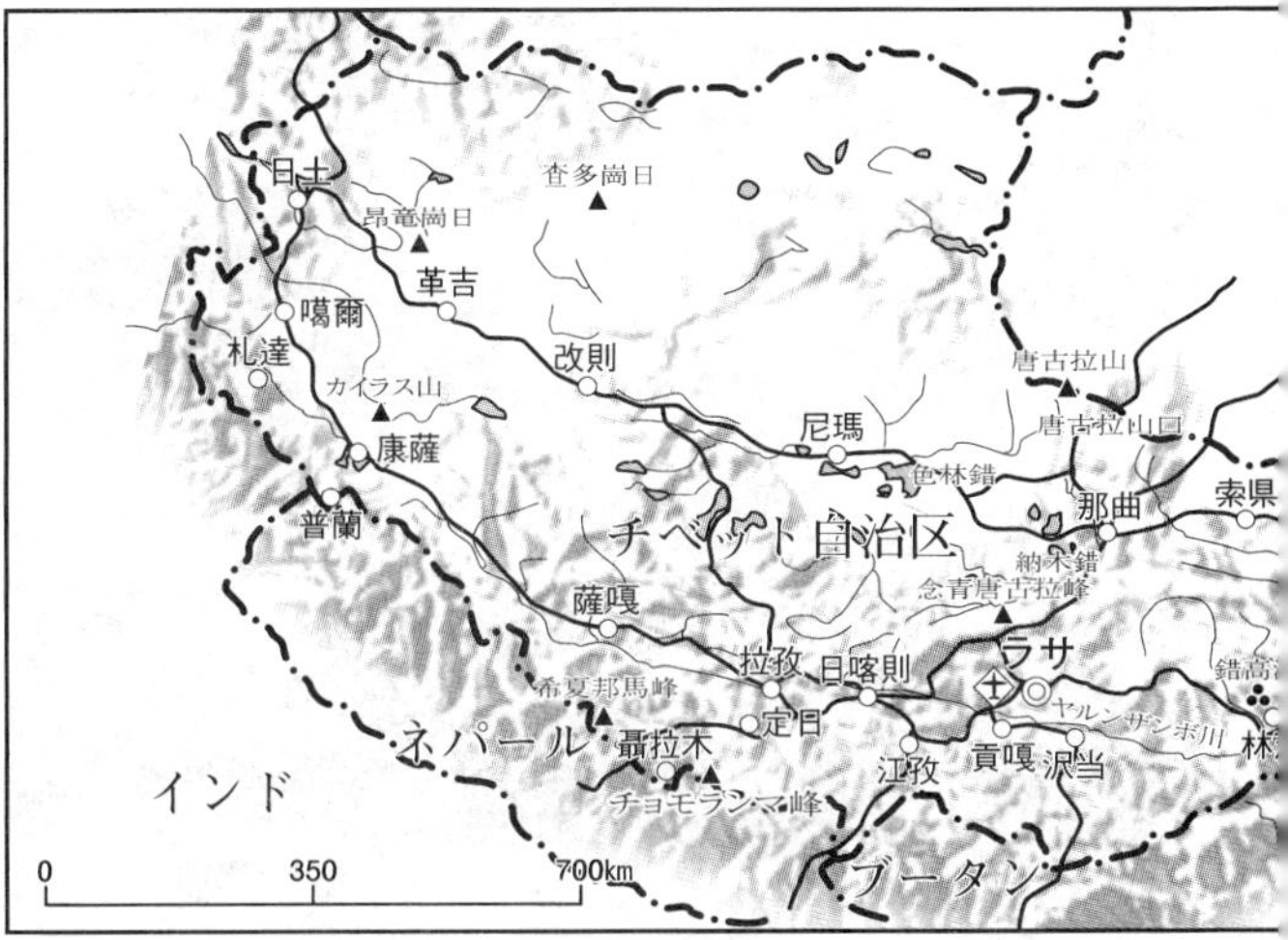

チ王女（ツーゾン公主）の影響で仏教に帰依《きえ》し、それまでの在来の宗教であるボン教に仏教をとりいれ、チベット独自の仏教・ラマ教を樹立した。信仰人口の96％をチベット族が占めている。

現在、世界遺産にも指定されている大《チョ》昭《カン》寺は、文成公主が持参した釈迦牟尼《しゃかむに》像を祀《まつ》るために建てたものである。

時を経るにしたがって、ラマ教はニンマ派（紅教）、サキャ派（花教）、カギュ派（白教）、ゲルク派（黄教）などの教派に分かれた。なかでも15世紀以降、ゲルク派はその他の教派を圧倒する仏教勢力に成長し、18世紀半ばごろからチベットの行政権を握るようになった。

ダライ・ラマとはモンゴル語で「知恵

世界遺産　ポタラ宮

が海のように広くなにもかも包みいれる大師」の意。行政権を掌握して以来、ダライ・ラマはチベット政治・宗教の最高責任者となり、チベット族の精神的領《りょう》袖《しゅう》として絶大な威信をもつようになった。

　ゲルク派からは歴代のダライ・ラマや、さらにのちになってパンチェン・ラマが出ることになる。チベットは浄土と見なされ、観音がそこで説法したという伝説も民間では広く言い伝えられている。また、ダライ・ラマは観音の化身、パンチェン・ラマは阿弥陀仏《あみだぶつ》の化身と信じられ、ともに転生すると信じられた。

　ラサはチベット仏教の聖地とされる。市内の北部の丘の斜面には、宮殿と霊《れい》廟《びょう》、仏殿、経堂などからなるポタラ宮がそびえ立ち、チベットのシンボルとなっている。大昭寺、１９０１年河口慧海《えかい》が修行したという色拉《セラ》寺、哲蚌《デプン》寺などがあり、巡礼の道となっている。

祈禱大法会《きとうだいほうえ》は、チベット仏教のもっとも重要で盛大な宗教祭典である。また、チベット族には、ラサの大寺院を巡礼する宗教的習慣があり、信者たちはラサをめざして、各地から経文を唱えながら全身を地面に投げだし、祈りながら地を滑りすすむ。このような「五体投地《ごたいとうち》」の祈禱儀式を敬虔《けいけん》に守り、それを繰りかえしながら気が遠くなるような長い巡礼の旅をつづける。

ダライ・ラマは、17世紀の第5世以来、第14世のテンジン・ギャツォが１９５９年に中国の解放政策によってインドに亡命するまで、代々ラサのポタラ宮に住み、政治、宗教の両面からチベットを支配した。

しかし、シャングリラと見られがちなチベットは、実際には非常に今日的かつ複雑な問題を抱えている。宗教や民族、ないし独立とが多岐にからみ合い、チベットの不安定要素となっている。問題は１９５０年代初期に遡《さかのぼ》る。

チベット当局と中国共産党が１９５１年に締結した「チベットの平和的解放方法に関する協定」では、チベットの地方自治とダライ・ラマの維持を認め、自治区準備委員会を発足させた。

当初チベットの宗教界や政界は中央政府と協力する政策をとっていたが、この協定以後、青海省《せいかい》とチベットでの「改革」が性急に推し進められたため、住民の反中央政府感情がたかまり、1959年に首府のラサで暴動が発生。反撃に出た解放軍が圧倒的軍事力でラサを制圧した。

ダライ・ラマ14世はインドへ亡命し、北インドのダラムサラに亡命政権をつくって、今日に及ぶ。長い間、反中国運動のシンボルと見なされ、89年にはノーベル平和賞を受賞している。

一方、ダライ・ラマ14世がインドに亡命した後、チベットでは61年に土地改革が推進され、65年9月にチベット自治区が成立した。しかし、文化大革命中は過激な政策により大規模な寺院破壊がおこなわれ、自治区住民に大きな精神的傷跡をのこした。だが80年代前半から、当時の胡耀邦《こようほう》総書記のイニシアチブによって開始した一連の宥和《ゆうわ》政策は、こうした傷跡を癒《いや》すのにそれなりの成果をあげた。

現在、ほとんどの寺院は修復され、チベット族の文化を発展させるために、チベット民族学院付属民族研究所など八つのチベット学の専門研究機関も設立された。チベット大学など四つの大学のほかに、仏教学院も各地にあり、数万人の研究者たちが活躍している。チベット族の歴史をかたる長編詩「ケサル」や、1600年の歴史をもつチベット医学、薬学なども整理・出版されている。

ところが、デリケートな少数民族との融和問題はそう簡単には解決できず、80年代後半、ラサでは独立要求デモや騒乱がたびたび発生し、89年、チベットで中華人民共和国建国後初の戒厳令が敷かれ、当時チベットのトップを務めていた胡錦濤《こきんとう》の指揮のもと、武力鎮圧という事態にまで発展した。92年には建国後初の「中央民族工作会議」が開かれ、チベットを含む少数民族と民族地区の経済発展、自治制度の充実などを呼びかけ、少数民族政策に柔軟な姿勢を見せはじめた。

90年代に入ってから、ダライ・ラマはこれまでの路線を修正し、独立を求めず、中央政府との対話によってチベット問題を平和的に解決する意向を強調し、特に97年香港《ホンコン》返還後、香港の自治を保証する「一国二制度」の方法でチベット問題を解決するよう、中国政府に呼びかけている。2007年まで中国政府とダライ・ラマ側は6回におよぶ対話を行ったが、これといった結果が出ないまま、中止された。

改革・開放の波はチベット高原にも打ち寄せ、中央政府は分離・独立運動を断固鎮圧する姿勢を保ちつつも、住民の生活水準の向上や経済発展に力をいれ、チベットの安定化をはかろうとしている。川蔵《せんぞう》（四川《しせん》～チベット）、新蔵（新疆《しんきょう》～チベット）、青蔵《せいぞう》（青海～チベット）、中国～ネパール自動車道を開発と活性化の中軸に、ラサ、チベット第二の都市である日喀則《シガッェ》、昌都、林芝などを中心とした新たな拠点の経済開発を加速させた。

その狙《ねら》いどおり、経済はある程度の発展がみられ、住民の生活水準も向上している。首府ラサと自治区内の各県をむすぶ道路網が整備され、国内各地とを繋《つな》ぐ4本の自動車道以外にも、北京《ペキン》、上海《シャンハイ》、成都《せいと》、西安《せいあん》など十数の都市への空路が開かれている。ネパールのカトマンズへは国際線や通称ヒマラヤハイウェーがのびている。格爾木《ゴルムド》～ラサの石油パイプラインが敷設《ふせつ》され、1976年から稼働しほぼ自治区の石油需要を満たしている。現在は新しい天然ガス用のパイプラインの敷設工事なども進められている。

観光ブームもチベットの人々に現金収入を得るための新しい手段を与えた。2007年、チベットを訪れた観光客は初めて400万人という大台に乗り、観光収入も自治区GDPの14・2％を占めるまで伸び、観光業がチベットの新しい産業としての地位を獲得した。

06年に相次いで開業した青蔵鉄道と林芝空港は、観光客の大幅な増加に貢献した。青海省西寧《せいねい》市からラサまでの青蔵鉄道は06年7月1日に全線開通し、全長1956キロ、平均海抜は約4500メートルで世界最高海抜の鉄道といわれる。そのうち、海抜5068メートルの唐古拉山口駅が「世界一高い場所にある鉄道駅」として知られる。青蔵鉄道は1期工事と2期工事とに分かれている。1期工事は青海省都・西寧市から同省の格爾木を結ぶ全長814キロの区間を指し、1979年に完成し、84年から営業運転している。2期工事は格爾木～ラサの全長1142キロにわたる区間を言う。一方、林芝空港は「チベットの江南」という異名をもつインド国境に近い林芝市にあり、チベットの空港のなかで海抜が最も低く、観光客が気軽に利用できる。ヤルンザンボ川大峡谷から120キロしか離れておらず、チベット聖湖の一つで、茂る原始林に囲まれ紺碧《こんぺき》の水色を見せる錯高湖（巴松錯湖とも呼ぶ）も人気が高い。

しかし、分離・独立の火種は依然として燻《くすぶ》っている。89年に亡《な》くなったパンチェン・ラマ10世の生まれかわりである「転生霊童」の認定をめぐって、近年ダライ・ラマ側と中国政府が激しく衝突している。2000年初め、チベット仏教ではダライ・ラマ14世、パンチェン・ラマ11世に続く、序列三位のチベット仏教カギュ派の活仏《いきぼとけ》カルマパ17世（14歳）がヒマラヤ山脈を歩いて越え、インドに脱出したことも、チベット問題の今日性を再認識させる。正装の際に黒帽を着用することから、黒帽活仏とも呼ばれるカルマパは、海外のチベット仏教界におけるポストダライ・ラマの指導者として注目されている。

０８年３月14日、ラサで暴動が起こり、漢族や回族住民が焼き殺されたり、殴られたりした。中国政府側の情報封鎖と一部の西側のメディアの意図的誤報により、オリンピック開催を迎える中国が世界的非難を受けた。同年５月、ダライ・ラマと中国政府との対話が再開したものの、チベット問題をめぐる攻防が続き、これといった成果はあがっていない。

チベット人気の向上により、チベット伝統医療法「蔵医」と高山植物を薬剤にする生薬の「蔵薬」が大きく注目され、チベット伝統産業がかつてないほどの景気を見せている。

陝西《せんせい》省

——革命聖地と軍需産業の重鎮

1934年8月、毛沢東《もうたくとう》率いる中国工農紅軍（紅軍）は、蔣介石《しょうかいせき》の国民党軍の包囲討伐戦の攻撃をうけて、革命根拠地、瑞金《ずいきん》および周辺ソビエト区からの撤退を余儀なくされた。圧倒的な兵力を誇る国民党軍の追撃を逃れるため、36年10月に甘粛《かんしゅく》省で紅軍の第一方面軍と合流した。このとき第一方面軍の先鋒《せんぽう》は、すでに目的地陝西省北部（通称、陝北）に到着していた。総距離1万2500キロにおよび、11省18山脈を踏破したこの大移動は、後に万里の長征と表現され、米国人ジャーナリスト、エドガー・スノーが著した『中国の赤い星』によって一躍有名となり、「20世紀の奇跡」といわれた。

しかし、紅軍も手痛い打撃を受けていた。長征当初30万人いた兵士は、陝西省に到着した時には3万人に激減していた。

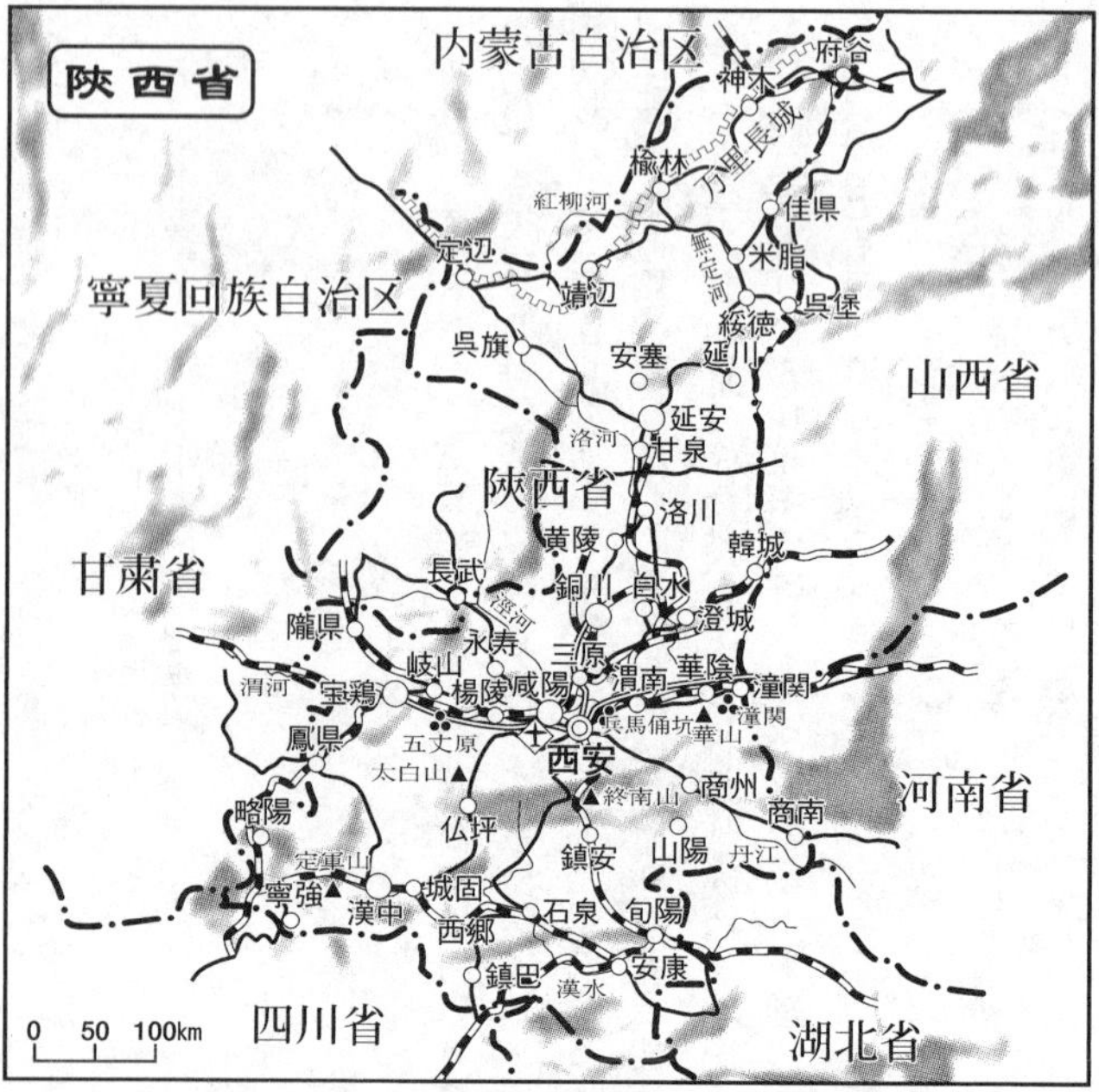

同省の標高は南部と北部が高く、中部が低い。黄河流域と長江流域の分水嶺《ぶんすいれい》で、南方と北方の境目でもある秦嶺《しんれい》、喬山《きょうざん》が省の東西を走り、陝西省はそれによって陝北、関中、陝南の三大自然区に分かれている。面積の45％を占めているのが海抜800～1300メートルの黄土《こうど》高原だ。特に陝北地区は乾燥した気候で、年間平均降水量が300～600ミリと少ない。土壌の浸食が深刻で、農作物を栽培してもたいした収穫が期

待できない。

しかし、厳しい自然が国民党軍の執拗《しつよう》な追撃を阻止した。足下を固めた紅軍は、延《えん》安《あん》を中心に二十数県をもつ陝甘寧《せんかんねい》根拠地をつくり、自給自足態勢を確立し、勢力も次第に増大した。１９４７年に同根拠地を離れるまでの10年間、共産党は延安に本部を置き、対日戦争である抗日戦争、そしてのちの国民党軍との内戦を指揮した。４９年、共産党が政権を奪取し、中華人民共和国が誕生した。

現在でも毛沢東旧居、周恩来《しゅうおんらい》旧居などが保存され、紅軍（後に八路《はちろ》軍《ぐん》と名が改められた）が使用した武器や農具などを展示する延安革命紀念館もある。紀念館の広場には毛沢東の彫像が立てられている。

江西《こうせい》省・井岡山《せいこうざん》根拠地の時代は短く、紅軍の勢力も弱かったため、共産党にとって延安は成長を優しく見守る揺り籠《かご》のような存在だった。現在の中国政府や共産党の上層部には、延安で幼少時代を送った人が多い。その意味で、延安はいまでも中国政府や党の上層部と特別な関係で結ばれており、旧正月など祭日になると北京《ペキン》の高官が家族連れで延安を訪れることもしばしばある。中国革命のゆかりの地の訪問を特色とする「紅色旅行」の主要訪問先でもある。

しかし、このような輝かしい歴史とは対照的に、革命が勝利をおさめてからも長い間、延安は最貧困地域の一つに数えられ、政府への救済金依頼の体質がつい最近まで抜けなかった。自力更生精神の故郷を自負していただけに、何とも言えない皮肉な現象だった。

沿海部では80年代初頭にはすでに市場経済へ移行していたが、同省は90年代の半ばになってようやく旧体制に対する改造作業に取りかかった。毛沢東の置きみやげである人民公社を解体し、農地を家庭単位で農民に請け負わせ、作物の栽培に対する行政指導も基本的に撤廃した。

その努力の甲斐《かい》あって、延安のある陝北地区はいまやリンゴの一大産地となり、リンゴ販売所が自動車道沿いに延々と続く光景がいたるところで見られる。農民の所得事情も大きく改善され、労働意欲も上がった。山奥の農家でも水道を引き、テレビの衛星放送受信用のパラボラアンテナを設置している光景がよく見られる。

だが、旧態依然とした幹部制度にあぐらをかいている地方の役人も多く、経済発展の妨げとなっている。2000年に中国政府は西部開発に本腰を入れると宣言し、巨額の公的資金を投入して西部地区のインフラの整備に乗り出し、自動車道が山奥の貧困地にまで敷かれ、光ファイバーケーブル網も多くの地域をカバーしている。しかし、市場意識の欠如と幹部の腐敗で西部開発は意図したほどの効果を上げていない。

世界遺産　兵馬俑坑

石油資源のほかに、石炭資源にも恵まれ、埋蔵量は山西、内蒙古につづき、中国第三位、神府炭田などで新しい炭田の開発が続けられ、最貧困地域だった延安も石炭と石油資源を中心としたエネルギー産業とその加工産業の発展により、06年、一人当たり財政収入などが同省内一位に躍り出た。しかし、その経済発展モデルはまた石炭と石油資源に大きく依存している。現在の採掘速度では、延安の石油資源がなくなる日もそう遠くないと見られる。持続可能な経済発展モデルの模索と確立が求められる。

中華文化の発祥地である同省は、中国歴史の各発展段階を裏づける膨大な文物や遺跡を保存しており、省全体がまるで歴史博物館のような、中国で最も観光資源に富む地域でもある。実際、母系氏族社会の遺跡として珍重される西安半坡遺址《せいあんはんぱいし》博物館をはじめ、博物館、記念館、専門陳列館などの施設だけでも44カ所にのぼる。貴重な古代遺跡や豊富な副葬品が発見された古代陵墓などが省内各地に分布し、なかには国宝級の文化財も多い。兵馬俑《へいばよう》はなかでも極めつきだといえよう。

テラコッタによる等身大の兵馬俑は、秦《しん》の時代（前221～前206）の始皇帝の陵墓におさめるためにつくられた8000体以上の人馬像のごく一部で、もとは鮮やかに彩色されていた。1974年、秦の始皇帝陵から1・5キロのところで地元の農民が井戸掘りの作業中、偶然にも無数の陶器の兵士や馬車などからなるこの巨大な地下軍団を発見した。それらをおさめた兵馬俑坑博物館はまるで中国最大の古代軍事博物館のような存在となり、秦の時代の軍事、兵器、戦術などを研究する絶好の対象となっただけでなく、絶大な人気を誇る観光スポットとなった。現在もその発掘作業は続けられている。

新・旧石器時代の文化を伝える遺跡を含む古人類遺跡なども数多く発見されており、85万年前とされる「藍田《らんでん》猿人」の頭蓋骨《ずがいこつ》化石の一部などが見つかっている。

省都の西安市は古代、長安とよばれ、中国六つの古都のなかでもっとも有名である。

秦王朝を倒した漢は、巨大な帝国のために咸陽城《かんようじょう》の南に新しい都城をつくった。それが西安のはじまりであった。以降、隋《ずい》、唐など多くの王朝がこの地に都を定めた。唐の時代に、「末永く天下を安寧ならしめる」の意をこめて長安と名が改められた。

当時の長安は唐帝国の都として、世界中でもっとも経済活動が活発で栄えていた。シルクロードの出発地として、各国から多くの人々を引き寄せ、東西の物流センターの役割を果たしており、栄華をきわめた大規模な国際貿易都市でもあった。

西方諸国から輸入した珍しい品物が長安にあつまり、盛り場の旅館や酒楼では美しい歌姫が紫水晶色の葡萄酒《ぶどうしゅ》をあやしく光るガラスの杯になみなみと注ぎ、宮廷内でも街角の酒場でも踊り子が豊満な肢体をリズミカルにくねらせ、人々は西方から伝わる異国の文化に酔いしれた。今日の私たちは、李白《りはく》、白居易《はくきょい》などの詩のなかにその栄華を偲《しの》ぶことができる。

だが当時の長安古城は唐を滅ぼした朱全忠の手によって焼き払われ、現在はかろうじて大雁塔《だいがんとう》などわずかな遺跡が残るのみである。

シルクロードの起点西安は歴史の重要な舞台である。古代のロマンと対外国通商・交流の重要ルートとなったシルクロードを通って、14世紀の元の時代にマルコ・ポーロが同地を訪れている。日本軍の旧満州侵略で東北を追われた東北軍の統帥《とうすい》である張《ちょう》学良《がくりょう》将軍は、1936年ここで蔣介石を武力で拘束し、共産党と合作して日本侵略軍に抵抗するよう迫った。これが有名な「西安事件」である。

ロマンを誘う悠久の歴史に引き寄せられるかのように、毎年中国国内だけでなく、世界各地からも多くの観光客が訪れる。陝西省も古代遺跡と伝統ある文化を観光資源にして、観光業の振興に力を入れている。

近年、西北の民の知恵を結晶させた究極の住宅ともいえる窰洞《ようどう》が、多くの観光客の心を摑《つか》んだ。黄土高原の木一本もない黄土の断崖《だんがい》や山の斜面に四角く掘られた深い穴の壁面をさらに横方向に掘ってつくられた窰洞は、冬は暖かくて夏はひんやりと涼しい。現在でも陝西省を含めた広い地域で4000万人が利用している。木材などの建築材が乏しく冬が寒いという厳しい環境のなかで考え出されたもので、西北地区の風物詩的な存在でもある。

西北地区の五つの省・自治区のなかで、同省は人口がもっとも多く、人口密度ももっとも高い。GDPも一番大きく、経済発展水準も同地区のほかの省・自治区より高い。衛星の地球局やレーダーなど軍需産業が代表する新興技術集約型の産業が頭角をあらわし、飛行機製造の分野でも注目されている。特に、2万人の従業員を擁する西安飛機工業集団有限責任公司(略称は西飛集団)は、「飛豹《ひひょう》」攻撃機、パキスタンとの共同開発による次世代多用途戦闘機「梟龍《きょうりゅう》（Xiaolong）」、最新鋭「殲《せん》10」戦闘機、国産ターボプロップ旅客機「新舟60」とその改良版「新舟６００」などの航空製品を製造する中国有数の航空基幹企業として注目されている。

西安市は西北地区で最大の工業都市であり、全国的にみてもその地位は無視できない。

大学の数も西北地区で一番多い。西安交通大学、航空と宇宙飛行分野に研究の重点を置く西北工業大学、農業・林業・牧畜業関連の研究開発と人材育成の重要拠点である西北農林科技大学など名門校もある。

ＩＴ時代に追いつくため、海外の新華僑《しんかきょう》の力を借りた外国のハイテク技術の導入に省をあげて力を入れている。

甘粛《かんしゆく》省

――シルクロードのロマンに生きる

葡萄《ぶどう》の美酒　夜光の杯《はい》
飲《の》まんと欲《ほっ》して琵琶《びわ》　馬上に催《もよお》す
酔って沙場《さじょう》に臥《ふ》す　君笑うこと莫《なか》れ
古来征戦　幾人《いくにん》か回《かえ》る

――王翰《おうかん》「涼州の詞」

甘粛省という地名だけで、果たしてどれだけの日本人がこの省のことを正確に語れるだろうか。だが、敦煌《とんこう》、シルクロード、西域《せいいき》、葡萄の美酒、夜光の杯とくれば、おそらくたいていの日本人がかなり正確にそのイメージを描くことができるだろう。

敦煌はかつての文物の宝庫というだけでなく、いまも中国ないし日本をはじめとする外国の芸術・文学・考古に大きな影響をおよぼしている。たくさんの西域小説を著

した井上靖も『敦煌』（新潮文庫）という小説を書きのこし、いまでも多くの人が古代ロマンへの憧《あこが》れを掻《か》き立てられている。莫高窟《ばっこうくつ》に描かれている空を飛ぶ仙女「飛天」は中国芸術の象徴ともなっている。その多彩な文化遺産、壮大な西北の自然などがクローズアップされ、中国国内と海外の観光客に人気が高い。

　中国の経済ランキングでは、甘粛省は改革・開放路線実施30年を迎えたいまも、なお低空飛行を続けている。

工業都市として発展をねらった省都・蘭州《らんしゆう》市も長い間国有企業の倒産に苦しみ、リストラの嵐《あらし》は砂漠を走る砂嵐よりも地元の人々の心を揺さぶった。市場経済への脱皮の苦しみを癒《いや》し、ビジネスチャンスを与えてくれたのが、旅行ブームだ。所得の向上とゴールデンウイークなど大型連休の増加で、中国の国民も旅行に金をかけるようになったのだ。

冒頭の有名な詩は、いまもなお多くの人々の西部への夢をかき立てる。2001年初夏に広州市で敦煌文物展が行われたが、展示館は休館日を取り消すほどの大人気だった。05年以降、敦煌を訪れた観光客は毎年100万人以上の規模を誇る。「夜光の杯」になみなみと注がれたのは、「葡萄の美酒」のほかに、シルクロードに抱く観光客の夢とその夢のために地元に落としたお金でもあった。

世界に名を馳《は》せるシルクロードは陝西《せんせい》省の西安《せいあん》を起点とし、河西《かせい》回廊を経由して新疆《しんきよう》ウイグル自治区に入り、中央アジア、ペルシャにのび、そしてさらなる向こうの黒海、地中海に通じる古代の東西交通路である。シルクロード（絹の道）と呼ばれるのは、このルートを通って中国特産の絹が交易されたためだ。ドイツの地理学者リヒトホーフェンが1877年、著書『支那《しな》』で、この言葉を使ったのが始まりである。

当時、河西回廊の西側にある敦煌は対西域貿易と交通の重要な玄関であった。河西回廊の東側に位置する武威《ぶい》は国際貿易を支える重要な流通センターの役割を果たしていた。漢の武帝時代には、中央アジアまでの広い地域が安定し、外国との貿易も奨励され、長距離におよぶ商品の移動が可能となり、砂漠を悠然と進む駱駝《らくだ》の隊商のシルエットもシルクロードを象徴する風景となった。

　中国からは絹や製紙法、西方からはガラス製品、羊毛、金、玉《ぎょく》などが交易された。思想、文化、知識もまた、シルクロードにそって中国へつたわり、あるいは中国からつたえられた。キリスト教の一部の流派の教義がヨーロッパから中国に伝道され、仏教がインドから中国へ伝来した。

　しかし、唐・宋《そう》以降は、福建《ふっけん》省泉州を起点とする「海上シルクロード」の台頭によりシルクロードはしだいに衰退し、厳しい自然環境と森林の乱伐、砂漠化の深刻化などもこの衰退に拍車をかけ、西域貿易の隆盛とシルクロードの栄光はいつの間にか歴史のロマンに変わってしまったのである。

　歴史と民族の交差点でもあるシルクロードはかつて主要な貿易通路ばかりでなく、東西交流の重要なルートでもあった。

　歴史上、西域という言葉で表現されていたこの地域は、シルクロードというロマンの史詩をつくっただけでなく、厳しい自然と戦いながら辺境である西域を守備・開発する古代の兵士の望郷の思い、軍旅の生活をうたう詩もたくさんのこしている。前出の王翰の「涼州の詞」は酒に酔いしれる辺境の兵士の心境をうたうものだった。そのほかに、有名なのは西に出征した兵士の意志と望郷の念を詠じる王昌齢《おうしょうれい》の「従軍行（その四）」（青海の長雲　雪山暗し／孤城遥《はる》かに望む　玉門関／黄沙《こうさ》百戦　金甲を穿《うが》つも／楼蘭《ろうらん》を破らずば終《つい》に還《かえ》らじ）、唐詩七絶の白眉《はくび》と評価される王之渙《おうしかん》の「涼州の詞」（黄河遠く上る　白雲の間／一片の孤城　万仭《ばんじん》の山／羌笛《きょうてき》何ぞ須《もち》いん　楊柳《ようりゅう》を怨《うら》むを／春風は度《わた》らず　玉門関）などが有名である。

　ちなみに、これらの唐詩中の地名は甘粛省にある。「玉門関」は敦煌の西北80キロにある関所である。古代西域から産出される玉《ぎょく》がここを経由して中原に運ばれたことから「玉門関」と名付けられた。王昌齢の詩にでてくる「雪山」は祁連山《きれんざん》のことを指している。王翰の詩には地名が出ていないものの、中国では「夜光の杯」といわれると、人々はまず夜光杯の名産地である酒泉のことを思い出す。

　シルクロードに沿って伝わってきた宗教文化がこの土地に花を咲かせた。イスラム教は同省の主要宗教で、最盛期には３０００近くのイスラム教寺院があった。１９６６年からの文化大革命期間中にだいぶ破壊されたが、いまでも往時の面影をしのばせる主要寺院として、張家川清真大寺《ちょうかせんせいしんだいじ》、徽《き》県の東関清真寺、同省内最古とされる天水《てんすい》の

世界遺産　莫高窟

北関清真寺、4000人が礼拝できる臨《りん》夏《か》の南関清真大寺、各地のイスラム教信者に大きな影響をのこした蘭州の西関清真寺などがあげられる。

平涼《へいりょう》の崆峒山《こうどうさん》が古代から黄帝が道教をきわめるためにこの山を訪ねたことがあると言い伝えられているほど、道教発祥の地の一つとしても有名だ。濃蔭寺《のういんじ》、蘭州の金天観など道教の名勝地もある。

カトリック教も古くから同省に布教している。マルコ・ポーロの『東方見聞録』によれば、元《げん》の時代に甘州（現・張《ちょう》掖《えき》）にすでに壮麗なカトリック教の教会が二つもあったという。

しかし、同省にもっとも華麗な宗教の花を咲かせたのはやはり仏教であった。

前秦時代の364年頃、仏教はすでに同省に伝わっており、その頃つくられた仏教施設も多数ある。敦煌の莫高窟（千仏洞）などはその代表である。天水の東南25キロにある麦積山《ばくせきざん》には、北魏《ほくぎ》から清《しん》までの長い期間につくられた200近くの石窟《せっくつ》と7000以上の仏像があり、「東方の彫刻館」といわれるほど有名である。現在も1900の石窟がのこる炳霊寺《へいれいじ》は、西晋《せいしん》から北魏、隋《ずい》、盛唐にかけて仏教の聖地であったが、いまは蘭州観光において重要なビューポイントとなっている。瓜州県の楡林窟《ゆりんくつ》は隋・唐の時代にできたものとみられるが、仏教を通しての漢民族と西夏《せいか》・蒙古《モンゴル》族との文化交流を反映している。ほかに横に臥している仏像として中国最大といわれる張掖の大仏寺などがある。

甘粛省の面積は45万4300平方キロ。黄土《こうど》高原、内蒙古《ないもうこ》高原、青海高原の交差するところに位置し、山地型の高原である。海抜が高く、ゴビ砂漠が広く分布し、浸食現象が深刻な地域として知られる。西南部には氷河もある。黄河の西にあり、砂漠と山に挟まれ狭くなっているところは著名な河西回廊。主要山脈には祁連山、隴山《ろうざん》、岷《びん》山《ざん》などがあげられる。砂漠地帯は主にバダイジャラン、テンゲリ及び河西回廊の新旧川筋の両岸にある。内陸の奥地に位置する同省は非常に乾燥しており、降水量が少ない。春、夏は昼と夜の温度差が大きい。

省名は北魏にできた甘州と隋代に設置された粛州（現・酒泉）に由来する。西夏の時代にはじめて「甘粛郡」がもうけられ、元代に甘粛行中書省ができた。以来甘粛は省名となった。略称が甘となったのもそのためだ。いっぽう、同省の領域の大半が隴山の西にあるから、古代に隴西郡または隴右郡が設置されたこともある。そのため、「隴」も同省の略称になっている。

省都・蘭州市は面積1万4000平方キロ。その歴史は紀元前86年にまで遡《さかのぼ》ることができ、古くは金城と呼ばれた。中国では珍しく帯状の都市で、東西は五十数キロもあるのに対して南北は一番狭いところで約5キロである。

同省は有数の非鉄金属の生産地としても知られている。河西回廊の東側にある金川《きんせん》集団有限公司は中国最大の非鉄冶金《やきん》企業で、ニッケルの埋蔵量で世界三位を誇る大鉱山を擁する。その所在地の金昌《きんしょう》市も「中国のニッケルの都」と呼ばれるほどだ。アルミ精錬産業も発達している。中国最初の原子炉、最初の衛星発射センターも同省にあるが、汚染がひどくエネルギーと資源の使用量が多いのを特色とする企業が多い。同省の経済構造はかなり歪《いびつ》なところがある。2006年の時点で、国と国有企業の投資が全投資額の80％を占め、民間からの投資はわずか20％だ。しかも投資の効率も悪い。「固定資産への投資を16％増やしたのに対して、成長率はなんと10・6％だ」という同省トップ幹部の指摘には、憤《いきどお》りを通り越してある種の諦《あきら》めに近い絶望感がにじんでいる。

しかし、砂漠の省というイメージのように深刻な水不足に苦しんでいる。製造業などの将来性は疑問視されている。観光業などに力を入れても限界がある。省全体のGDPにしても、一人当たりGDPにしても最低組に入っている。厳しい試練がこれからも続く。

青海省《せいかい》

——青海湖保護に力を入れ始める

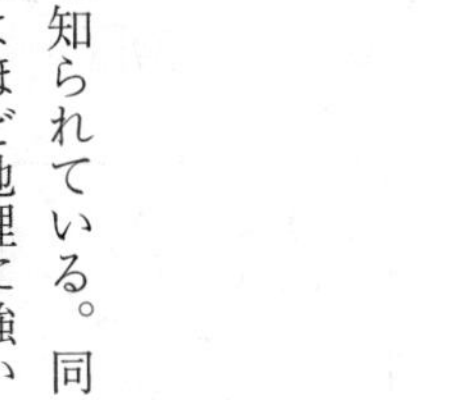

青海省はチベットと並ぶ中国最貧困の省として知られている。同省の省都はどこなのかと聞かれると、中国人でもよほど地理に強い人でなければ、とっさには答えられないだろう。しかし、それでも青海省について知っていることをたずねれば、間違いなく青海湖と返ってくるはずである。

青海湖。澄み切った青空に綿のような白い雲が漂う。見渡すかぎりの高原に、太陽光を反射するブルーの水面。無数の野鳥が飛び交い、海辺のような潮の香りが快く鼻の奥を刺激する。夏になると大草原が緑一面に地平線まで延び、野花が咲き乱れ、少数民族の遊牧民のパオが点在しており、あちらこちらに羊の群れが見える。遠くから遊牧民の歌声が風に乗って伝わってくる。紺碧《こんぺき》の水は青海高原に嵌《は》められたサファイ

アのごとく輝き、美しい絵のような景色だ。青海湖はその名のとおり青い海のように美しい湖で、鳥の天国でもある。

日月山《にちげつさん》の麓《ふもと》にある青海湖は、中国最大の内陸塩水湖で、含塩度は6％である。湖面の海抜が約３１００メートル、面積が４５００平方キロ前後、日本の琵琶湖《びわこ》の約6倍に相当する。周囲が３６０キロ、平均水深が19メートルある。青海省の名前もこの紺碧の湖に由来する。

チベットや青海省と聞くと、不毛の地と思われがちだが、実は雪山、氷川、湖、沼があり、小川が流れる大草原と湿地が広がり、水源豊かな地である。省内を流れる集水面積500平方キロ以上の河川は270を超える。長江も黄河も同省を水源地にしており、ほとんどが海抜4000メートル以上の祁連《きれん》山脈には3306の氷河がある。蒙古《モンゴル》語で「青い山」という意味の可可西里《ホフシル》山、ブルハンブダイ山脈、日月山を境に、それより南は黄河、長江、瀾滄江《らんそうこう》の三大水系に、北は柴達木《チャイダム》河、青海湖、哈《ハ》拉《ル》湖、祁連山と可可西里山の水系に分かれる。湖も多く、水面面積が0・5平方キロ以上の湖は439を数え、祁連山湖群、柴達木湖群、長江水源・可可西里山湖群、黄河湖群の四大湖群に分かれる。水資源が豊富なので、流れが急で落差が大きい黄河上流に竜羊《りゅうよう》峡《きょう》、李《り》家峡《かきょう》などの水力発電所がある。いっぽう、青海湖に注ぎ込む川は108もあり、海のように広い高原の湖を形成している。

しかし、青海省の象徴とされるこの高原のサファイアは、実は楼蘭《ろうらん》を滅ぼしたロプノールに似た運命に見舞われている。1960年代から、食糧生産を至上命令とした政策で、青海湖周辺にある多くの草原が農地として開墾され、土地の浸食が日増しに深刻化し、草原の砂漠化が進み、自然環境が大きく破壊された。現在、青海湖に流れ込む川の多くがすでに干上がってしまい、布哈河、泉吉河、黒馬河など比較的大きな川も時々川底を見せるほど断流する。その影響で青海湖の水位も毎年10センチ以上下がっていく。湖の面積もかなり縮小した。50年代4568平方キロだった湖面面積が、2000年に4256平方キロになり、50年間で312平方キロも減った。一方、もともと省全体は乾燥地帯に属し、激しい風が黄沙《こうさ》を巻き上げて吹く日が多い。川が干上がると砂漠化の危険にさらされ、すでに全流域の4・2%が砂漠化し、柴達木盆地と共和盆地についで同省内三番目の砂漠地域となっている。

青海湖に産する湟魚《こうぎょ》（裸魚ともいう）は、地元では有名な食材である。産卵期になると、湟魚は湖に流れてくる淡水の川を遡上《そじょう》して産卵地に行く習性がある。しかし、川に建てられた灌漑《かんがい》用の用水堰《ようすいぜき》には、魚が遡上できる通路が設けられていない。そのため多くの魚たちは遡上できずに死んでしまう。それと同時に、濫獲《らんかく》現象も深刻化する一方だ。

貴重な自然を守るために、中国政府は国家級のプロジェクトとして、青海湖の湿地保護プロジェクトを2001年に全面的にスタートさせ、50年代から開墾された農地の一部を草原に戻すなどの方法で青海湖の保護に力を入れた。青海湖の鳥島およびその周辺の湿地帯は、国家レベルの支援保護区に指定されたほか、世界重要湿地リストにも名を連ねた。青海省政府も青海湖における漁獲をいっさい禁じるという保護措置の実施に踏み切った。これまで湖で漁をしていた漁民は職業訓練を受け、漁船を遊覧船に改造して観光ガイドへと転身した。純朴で汚染されていない高原の景色を観光誘致の切り札にしようとする同省の狙《ねら》いがうかがわれる。

ほぼ同時に長江、黄河、瀾滄江の源である中国最大の自然保護区「三江源自然保護区」も2000年からスタートし、さらに03年には省の自然保護区から国家級自然保護区へとランクアップし、05年から一連の保護措置が取られるようになった。

同省はこれまでの工業重視の発展戦略についても大きく転換し、生態と環境の保護も省の執政方針に掲げられるようになった。

同省は地勢が高く、北には祁連山脈と阿爾金山《アルトウン》が、中央には崑崙《こんろん》山脈が、南には唐古拉《タンクーラー》山がならんで省の基本地形をなしている。チベット語で「高原の山」という意味の唐古拉山は、長江、怒江、瀾滄江の水源地でもある。

中華人民共和国が建国されるまで、産業らしい産業はなかったが、50年代から他の省・市の支援を得て、しだいに軽工業、発電、石炭、石油、冶金《やきん》、化学などの産業が形成された。リチウム、モリブデン、アスベストなどの埋蔵量は中国一を誇り、銅、鉛・亜鉛、水銀などの埋蔵量も注目されている。これからの鉱物開発は同省経済発展にとって重要な役割を果たす。

近年、豊富な電力資源と鉱物資源を利用して、電気消費量の大きい鉱物精錬産業の育成に力をいれている。80年代後半操業を始めたマグネシウム、アルミ精錬工場はその典型である。なかでも、青海アルミ工場は中国最大の電解アルミ工場である。竜羊峡から甘粛省《かんしゅくしょう》をへて寧夏《ねいか》回族自治区の青銅峡の黄河上流まで1000キロ近くにおよぶ地域は、電解アルミ、銅、亜鉛、金属シリコン、希土類元素の大生産・輸出基地となりつつある。

いっぽう、同省には原子爆弾を製造した町がある。

省都・西寧《せいねい》市の西北100キロの海北チベット族自治州西海地区に、総面積1200平方キロ近くもある核兵器製造施設がある。中国初の核弾頭はここで開発・生産された。「221工場」と呼ばれたこの施設は、90年代からの民需転換でアルミ工場などに転用され、かつてのベールが徐々に取り除かれ、95年5月に核兵器製造施設としての使命を終えると、町全体も「原子城（核の町）」という新しい名にかわり、観光地として開放されるようになった。広い一帯の中心には原子爆弾をかたどった銀色の碑が建てられており、この町のこれまでの歴史と歩みを物語っている。

チベット族が多数居住する同省には、7世紀頃、ラマ教が伝わり、モンゴル帝国の創建者であるジンギスカンが青海を支配するとラマ教が普及した。ラマ教に改宗した蒙古族の住民も少なくない。明《みん》の時代、ラマ教はトウ族の民族宗教となるなど信仰人口を増やした。

ラマ教はニンマ派（紅教）、サキャ派（花教）、カギュ派（白教）、ゲルク派（黄教）などの教派に分かれた。15世紀以降、ゲルク派はその他の教派を圧倒する仏教勢力に成長し、18世紀半ばごろからチベットの行政権を握るようになった。

400年前の明の時代に建てられた塔爾《タール》寺は西寧市近郊にあり、ゲルク派の発祥の地とされ、ラマ教の六大寺院の一つとして名高い。同寺には、ラマ教の宗教人材を養成するチベット語仏学院もある。ちなみに、ラマ教の六大寺院は、哲蚌《デプン》寺、甘丹《カンデン》寺、色拉《セラ》寺、扎什倫布《タシルンポ》寺と青海省の塔爾寺、甘粛省の拉卜楞《ラブラン》寺を言う。

イスラム教も同省に入ってから700年以上になる。ジンギスカンの西征軍についてきた中央アジア人が同省に定住し、イスラム教が根を下ろすこととなった。西寧市東関清真大寺は西寧市で最大の古代建築物で、西北地区の四大イスラム寺院の一つとして知られる。

寧夏《ねいか》回族自治区

——中国最大のイスラム自治区

乾いた土色の段々畑が山のてっぺんまで続く。蕎麦《そば》の花が遠慮がちに、しかし健気《けなげ》に咲いている。褐色の山に囲まれた盆地に村がある。夕暮れの靄《もや》が漂う中、犬が興奮して吠《ほ》えながら帰宅する主人を迎える。一日の耕作を終えた牛が列を成して村に通じる小道を急いでいる。山の上から勾配《こうばい》の大きい険しい獣道をたどって羊たちも降りてくる。村のあちらこちらから食事を作る炊煙が立ち上る。山の風も心なしか肌寒く感じる。やがてモスクからの夕方のアザーン（礼拝への呼び掛け）があたり一面に響き渡る。

盆地の生活音がこだまして伝わってくるのを聞きながら、黄土高原を吹き渡る風に吹かれつつ、夜の帳《とばり》がゆっくりとおりていくのを肌で感じる。この乾いた大地の呼吸と化した人間の営みに感心し陶酔した旅人がどれほどいただろう。

そこは中国のイスラム社会と見なされる寧夏回族自治区だ。同自治区は面積が６万６４００平方キロで、中国では一番小さい省レベルの行政区である。西北地区の東部、黄河の上流に位置する。漢民族が大多数を占めるが、自治区の主体は総人口の33％を占める回族である。その意味では、同自治区は中国国内で最大のイスラム社会を成していると見ていいだろう。

区内は賀蘭《がらん》山地、オルドス高原、黄土《こうど》高原、六盤山地など、山地と高原が主で、平野は4分の1にすぎず、砂漠も全面積の8%を占める。地勢は南が高く、北が低い。

寧夏平原は1万7000平方キロで、海抜1100メートル以上、青銅峡《せいどうきょう》によって南と北の二つに分かれ、南は衛寧《えいねい》平原で、北は銀川《ぎんせん》平原である。蒙古語で「駿馬《しゅんめ》の山」を意味する賀蘭山は、険峻《けんしゅん》な山々で騰格里《テンゲル》砂漠の東への移動を阻止しつつ、西北から流れてくる寒風を遮断し、銀川平原の天然の屏風《びょうぶ》となっている。黄河の水を利用して灌漑《かんがい》を盛んに行う歴史を2000年以上ももつ寧夏平原は砂漠に囲まれているが、黄河の恵みを満喫する肥沃《ひよく》な耕地が広がり、緑が多く、「塞上《さいじょう》の江南《こうなん》」という美名で知られる。

自治区の南部は黄土高原の一部をなし、海抜1500メートル以上。黄土高原にそびえ立つ六盤山は涇河《けいが》と渭河《いが》の分水嶺《ぶんすいれい》でもある。河川はいずれも黄河水系に属し、黄河のほかに、清水河《せいすいが》、苦水河、葫蘆河《ころが》などがある。平均年間降水量は100～400ミリ。気候は非常に乾燥している。黄土高原の末端にある西吉県、海原県、固原《こげん》市を指す西海固地域は降水量が極端に少なく、中国屈指の貧困地域として知られる。

同自治区は、古くから回族の流入によって回族の主要居住地となり、イスラム教も同時に広がり、唐、宋《そう》、西夏《せいか》時代にはすでにイスラム教が盛んであったことが確認されている。

しかし、イスラム教の地位が確立するまでさまざまな紆余《うよ》曲折があった。西夏王朝（1038〜1227）は仏教を国教と定め、数万人を動員して「大蔵経」を納めるための寺院・承天寺（銀川西塔ともいう）を建てた。西夏とは11世紀に興《おこ》り、13世紀ジンギスカンに滅ぼされるまでの約200年間、この地を制覇した王朝である。その領土は最盛期に現在の寧夏、陝西《せんせい》省北部、甘粛《かんしゅく》省西北部、青海《せいかい》省東北部、内蒙古《ないもうこ》の一部を覆《おお》っていた。漢字をもとに西夏文字をつくるなど独特の文化をもち、宋、遼《りよう》、金と数回も戦火を交えたことがある。元代に大勢の回族が寧夏に定住することにより、イスラム教が同地区最大の宗教という地位を確立した。現在は、「中国のイスラム省」という別称もあるように、同自治区は世界中のイスラム国家と密接な関係を保っている。

中国のイスラムとされる回族は、回回ともよばれ、広西《こうせい》チワン族自治区のチワン族についで、中国で二番目に人口が多い少数民族である。約7世紀頃、通商のため中国にやってきたアラビア商人たちの一部がそのまま中国にのこり、回族として新しい民族を形成した。回族の居住には「大分散、小集中」という傾向がみられ、少数民族のなかで分布範囲がもっとも広い民族である。寧夏、甘粛、河南《かなん》、河北、山東《さんとう》、新疆《しんきよう》、雲南《うんなん》、青海などの省・自治区に回族がとくに多い。しかも、遥《はる》かに離れて居住しているのに、互いに親族関係をもっている場合もよくある。西海固地域の住民が車に数日間揺られながら、墓参りのために遥々と雲南省に詣《もう》でるのもそのためである。イスラム教を信仰する回族は、小集中を保つことによって、服装や言語などまわりの居住環境に同化するにもかかわらず、冠婚葬祭、飲食習慣など、イスラム教義や民族文化にかかわる面では、終始みずからの伝統を守りぬき、鮮明な民族の個性をみせている。白い帽子をかぶることは、回族の服装上唯一《ゆいいつ》の印といえよう。なお、日常用語の中には、アラビア語の名残と思われる語彙《ごい》ものこっている。イスラム教は回族内部の団結を強化し、同化を逃れる精神的なよりどころとなっている。

文化大革命中、宗教活動は一時厳しく弾圧されて禁止されたが、現在では再開し、2000以上のイスラム寺院が開放されるようになった。同心清真大寺は明《みん》代に建てられ、現在同自治区内でもっとも歴史の古いイスラム寺院である。

歴史上、秦《しん》代は北地郡、漢代は朔方《さくほう》刺史部となり、唐代は関内道に属し、宋代は西夏と秦鳳《しんおう》路に分かれ、元代は寧夏路が設置されたが、甘粛と陝西に分属した。明代には寧夏府（後に寧夏衛）が置かれ、陝西に属した。清代に再び寧夏府が復活し、甘粛省に属したが、1928年に寧夏省が設置された。中華人民共和国建国後、いったん内蒙古自治区と甘粛省に編入されたが、1958年に元甘粛省の銀川地区と固原、呉《ご》忠《ちゆう》の二つの回族自治州を中心に同自治区が設立され、現在にいたる。

国教がなく共産党が支配する社会主義の中国は、宗教とはあまり縁のない国のように思われがちだが、実際には多宗教国家で、2005年に行われた「当代中国人宗教信仰調査」によれば、16歳以上の中国人のなかで宗教的信仰をもつ人は31・4%で約3億人もいる。中国政府が公式発表で認めた「約1億人」という統計を大幅に上回った。そのうち、仏教、イスラム教、キリスト教、道教の信者が圧倒的多数の67・4%だ。ただ、民間信仰や公式の統計に現れないミニ宗教団体や、正式に登録していない宗教活動もかなりあるため、実際の宗教信仰者はもっと多いだろう。とくに近年、社会主義に対する信仰が薄れ、人々は心の支えを宗教に求める傾向を強めているので、宗教人口も宗教団体も活動の場所も増え続けている。

中国には宗教を支える土壌が豊かにある。かつて中国とイスラム社会は豊かな先進国であった。西域を横断するシルクロードとインド洋と中国沿岸を結ぶ海のシルクロードを通ってイスラムの文化と文物が中国に集積した長い時期があった。

中国にイスラム教が伝来したのは紀元7世紀頃である。イスラム教は回族、ウイグル族、カザフ族など主に少数民族の間で信仰されていて、信仰者数は1800万人、イスラム教を奉ずる宗教家は4万人とされる。イスラム教は、スンニ派とシーア派に大別されるが、中国のイスラム教徒はスンニ派に属している。全国団体として、1953年に「中国イスラム教協会」が設立された。

自治区首府・銀川市は、自治区と市の官公庁が集中する旧市区と工場や企業が集まる新市区に分かれる。悠久の歴史をもつ都市で、秦代には北地郡に属し、南北朝に北典農城が建設され、黄河を利用する灌漑がおこなわれている。現・銀川の旧城は唐代につくられ、新城である満城は清代に建てられた。西夏時代に興州（興慶府）と呼ばれ、190年間、都が置かれた。

鉱物資源は豊富であるが、開発水準はまだまだ低い。沿海部の先進地域との比較はさておき、全国水準とくらべて遅れていると指摘される西北地区の五つの省・自治区のなかでも立ち遅れが目立つ。

石炭、鉄、金、石膏《せっこう》などの鉱物資源には恵まれている。とくに石炭資源が豊富で採掘しやすい構造になっている。「太西石炭」が代表する無煙で燃えカスが出ない高純度の「無煙炭」が多い。現在は同区とベトナム国境地帯でしか採掘できない、「黒い金」と呼ばれるほど貴重な種類の石炭になっている。同石炭資源を保護するため、寧夏はその採掘を制限する法律を制定している。賀蘭山麓《さんろく》に前後して石嘴山《せきしさん》、石炭井《せい》など炭鉱が開発されている。石膏資源も埋蔵量が中国一で、機械による大規模な採掘が可能である。

同区は近年、炭鉱、発電所、石炭化学加工をメインとする寧東エネルギー化学工業基地、石嘴山―銀川―呉忠を中軸線としたレアメタルや新素材などの開発を目的とする新材料産業基地の育成に力を入れている。石嘴山製鉄所、青銅峡水力発電所など大手企業がある。石油・天然ガス開発も進んでいる。地元の豊富な電力資源を東部地域に送る「西電東送」プロジェクトの重要な火力発電基地のひとつになっている。豊富な鉱物資源の有効利用と経済水準の効果的向上が、同自治区のこれからの課題である。

イスラム系料理は羊肉や牛肉を食材とするため、良質の長い羊毛で知られる羊の名種・灘羊《たんよう》、沙毛山羊《さもうやぎ》をはじめとする多くの家畜を飼育しており、牧畜業は同自治区の経済発展に大きく寄与している。近年、食肉用の養牛、酪農、兎《うさぎ》の飼育も盛んになり、牧畜業のさらなる発展が望まれる。

同自治区は1950年代半ばまで鉄道がなかった。1958年の内蒙古・包頭《パオトウ》～甘粛省・蘭州の包蘭線の開通によって、鉄道のない歴史に終止符がうたれた。石嘴山、銀川、青銅峡などを経由する同鉄道線は、いまでも同自治区の交通の大動脈である。現在建設中の太中銀鉄道は総延長375キロで、山西《さんせい》省太原市から寧夏回族自治区中寧県を経由して銀川市に至る新動脈である。開通後には、西北地区と華北地区を連結するもっとも便利な鉄道線となる。同区内の物流のニーズを満たすための寧東基地鉄道も建設が進められている。

鉄道が発達していない同自治区では、主要な交通手段はやはり自動車道に頼っている。80年代以降、自動車道の全長の延伸が大きい。葉盛黄河大橋の完成によって、包頭〜蘭州の包蘭自動車道、銀川〜平羅《へいら》の銀平自動車道など四つの幹線自動車道の接続がよくなり、高速道路も目を見張るほど延びている。農村部では舗装道路も急ピッチで工事が進められている。

山の斜面にある農地をその耕作を止《や》めて森に戻す動きが2000年から続き、懸命に進められている。植林活動によって生活環境とライフラインを何とか保っている。砂漠の浸食から農地を守るのに成功した中衛《ちゆうえい》防砂林、砂漠化を食い止めるため現在植林活動が続けられている国家的プロジェクト・三北防護林、国連の援助をうけてできた西吉防護林、進行中の銀西防護林プロジェクトなどからも分かるように、同自治区の林業活動のほとんどは砂漠との戦いとみてよい。

井上靖の『蒼《あお》き狼《おおかみ》』(新潮文庫)に描かれたような、厳しい自然と共存しながらも21世紀の未来像を描こうとする同自治区は、まだ長い道のりを歩まなければならない。

新疆《しんきょう》ウイグル自治区
——独立運動を警戒する異国情緒豊かな辺境の地

灼熱《しゃくねつ》の太陽に照りつけられたゴビ砂漠を彷徨《さまよ》った車がようやく緑豊かなオアシスに辿《たど》り着き、木陰から漂ってくる涼しさと湿気が乾燥しきった肌の表面を優しく潤《うるお》すとき、ほかでは何も感じなかった自然のやさしさに、おそらくどの旅人も感激することだろう。

たわわに実る葡萄棚《ぶどうだな》が続く凸凹《でこぼこ》の砂利道を、ロバが引く車が気だるそうに進んでいく。小道のそばに何気なく目をやると、地面のところどころに穴があり、そこから水の湿気と涼気が伝わってくる。のぞきこむと、穴の下は暗渠《あんきょ》となっていて、冷たい水がこの暗渠を通って四方八方へと滔々《とうとう》と流れていく。直射日光に当たらないので、その分余計な蒸発も避けられ、水の冷たさを維持できるようだ。

実は、これが新疆の代表的な風景の一つである。この暗渠は「坎児井《カレーズ》」と呼ばれ、

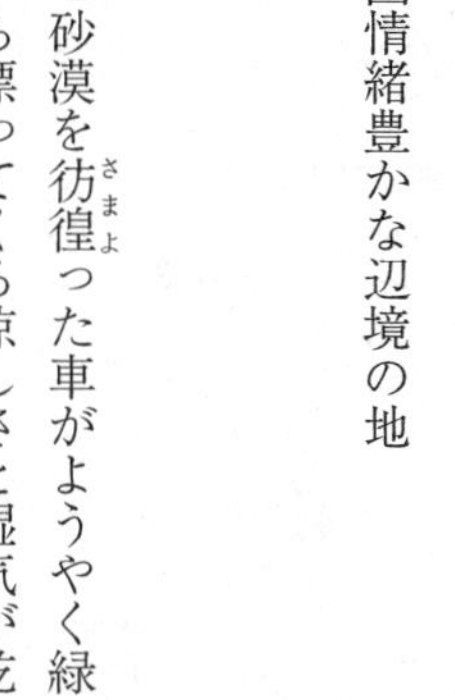

オアシス、とくに吐魯番《トルファン》や哈密《ハミ》でよく見られるもので、砂漠に生きる民の生活を支える重要な水利施設である。

カレーズはペルシャ語で地下水のことをいう。天山《てんざん》の麓《ふもと》から吐魯番のアイディン湖まで標高差が１４００メートルもあるため、人々はこの勾配《こうばい》を利用して天山の雪解け水をカレーズを通して引いてきて、生活用水と農作物の灌漑《かんがい》に利用する。昼間の地表温度が摂氏70～80度まで上昇する真夏でも冷たく美味《おい》しい水が利用できるこの施設は、まさしく砂漠の民の知恵だといえよう。

新疆ウイグル自治区は中国大陸の最西北部に位置する。自治区首都は烏魯木斉《ウルムチ》市。全人口の47％前後がウイグル族で、カザフ族などその他の少数民族をいれると、全人口の3分の2が少数民族である。

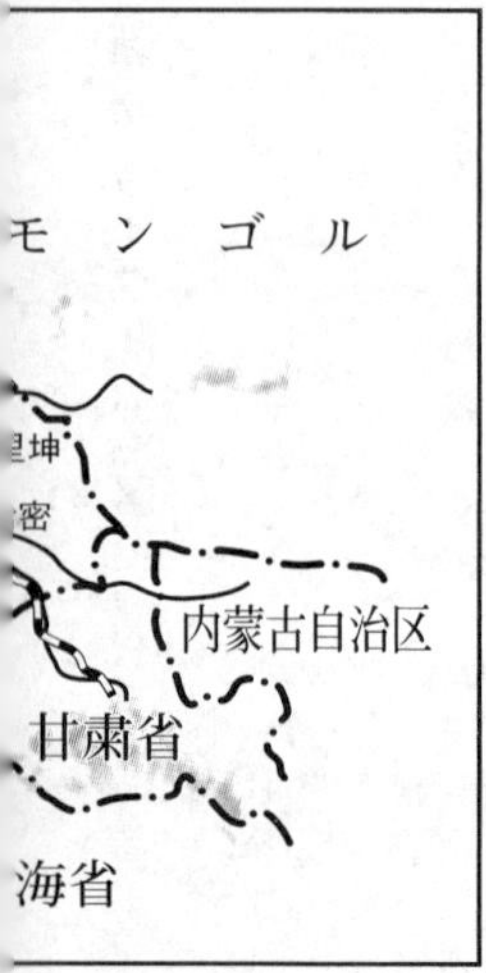

新疆の地形は三つの山脈が二つの盆地を囲んでいるという表現で説明できる。三つの山脈とは平均海抜３０００メートルの北部のアルタイ山脈、平均海抜４０００メートルの中部の天山山脈、平均海抜５０００メートルの南部の昆崙《こんろん》山脈の

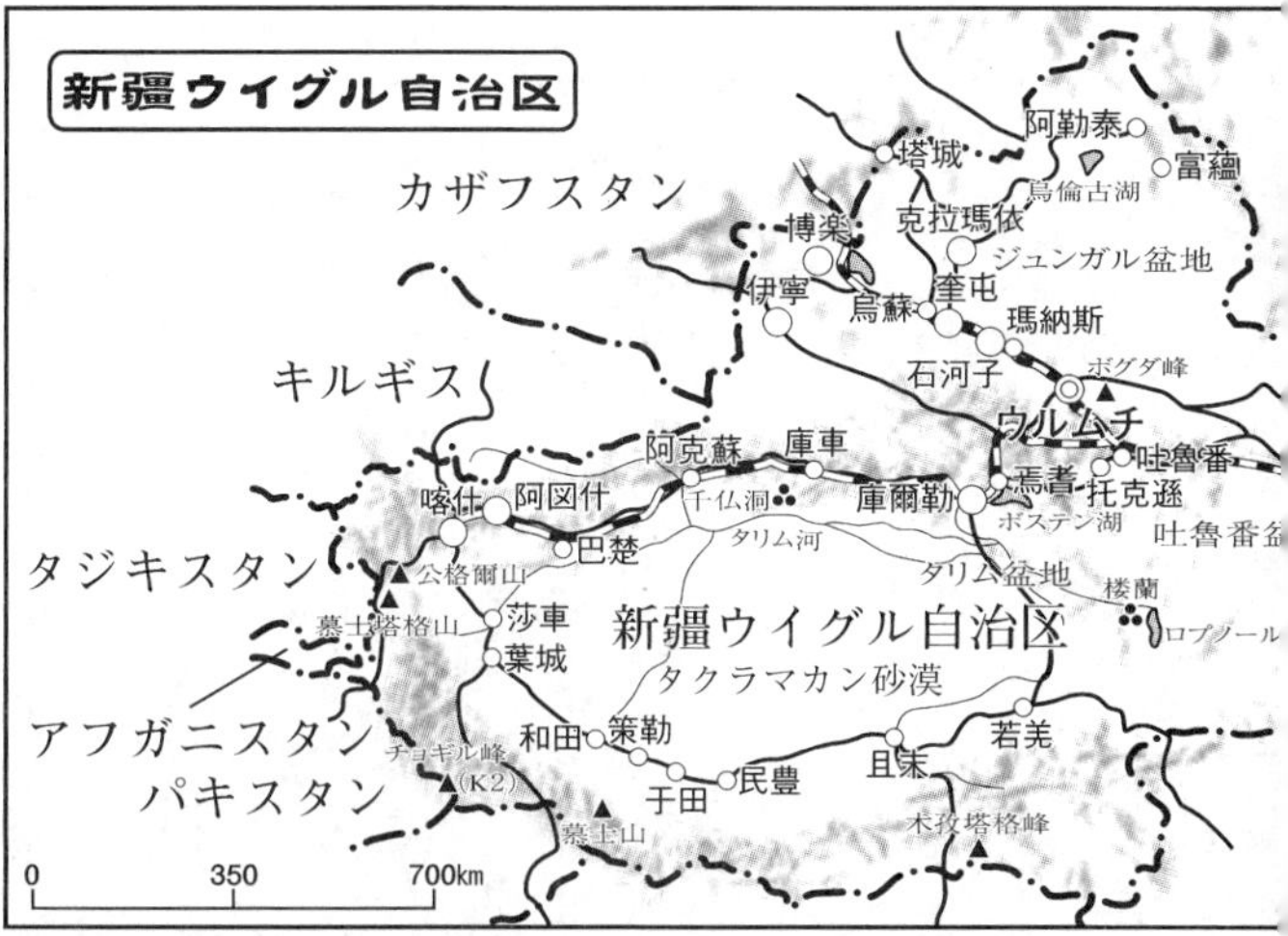

ことをいう。天山山脈と昆崙山脈のあいだに東西の長さ１１００キロ、南北の幅５００キロ、総面積約53万平方キロもあるタリム盆地が広がる。天山山脈とアルタイ山脈に囲まれているのは、総面積三十数万平方キロのジュンガル盆地である。

雪をいただく山々と氷河は５００以上の川の源となり、無数のオアシスをつくりだす。ただし、川のほとんどは海に流れ込まない内流川である。全長２１７９キロあるタリム河は新疆最長の川というだけでなく、中国一長い内流川でもある。カザフスタン領内のバルハシ湖に注ぎ込むイリ河は全長１５００キロ、27の支流をかかえ、新疆で水量がもっとも多い川である。アルタイ山脈を源にするエルテイシ川はロシア領内のオビ川に流れ、北氷洋のオビ湾で海にそそぐ。中国で唯一《ゆいいつ》の北氷洋水系の川である。

25％の土地が砂漠で、その面積は中国の砂漠総面積の6割を占め、なかでも約33万平方キロあるタクラマカン砂漠はアフリカ大陸北部にあるサハラ砂漠に次いで世界で二番目に大きい。昆崙山脈にあるチョギル峰（K2《ケーツー》）は海抜8611メートルで、世界で二番目に高い山として知られる。一方、吐魯番にあるアイディン湖は海より154メートルも低い。これは中国でもっとも海抜が低く、世界でもヨルダンとイスラエルの国境に細長く横たわる死海に次いで二番目に低い。天山山脈の麓にあるボステン湖は新疆の漁獲量の3分の1をになう。

また、新疆は台湾、チベットにつぐ地震多発地域でもある。

漢・唐の時代から清《しん》の時代まで、新疆は「西域《せいいき》」と呼ばれてきた。中国古代の通商ルートであるシルクロードも新疆領内を通っていたため、多くの中国人にとって西域という地名には古代のロマンと悠久の歴史のイメージがこめられている。

紀元前60年の西漢の時代に、西域に都護府《とごふ》がもうけられ行政を行使している。清の時代の1884年に、新疆省が設置される。中華人民共和国建国後、少数民族の権益を考え、1955年に新疆省を新疆ウイグル自治区にかえた。

元の時代に現在の自治区首都は「美しい牧場」を意味するウルムチと呼ばれるようになる。1758年、清の政府はここに大規模な建築工事を行い、地名を迪化《てきか》と改める。1882年から省都となり、1954年、地名はまたウルムチに改称される。ウルムチ市は面積1万1000平方キロ、人口159万人。

新疆は面積が中国最大の行政区画で、モンゴル、ロシア、カザフスタン、アフガニスタン、パキスタン、インドと国境を接し、国境線が5700キロにおよび、中国一をほこる。習慣上、人々は天山を中心に天山以南を南疆、天山以北を北疆、哈密、吐魯番一帯を東疆と呼ぶ。ウイグル族、カザフ族、キルギス族など47の民族が居住し、多民族間の関係問題が新疆の重要な課題である。現在、少数民族幹部は46％に達し、公用語も漢語、ウイグル語、その他の少数民族言語の共用が徹底されている。

イスラム教を信仰する民族が多く、新疆にはイスラム寺院など宗教活動拠点が1万3000以上、イスラム教協会、イスラム経学院なども存在する。中でも喀什《カシュガル》のエティガール寺院、庫車《クチャ》の庫車大寺が同自治区内のイスラム寺院として非常に有名だ。

新疆での少数民族の独立問題は歴史問題や国際政治問題とも絡《から》み、長く燻《くすぶ》っている。1959年と62年に国境地帯に居住する多くの住民が旧ソ連に逃亡する事件があった。現在でも新疆と隣接する国々やドイツ、アメリカに活動拠点を置く独立勢力が存在しており、彼らは新疆を「東トルキスタン」（中国語では「東突」と略される）として分裂・独立させようとしている。近年、その活動が頻繁となる動きを見せている。そのなかで特に注目されているのが「世界ウイグル代表者会議」とアフガニスタンのアルカイダの基地で武装闘争の訓練を受けた「東トルキスタン解放組織」など武装闘争派組織である。

こうした動向に警戒心を強めた中国政府は、２００１年、ロシア、カザフスタンをはじめとする中央アジアの５カ国と上海《シャンハイ》でイスラム原理主義による独立運動とテロ活動に対する抑制について共同作戦を行うと意思確認をし、上海協力機構（ＳＣＯ＝Shanghai Cooperation Organization, 中国語では「上海合作組織」）をスタートさせた。同年９月11日、アメリカで同時多発テロ事件が発生したあと、中国政府は新疆独立勢力との対決姿勢をさらに強め、新疆で大規模な軍事演習を行った。以降、ロシアなど「上海協力機構」の加盟国内でもテロ活動抑制を内容とする軍事演習を繰り返している。

ちなみに、１９９６年に中国と旧ソ連４カ国（ロシア、カザフスタン、キルギス、タジキスタン）が集まった「上海５《ファイブ》」がＳＣＯの前身である。

国際的には関連国とのこうした連携を強化すると同時に、中国政府は、改革・開放政策の深化で新疆の住民、とくに少数民族の住民の生活水準を向上させることで、分裂活動の支持層の拡大を阻止しようとしている。その措置の一つは新疆建設生産兵団（地元では兵団と略される）の強化と活用だ。

1954年に設立された生産兵団は中国人民解放軍の野戦部隊を前身とし、工業・農業・建築業・運輸業・商業・教育・医療に従事する準軍事組織である。伊犁《イリ》、阿克《ア》蘇《ク》《ス》、哈密、和田《ホータン》、吐魯番、喀什、ウルムチなど14の地区・州・市に14の農業師団を設立し、171の農場・牧場をもうけている。後漢王朝時代にあった屯田部隊の現代版だといえるだろう。行政的には新疆ウイグル自治区の管轄《かんかつ》下にあるが、兵団の日常運営や人事権、さらに兵団管轄下の都市の企画、発展などは中央政府に直轄する。新疆の経済活動を語る際や、国境地域の安定を見るとき、兵団は無視できない大きな存在だ。

現在、兵団の総人口は約250万人、漢民族が9割近くだが、イスラム教を信奉するウイグル族、カザフ族、回族などの少数民族も25万人ほどいる。1000万ヘクタール以上の耕地、270万ヘクタール以上の牧草地、炭鉱、鉄鉱などの鉱山資源を擁し、紡績、製糖、セメント、革製品などの産業をもつ。全体から見れば農牧業をメインとする生産集団だと言えよう。綿の生産量が中国全土の生産高の約6分の1に相当する。

兵団には、八一《はちいち》農学院、石河子《せきがし》医学院、塔里木《タリム》農墾大学などの大学もある。60年代、10万人前後の上海の青年が新疆に移住し、兵団の基本メンバーとなった。現在でも兵団内ではよく上海方言を耳にすることができる。

しかし、外資を導入する際には、兵団の名義では軍直轄の企業だと誤解されてさまざまな不都合が生じ、多くのビジネスチャンスを失った。そのため、2001年に中央政府の許可を得て、新建集団という中央直轄の大型国有企業グループに改造された。ただし、これはあくまでも対外的なもので、行政上も組織上も同兵団は依然として新疆建設生産兵団のままである。

90年代に入ってから、国境貿易が盛んにおこなわれ、新疆の経済に活気をもたらしている。カザフスタンに通じる国境の町には中央アジア各国の商人と中国各地からやってきたビジネスマンがあふれ、中国側は化学肥料、銅、鉄鋼、アルミを買いいれる一方、ビールなどの酒、雑貨、運動靴など食品と軽工業製品を輸出している。新疆の経済をより迅速に発展させるために、北京《ペキン》の中央政府と自治区政府は外国の資本誘致に力をいれている。またシルクロード人気で外国観光客が大幅に増え、重要な外貨収入源となっている。

鉱物資源が豊富で、石炭の埋蔵量が中国全体の3分の1以上あり、ベリリウム、リチウム、白雲母《しろうんも》などの埋蔵量も中国で一、二を争う。開発はすでにはじまっており、経済を支える基礎産業となりつつある。

近年、とくに石油・天然ガスなどエネルギー産業の発展がめざましい。外資の導入をはじめ、タリム油田やカラマイ油田の開発に力をいれ、93年に石油の産出量ははじめて1000万トンの大台を超えて中国四位の地位を確保した。それ以降もガス田などの開発により、中国の新しいエネルギー基地としてその地位が急上昇している。2007年、新疆で産出した石油と天然ガスの合計量が4494万トンに達し、初めて大慶油田を上回って全国一になった。

エネルギー大省としての新疆の地位が確立されたため、西部の天然ガスを中国東部沿岸地域に輸送する「西気東輸《せいきとうゆ》」と呼ばれるプロジェクトが始まった。ちなみに、この西気東輸プロジェクトは三峡ダムプロジェクトの後、構想された巨大プロジェクトで、長江の水を黄河以北の渇水地域に送る「南水北調」、西部にある豊富な電力を電力需要が高い沿海の東部に送り込む「西電東送」、青海省とチベットを結ぶ青蔵鉄道と並ぶ国家プロジェクトの一つである。

西気東輸の第1ルートは、タリム盆地の克拉2号ガス田から天然ガスを上海に送るパイプライン総延長約4000キロで、04年に全区間完成し、天然ガスの供給も開始している。

08年から、西気東輸の第2ルートの幹線パイプラインの敷設《ふせつ》が始まった。幹線1本、支線8本からなる第2ルートは、新疆ウイグル自治区国境の町・霍爾果斯《ホルゴス》で北東アジア初の国際パイプライン「中央アジア天然ガスパイプライン（トルクメニスタン～ウズベキスタン～カザフスタン）」を経由して送られてくる天然ガスを受けて、パイプライン沿線にあるガス田から産出される国産天然ガスを吸い上げながら西気東輸第1ルートと一部並行して寧夏《ねいか》回族自治区の中衛で黄河を渡った後、第1ルートとわかれ、西安や南昌などの都市を経由して、広州に到達する。パイプラインの総延長は8794キロで、2010年に天然ガスの供給を始める予定だ。

エネルギーを供給する重要な基地となった新疆は、鉄道建設もピークを迎えた。1965年、全長1904キロの蘭新《らんしん》鉄道が開通したことで、新疆はようやく鉄道のなかった歴史に終止符をうった。80年代に南疆鉄道が完成、90年代にウルムチからカザフスタンの首都アルマトイに通じる北疆鉄道が開通したことにより、江蘇《こうそ》省の港湾都市連雲港《れんうんこう》からオランダの港湾都市ロッテルダムにつながる、世界でもっとも長い鉄道の実現が現実味を帯びてきた。

０８年現在、新疆では、シルクロードの重鎮である喀什《カシュガル》と和田を結ぶ鉄道新規工事、精河～伊寧《イーニン》～霍爾果斯を結ぶ新疆最初の電気鉄道である精伊霍鉄道を含む６本の鉄道の建設工事を同時に進めている。特に０９年に開通する精伊霍鉄道は伊犁《イリ》産石炭の輸送に欠かせない存在だ。さらに、喀什を終点駅とする中国～キルギス～ウズベキスタンを結ぶ鉄道などの重点鉄道プロジェクトを始める計画だ。２０１０年までに、鉄道の総延長を４０００キロに延ばし、中期目標は７０００キロと定められている。新疆産石油や石炭を運び出す輸送能力を高めるだけではなく、中央アジアと連結する「陸の橋」としても機能させる戦略目標を定めている。０９年に開通する奎北《けいほく》鉄道も精伊霍鉄道と同様に中央アジアに通じる重要な鉄道になる。０８年の金融危機に対する経済刺激策として、在来の蘭新鉄道を新疆から石炭を搬出するための貨物専用線にして、客運専用の新しい鉄道を敷設する計画も進められている。

新疆の葉城《カルギリク》とチベットのアリ地区を結ぶ新蔵自動車道は、昆崙山脈の10の雪山を越え、最高地点は海抜５４３２メートルに達し、全長１２１０キロのうち海抜４０００メートルを超える区間が１０００キロ以上におよぶ。世界最高地の自動車道の一つだといえるだろう。全長６１６キロの中パ自動車道は新疆とパキスタンを結ぶ重要な陸上動脈である。新疆はまた中国で国際自動車運輸路線がもっとも多く、もっとも距離が長い地方である。07年末現在、自動車道総延長は14万5000キロとなっている。農業はいまでも新疆経済の柱である。西北5省（自治区）のなかで、新疆は食糧を他の省（自治区）にもっとも多く供給している。繊維が長い新疆産綿は広く喜ばれ、日本をはじめ海外にも大量に輸出されている。その生産高は中国第二位を誇っており、近年中国最大の綿花産地に成長した。広大な草原をもつ新疆はまた中国有数の牧畜業基地でもある。

雄大な自然で人を魅了する大地として、名所が多い。ウルムチ市の北東約110キロにある天池は標高1910メートルという高地にあり、天山山脈のボグダ峰（海抜5445メートル）を望む、神秘的な美しさをたたえる高山湖である。『西遊記』で孫悟空が大活躍する舞台となった火焔山《かえんざん》は、吐魯番《トルファン》盆地の北側に位置する。火州とも呼ばれる吐魯番では、葡萄溝《ぶどうこう》が青々とした葡萄棚で遠来の客に暑さを忘れさせ、一面にたわわに実る葡萄の房がオアシスのありがたみを教えてくれる。5世紀に高昌《こうしょう》国王によって都が築かれた高昌古城は、『西遊記』の主人公にもなった玄奘三蔵《げんじょうさんぞう》が仏教の経典をもとめてインドにむかう折に立ち寄ったところであった。

そのほかに、紀元前2世紀に建てられ、4世紀の元の時代に寂れたといわれる交河古城、5～6世紀ごろから掘りはじめられ、「西方浄土」などの仏教説話が壁画に描かれているベゼクリク千仏洞などがある。喀什ではモザイクの美しい香妃墓など、全自治区には歴史のロマンに想《おも》いを馳《は》せる名所が多い。観光客としてはなかなか行くことが困難なロプノールはすでに干上がってしまったが、移動する湖として有名である。古代にはその西岸に砂漠の王国楼蘭《ろうらん》があった。井上靖の『楼蘭』（新潮文庫）はこのロプノールと楼蘭を舞台にしている。

香港《ホンコン》

——21世紀も華やかさと金融センターの地位を守り抜けるか

香港はビクトリア湾をはさんで、香港島と九龍《カオルン》に大きく分かれている。夜になると、ビクトリア湾は華やかな光と花火のショーの舞台となる。尖沙咀《チムシャツィ》から眺めると、香港島にそびえ立つ高層ビルが建築の山脈を成しており、建物のライトアップがラジオのアナウンスに従って点滅したり、レーザーの光が揺れたりして、個性的なビルの形の美しさを競い合う。イルミネーションで描き出されたそのスカイラインが星空にくっきりと浮かび上がる。

さらにビクトリア湾から花火があがり、夜空に色とりどりの花を咲かせ、幻想の世界に誘い込む。花火が消える度、企業広告の鮮明なネオンが夜景と花火のショーを楽しむ人々のまぶたの奥に、やがて消えてゆく花火の美しい残像の上に重なるかのように焼きつく。

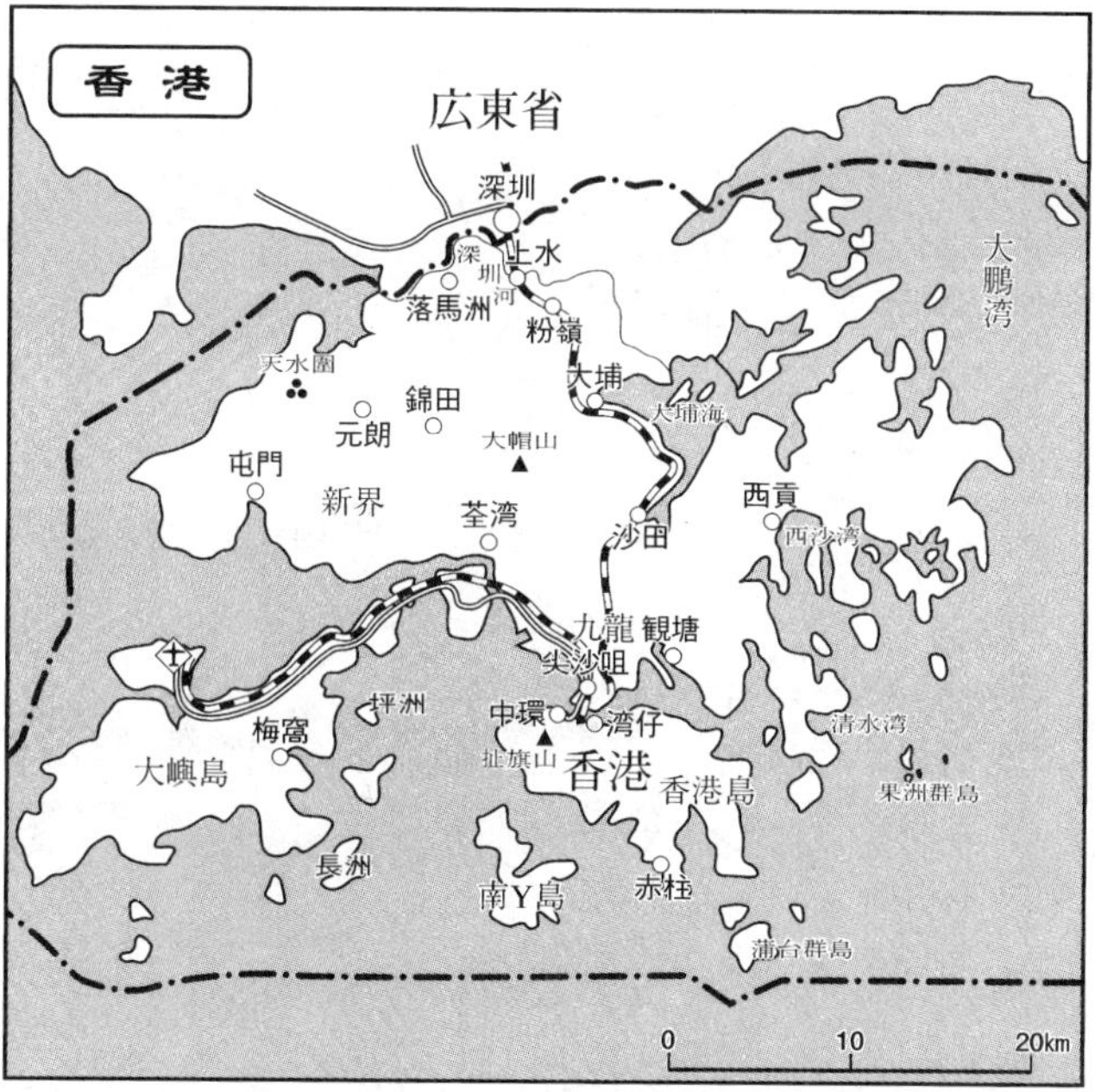

中国の真珠と喩《たと》えられる香港は、南シナ海にのぞみ、珠江《しゅこう》の河口の東側に位置し、香港島、九龍、新界《しんかい》およびその周辺の島々をふくむ地域を指す。香港華南の丘陵地帯に属し、山が多い地域である。亜熱帯気候の季節風の影響が大きく、夏が長くて暑い。1997年6月末まではイギリスの植民地だった。

1840年にイギリスは中国市場に参入するため阿片《アヘン》戦争をおこし、1842年8月29日に戦争に負けた清《しん》王朝に「南京条約《ナンキン》」を調印させ、広東省《カントン》新安県所属の香港島を手にいれた。１８５６年にフランスも参加した第二次阿片戦争をおこし、４年後の６０年に清王朝に「北京条約《ペキン》」を締結させ、九龍半島南部の界限街より南の土地を支配下に置くことができた。９４年、清王朝が日清戦争に負けたのを機にイギリス政府は清王朝に圧力をかけ、深圳河《しんせんが》以南の土地と周辺の島々を99年間「租借」することに成功。のちにこの土地は新界と呼ばれることになった。太平洋戦争中、日本軍は3年以上も香港を占領したが、戦後の香港は依然としてイギリスの植民地のままであった。

１９８４年中英両国は、９７年7月1日に香港が中国に返還されるとの共同声明を発表した。こうして、かつて「日が落ちぬ国」と自負した往時の植民主義の大英帝国がアジアでの最後の植民地をやむなく手放すことになったのである。また、中国返還後の香港は特別行政区となり、「一国二制度」のモデルケースとなった。

「東洋の真珠」とたたえられる香港は、長い間中国経済にとっても、国際経済にとっても、非常に重要な役割を果たしており、世界有数の貿易港で、国際金融センターであった。情報の発信地としてもあなどれない。

イギリスの植民地政府が香港に介入と干渉をあまりしない「自由放任主義」の経済政策を導入したため、中国人の商業的才能はいかんなく発揮され、李嘉誠《りかしん》率いる長江グループをはじめとする華僑《かきょう》・華人系財閥が数多く生まれた。これらの華僑・華人系財閥は多くの外国資本と手を組み、香港経済を繁栄させたばかりでなく、中国経済をはじめアジアの経済を大きく支えている。改革・開放路線実施後、高度成長をつづける中国経済の裏には、海外企業による膨大な投資が存在する。香港は数多くの海外投資国・地区のなかで、中国への投資総額においては長い間トップの座を独占していた。

しかし、1980年代以来続いていた海外移民で中間管理者と専門技術者の流出が激しく、労働者人口も不足しがちになったため、近年香港経済に翳《かげ》りがさし始めている。ハイテク産業が全盛を迎えた時代に、香港の経済構造は依然として60年代のまだったのだ。欧米が中国本土を含め世界中からハイテク人材を吸収し、移民の受け入れにもっとも保守的とされる日本でさえ海外からIT関連の人材を受け入れ始めたというのに、香港の反応は遅かった。90年代半ば頃まで新世界《ニューワールド》発展グループや長江グループなど香港を代表する財閥は、依然としてニューヨークなど海外の都市で大規模な不動産取引をするなどしており、新技術と新製品の開発への投資を怠っていた。

そのつけが、予想より早く回ってきたのである。いまでも香港の人々はまだ強気で香港のリーダー的な地位を強調しているが、猛スピードで発展してきたシンガポールや上海《シャンハイ》に追い上げられ、一部の分野ではすでに追い越されつつある。香港住民はこれまでに過大にもっていた香港経済に対する自信を喪失し、初代行政長官董建華《とうけんか》の失政もあって、2004年に53万人の市民が抗議デモに参加するため街に出た。翌年3月、任期途中の董建華は辞任に追い込まれた。香港の現状に失望し、近くの深圳に実質的に移住した住民もかなりいる。

その後、中央政府の主導で中国本土の観光客を大量に受け入れる救済策と世界経済の回復によって、香港はようやく安定局面を取り戻した。近年、法治と報道の自由が守られる点が大きく評価され、金融センターとしての地位を固め、多くの中国企業の上場のメイン舞台となった。

しかし、突きつけられている課題も多い。まず、香港経済を発展させるために必要なハイテク関連の人材が徹底的に不足している。これに気づいた香港政府は、1999年から「優秀人材導入プログラム」をスタートさせ、初年度に中国本土から2000人のハイレベル人材を導入しようとした。しかし、応募者は1000人に届かず、実際に香港に移住したのは100人ほどだった。アメリカや日本にいる新華僑や留学生にも募集の網を掛けたが、香港の生活環境の劣悪さが不評で、思っていたほどの効果は上がらなかった。香港政府も本腰で人材誘致に力を入れなかった。

2007年11月、シンガポール訪問を終えたばかりの温家宝《おんかほう》首相は、北京を訪れた香港特別行政区曾蔭権（そいんけん）長官に対して、香港はイノベーション、教育、人材、環境という四つの面の政策で先行しているシンガポールに学ぶべきであると指示し、香港のこれまでのやり方に不満を漏らした。

それを受けて、香港政府は08年早々、「優秀人材輸入導入プログラム」を新たに復活させ、積極的に世界中から人材を誘致するキャンペーンを始めた。新プログラムの第1号の適用者はピアニストの朗朗さんだった。著名な音楽家が広告塔を務めてくれるかのようなこの運びに、香港政府も大いに喜んだ。将来の発展に必要な人材を確保できるかどうかが香港の明日を左右する重要な課題だということを、香港政府も理解したと考えていいだろう。

一方、香港経済を救済するために、香港に大量に送り込まれた中国本土の観光客は香港の観光業を元気づけた。07年、香港を訪れた人は2800万人と史上最高記録を連年更新している。そのうち、中国本土からの観光客が大半を占めている。ついこの前まで、中国本土からの観光客の一人当たり平均消費金額は6000元と旺盛《おうせい》な消費意欲を見せていた。05年あたりからこの消費ムードはだいぶ落ち着いたが、それでもまだ4000元という高いレベルを保ち、香港の旅行業や小売業の景気を力強く支えている。

観光地としての香港も魅力の光を放ち続けるよう努力している。「普通話」こと共通語の普及や、笑顔での接客に力を入れている。商品の豊富さも大きな魅力である。自由貿易港《フリーポート》である香港では、大半の輸入品に対して関税をかけず、消費税も低いため、ブランド品も安く販売されている。一流デパートでも思いきったバーゲンセールをおこない、ときには信じられないほどの安い値段で、商品を放出することがある。中環《セントラル》のクイーンズ通り、デ・ボ通り、置地広場《ランド・マーク》、太子大廈《プリンス・ビル》、銅鑼湾《コーズウェイベイ》のデパート、九龍・尖沙咀のネイザン通りなどが主要なショッピング街である。本物をコピーした偽《にせ》ブランド品を売る店もところどころにあり、とくに偽ブランドの高級時計を売る店や露店がめだっている。

旅のもう一つの楽しみである食事となると、香港はまさに世界有数のグルメ天国である。レストランの種類が多く、高級店から安くておいしい大衆食堂まである。広東料理、四川《しせん》料理、北京料理、上海料理、潮州《ちようしゆう》料理、客家《ハッカ》料理、湖南《こなん》料理、山東《さんとう》料理など地方料理のほか、精進料理、海鮮料理、飲茶《ヤムチャ》料理など特色のある料理も数多くある。アメリカのファーストフードの影響で、中華料理の軽食も街角に登場している。粥《かゆ》やワンタン、麵《めん》類、豆乳、焼餅《やきもち》、揚げパンの一種である油条《ヨウティアオ》など在来のスナックもなかなかおいしい。国際貿易都市らしく、日本料理をはじめ、フランス料理、イタリア料理、地中海料理、ヨーロピアン・コンチネンタル料理、タイ料理、ベトナム料理、メキシコ料理、インド料理などさまざまな国の味を楽しむこともできる。「食は香港にあり」という言葉はいまでも健在である。

中国本土、特に広州や上海など南方地方でもおいしい料理にありつけるようになったいまも、蒸し魚の「清蒸魚《チン・ツン・ユ》」などはやはり香港のほうがおいしい。火加減が匠《たくみ》の域に達している。

「功夫《カンフー》映画」とも呼ばれる香港映画は近年、往時の輝きと勢いを失いかけているとはいえ、商業都市に咲いた数少ない文化の華の一つと言えよう。成龍《ジャッキー・チエン》、周潤発《チョウ・ユンファ》などは、日本でも知られる大スターである。近年、中国本土の映画人との合作で国際的に賞を得た香港映画も少なくない。流行歌の「四大天王」と呼ばれる張学友《ジャッキー・チョン》、郭富城《アーロン・コク》、劉徳華《アンディ・ラウ》、黎明《レオン・ライ》の中国語ＣＤアルバムは香港だけでなく、中国大陸、台湾《たいわん》そして海外の中国人社会でも大きな影響力をもっている。

マカオ

——アメリカのラスベガスを超えた「賭城《とじょう》」

２００６年秋に開業したばかりのカジノホテルの星際酒店《スターワールドホテル》にチェックインすると、窓の外に広がる深夜の景色はまさに不夜城そのものだ。マカオは０２年にカジノ市場を開放し、０６年には売り上げがアメリカのラスベガスを超えたといわれる。輝きを放ち続けるネオンはその元気のよさをアピールするかのようだ。

香港《ホンコン》の銀河集団《ギャラクシーグループ》が経営する星際は、ウィンと葡京《リスボア》という二つのカジノホテルを睥《へい》睨《げい》している。ウィンはアメリカ大手で、銀河と同様に０６年進出してきたばかりだ。葡京は40年ものあいだマカオのカジノを独占してきた「カジノ王」スタンレー・ホー氏率いる澳門博彩股份有限公司《リスボアグループ》（略称は澳博《アオポー》集団）が経営する老舗《しにせ》である。

洗練されたデザインのウィンと道路を挟んで対峙《たいじ》する葡京は、心なしかくたびれて

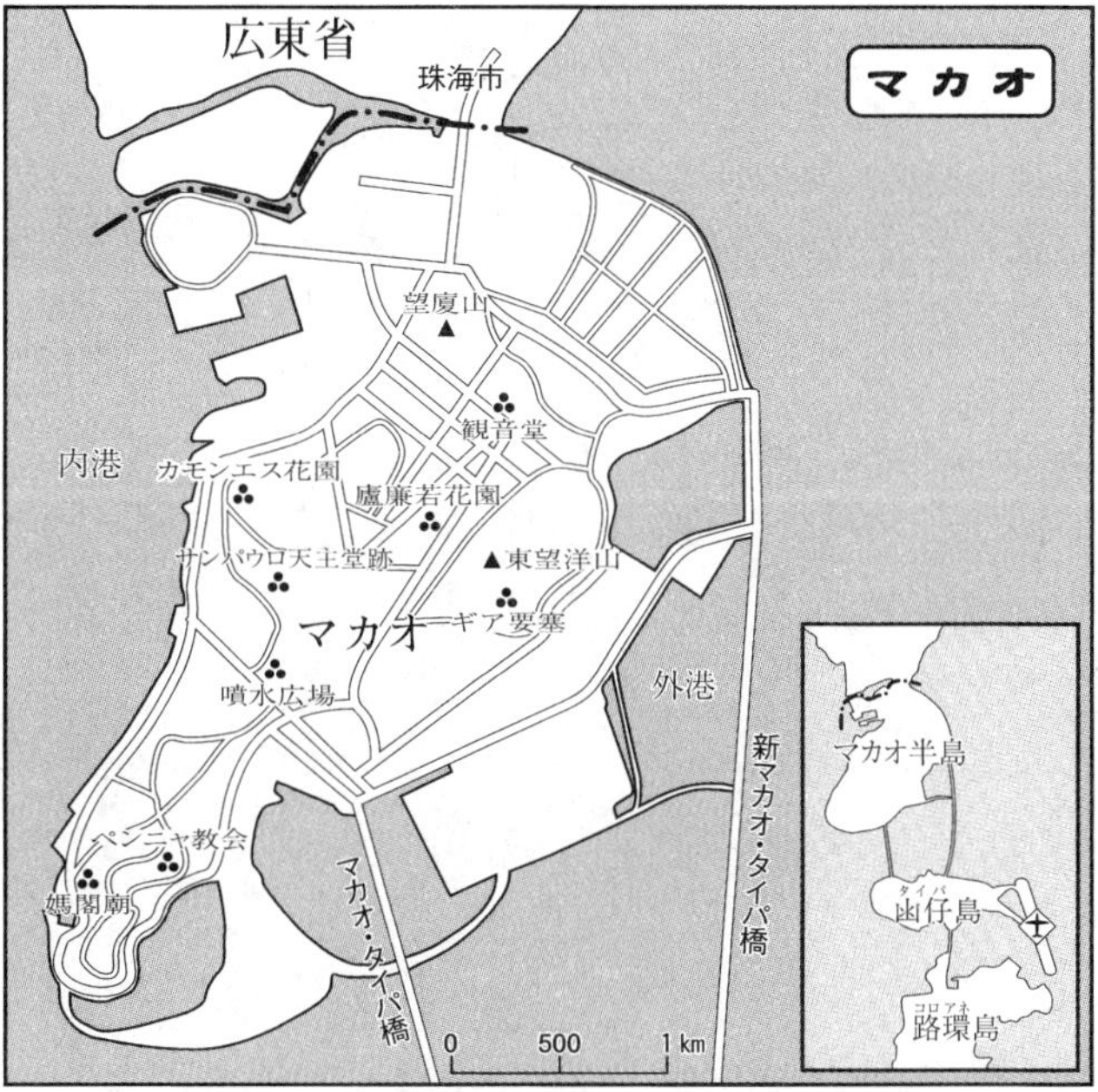

いるようにも感じる。しかし、その後方に広がる暗闇《くらやみ》には星際より高いビルが不気味にそびえ立っている。最近開業したばかりの新葡京《グランド・リスボア》だ。

04年、一番先にマカオに殴り込みをかけてきた外資は米大手のサンズである。サンズは星際からは遠いが、香港からジェットフェリーが到着する岸壁にネオンをせわしなく瞬《また》かせている。

これが星際の客室から眺めた風景だ。せめぎあうマカオのカジノ市場の鳥瞰図《ちょうかんず》といっていいだろう。

つい数年前まで「葡京・イコール・マカオ」として君臨してきた澳博は、サンズ、ウィン、銀河に攻めまくられてあっという間にシェアの半分を奪われ、存在感が急速にしぼんでしまった。その巻き返しの期待を新葡京にかけている。ハスの花を思わせる奇抜なデザインに、生き残りを賭《か》ける必死の思いが託されている。澳博の勢力は北朝鮮にも及ぶ。

一方、攻めのアメリカ資本も次々と新しい戦略を打ち出している。サンズは、07年8月末に大型リゾート施設ベネチアン・カジノ・リゾート・マカオをオープンした。同社は「カジノ、コンベンション、ショッピング、ショーを通じたエンターテインメント」をこれからの経営方針にし、カジノにすべてをかけてきたこれまでのやり方を変えようとしている。

カジノ一本槍《いっぽんやり》の路線には、銀河集団も米国資本と同様に疑念をもっているようだ。マカオ観光局もまた、博物館が10カ所以上あり、町全体に世界遺産が点在するマカオを懸命に売り出そうとしている。

とは言っても、アジアのラスベガスとして脚光を浴びたマカオに対して、世界は熱いまなざしをそそぐ。シンガポール、日本、台湾などアジアの多くの国と地域が、マカオの成功を参考にカジノ解禁へと動き出している。

「賭城」として世界中にその名声を轟《とどろ》かすことができるのは、1999年にポルトガルから中国本土に返還された後も香港と同じように特別行政区となり、「一国二制度」によって保障されているからだ。

香港と海を隔てた珠江《しゅこう》の河口西側に位置するマカオは、面積29平方キロ。中国語では「澳門」と書くため、略称は「澳」である。

マカオ半島は細長い帯のような陸地で広東《カントン》省珠海《しゅかい》市とつながり、海抜50メートルから75メートルで、ほとんどの地域が丘陵である。半島の東西両海岸の地形は異なる景色をみせ、南環海岸一帯は観光客の人気をあつめている。

こうした地理的な制限があるため、マカオの発展空間は海の埋め立てによって拡大してきたものだといえる。1840年、同半島の面積はわずか2・78平方キロしかなく、現在の半島の半分近くは長年の埋め立てでできた土地である。熱帯季節風気候に属し、温暖だが、雨が多い。年間平均降水量2013ミリ。夏と冬が長く、春と秋が短く、はっきりと区分ができないほどである。

もともとは広東省香山《こうざん》県(現・珠海市)に属していたが、1535年、中国にやってきたポルトガル人がマカオの官吏を買収して、港利用の権限を手にいれた。53年に浸水した貨物を干すという口実で上陸して一部の土地を租借し、57年から正式に定住するようになった。ポルトガル人が上陸した当時、地元には福建《ふっけん》人が建てた寺「媽閣廟《マーコーミャオ》」があったため、ポルトガル人は寺の中国語読みの発音「Macau」を地名にしたといわれる。

阿片《アヘン》戦争後の1845年に、ポルトガルはイギリスの支持のもとで、マカオを「自由港」と一方的に宣言し、ポルトガル人の総督を任命し、統治を開始した。後にさらに氹仔《タイパ》島、路環《コロアネ》島をあいついで武力によって手にいれ、支配範囲を拡大した。87年には清《しん》王朝と通商条約を結び、マカオに対する支配権を確保した。1928年4月、当時の中華民国政府は通商条約の失効を通知したが、ポルトガルはそれを無視して99年の中国本土返還までその支配権を維持してきた。

主権を中国にもどすことが決まったのち、ポルトガル側は「栄光ある撤退」という方針を定め、マカオ国際空港の建設など多数の大規模な建設プロジェクトを開始した。カジノ、ドッグレースと観光業をのぞけば大した産業をもたないマカオは、21世紀の生き残り策として中国の新しい玄関口となることを選んだ。

95年の夏に開港したマカオ国際空港は、年間利用者数600万人を可能にし、香港とならぶ中国への新しいゲートウェイを目指す。シンガポールなど二十数カ国・地域と航空協定を結び、同年に設立された中国系航空会社「マカオ航空」の台湾乗り入れや返還後も台湾機が新空港を利用できるような態勢を実現した。マカオと中国との航空協定によって、台湾からきた飛行機はマカオでいったん着陸すれば、乗り換えることなく中国本土に飛び立つことができる。香港を経由するのと比べてはるかに便利だ。マカオ政府も台湾の乗客がこの空のルートを利用しやすいように、台湾の乗客に対し、滞在期間が20日間以内ならビザを免除するという優遇措置を打ち出した。

２００８年7月、中国本土と台湾との直行便が実現するまで、マカオを経由して台湾と中国本土とを結んだ準直行便の存在は、両岸三地と呼ばれる中国本土、香港、マカオをつなぐ重要な空のきずなであった。

加工業を中心とする工業、カジノによる観光業、不動産業は長い間、マカオ経済を支える三大産業だった。しかし、中国大陸の改革・開放によって、線香、マッチ、爆竹などを作るマカオの伝統工業製品や衣料品は市場競争力を急速に失い、加工業自体も大陸への移転が加速したため、工業力も近年低下した。

不動産業もアジア金融危機後、下り坂を転がり落ちていたが、ここ数年カジノの人気で観光業が盛んとなり、不動産市場も急速に回復し、地価が暴騰《ぼうとう》する様相を見せている。２０００年に、マカオを訪れた観光客が史上最高の９００万人を記録したのを喜んだマカオ人は、それが起爆前の人気だとは当初予想しなかった。２００８年、市街地面積では東京都品川区とほぼ同じ大きさで人口55万人のマカオは、３０００万人の観光客を受け入れた。単純に計算しても、子供を含めたマカオ人が一人当たり年間50人以上の観光客を世話したことになる。毎週のように誰かを迎えたり見送ったりするようなものだ。カジノを含む観光業は完全にマカオを支える最大の産業となったと言えるだろう。

２０１０年にはマカオを訪れる観光客が３６００万人になるだろう、と観光客の受け入れ規模がさらに大きくなることが一時、楽観的に予測されていた。

香港と結ぶジェットフェリーなどの連絡船も便数を増やすなどして移動の利便性をはかっている。香港・マカオ間の新しい旅客専用埠頭《ふとう》である新港澳客運埠頭も完成・拡張し、観光客受け入れ能力を大幅に増強させている。

さらに、日本とのつながりも強化するよう歩を進めている。０７年７月、マカオ航空が大阪（関西空港）にも直航便の就航を始めた。０８年７月からはマカオ～羽田定期チャーター便が就航するようになった。これから日本の４都市とマカオを結ぶ定期直行便を飛ばす計画である。

しかし、マカオの独自色がどこまで出せるのかという大きな課題は依然として重くのしかかっている。カジノ依存の観光業はやはりいびつなところがある。近年、マカオ高官の汚職事件が暴露されたり、大学進学をせずカジノへの就職を選ぶ高校卒業生が増えているといった社会問題が注目されるようになった。高齢化と少子化で3Kと言われる仕事の働き手が不足し、「外労」と呼ばれる中国本土からの出稼ぎ労働者に依存する社会構図を心配する人も多い。

08年に世界を席巻《せっけん》した金融危機で、サンズは進行中のカジノリゾート建設プロジェクトを中断し、従業員の大量削減に踏み切った。その後、他のカジノ業者からも開発延期ないし中断の動きが相ついで出てきて、カジノ一辺倒のマカオ経済に早くも赤信号がともった。脱カジノ経済発展モデルをどのように構築するかが、マカオにとって大きな課題となった。

マカオ料理は、ポルトガル文化の影響が色濃く投影されているばかりでなく、大航海時代の香りが漂い、インドやアフリカの料理の要素も取り入れており、人気が高い。カニ料理のカリークラブ、アフリカンチキンなどがおいしい。

さほどの面積をもたないマカオだが、特別行政区として存続していくなら、こうした多文化、多文明の融合によって作り出される新しい輝きに活路を求めるしかないだろう。

台湾《たいわん》

――平和へ大きく動き出した両岸関係

２００８年８月８日、オリンピック大会の開幕式が北京《ペキン》で盛大に行われた。各参加国・地域の入場順序は中国語簡体字の画数によって決められており、中華台北《タイペイ》と書かれた標示に誘導されて、日本チームに続いて台湾のチームが24番目に入場した。ＶＩＰ観覧席には連戦《れんせん》国民党名誉主席、呉伯雄《ごはくゆう》国民党主席など台湾から観戦に駆け付けた要人の談笑する姿があった。ついその半年前まで、中国本土と対立して独立志向を強めた陳水扁《ちんすいへん》政権下の台湾とは、一戦を避けられないという観測がほとんどだった。台湾海峡をはさんだこれまでの両岸関係を知る人間なら、北京オリンピック大会のメインスタジアム「鳥の巣」でのこの平和的光景に隔世の感を覚え、世の中の移り変わりの激しさに感嘆せざるを得ないだろう。

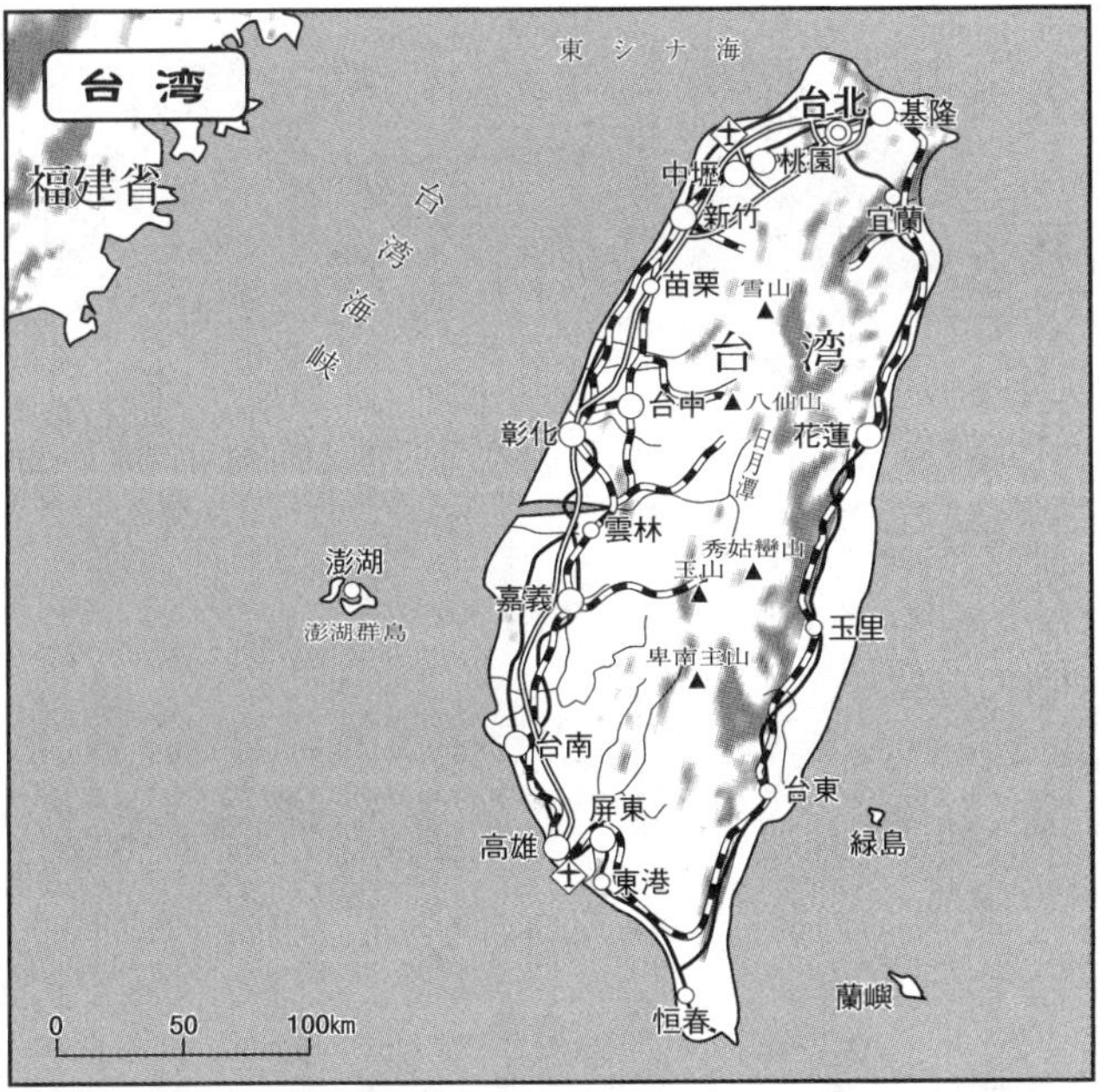

０８年3月22日の選挙で、腐敗した陳水扁政権に台湾の住民がノーと言い、国民党から立候補した馬英九《ばえいきゅう》が総統の座に着いた。同5月、馬英九政権が正式にスタートすると、台湾と中国本土との関係が日を追うごとに劇的に好転している。6月30日、これまで匪賊《ひぞく》と罵《のの》られた毛沢東《もうたくとう》の顔が刷られている人民元が台湾で初めて両替できるようになり、長年の懸案だった中台直行チャーター便が同7月4日から運航を始めた。中国本土

の北京、上海《シャンハイ》、厦門《アモイ》、広州、南京の5カ所、台湾側は台北市内の松山と郊外の桃園、高雄、台中、花蓮、澎湖《ほうこ》、金門、台東の8カ所の空港が直行チャーター便に開放された。さらに2週間後の7月18日、中国本土から38のツアー団が台湾を訪れた。

2000年3月の台湾総統選で、独立を党の綱領にし、李登輝《りとうき》の主張する「二国論」を支持する民進党の陳水扁が当選してから、台湾海峡は長らく緊張感に包まれてきた。台湾独立を求める陳水扁時代は、中国本土との直接の通商、通航、通信という「三通」政策を頑《かたく》なに拒んでいた。馬英九政権になってから矢継ぎ早に行動に移されたこれらの改善措置で、中国本土と台湾の距離が一気に縮まり、両岸関係にようやく平和の春の訪れが近付いた。

現在の台湾は、台湾地区と金馬地区に分かれている。総面積は3万6000平方キロで、九州の面積にほぼ相当する。

15世紀にオランダ人とスペイン人が台湾に上陸したが、のちにオランダ人が勢力をのばし、台湾北部を占領していたスペイン人勢力を駆逐して台湾を支配するにいたった。

15世紀中期になると明《みん》王朝が滅び、かわって清《しん》王朝が中国を支配するようになった。日本人を母親にもつ将軍鄭成功《ていせいこう》は台湾に攻めこむとオランダ人を追いはらい、台湾を清王朝打倒のための拠点とした。１６８３年、強大な清王朝の軍事力に鄭政権は降伏を余儀なくされた。１８８５年、清は台湾に行省を正式に設置し、台北、台湾、台南三府を管轄《かんかつ》した。

19世紀末の日清戦争に敗北した清は、１８９５年4月17日に日本の下関で「下関条約」を結ばされ、遼東《りようとう》半島、台湾、澎湖群島を日本に割譲した。以降、50年間にわたる日本の台湾統治がはじまった。

１９４５年、日本が無条件降伏したのち、台湾の主権は中国に戻された。しかし、台湾に進駐した国民党軍の腐敗と乱暴狼藉《ろうぜき》ぶりは台湾住民の反感を買い、４７年2月28日台北市で住民の大規模な決起が巻きおこった。慌《あわ》てた当局は軍隊を出動してこれを鎮圧したが、この事件はのちに「2・28事件」と呼ばれ、中国大陸から移住してきた「外省人」と地元出身者を意味する「本省人」との間に心理的な深い溝をつくってしまった。

１９４９年に共産党が中国本土を掌握し、中華人民共和国を建国した。内戦に敗れた国民党政権は澎湖群島、金門島、台湾に逃れ、中華民国の国号を今日まで維持している。７１年、ニクソン・米大統領の訪中が発表され、また中国の代表権は中華人民共和国に属すると国連で承認されると、台湾は空前の孤立状態に陥った。７５年には蔣介石《しょうかいせき》が亡《な》くなり息子の蔣経国《しょうけいこく》が国民党主席となり、78年に総統の座を引き継いだ。

国連脱退後の台湾は世界の孤児とも言われ、国際的に非常に孤立した地位にある。その局面を打開するため、経済活動に専念し、著しい経済成長を実現し、世界から「台湾の奇跡」と誉《ほ》め讃《たた》えられるほどにその存在感は大きくなった。

世界有数の外貨保有規模で自信をつけた台湾は80年代後半から政治改革に着手し、38年間にもおよんだ戒厳令を解除し、民間人の中国大陸訪問を許可し、新聞の自由化を進め、台湾独立を主張する民主進歩党（民進党）などの政党の結成を公認した。

88年に蔣経国が亡くなり、当時副総統だった李登輝が総統に就任した。李総統は民主化の実現に尽力すると同時に、「中華民国の台湾化」を施政方針とする一方、実務外交という方針のもとで、台湾の存続に必要な国際空間を拡大しようとして、多くの国際組織への復帰を求めるようになった。95年の李登輝総統のアメリカ訪問は、その実務外交の最大のパフォーマンスだったといえよう。

しかし、「台湾独立」または「一つの中国、一つの台湾」を要求するのではないかと警戒した中国側は、領土問題では絶対に譲歩しないことを再三強調し、台湾海域でのミサイル発射実験を行い、独立へ奔走しかけた台湾を強く牽制《けんせい》した。

これに対して、アメリカが空母2隻《せき》を緊急配備し、台湾海峡の緊張情勢が世界に注目された。さらに99年李登輝が「二国論」を打ち出し、台湾独立をより明白に主張し、中国政府との関係を徹底的に悪化させた。

独立路線を歩む李登輝率いる国民党は腐敗問題にも絡《から》み、2000年3月の総統選で呆気《あっけ》なく下野《げや》し、民進党出身の陳水扁が総統に当選した。8年間にわたる陳水扁政権は台湾の名義での国連加盟を求めるなど、台湾独立を既成事実にし、台湾問題も国際問題にしようと仕掛けた。それを恐れた中国政府は、武力をも辞さない姿勢を強め、一触即発の緊張状態が続いていた。陳水扁政権の暴走に当時ブッシュ政権のアメリカが不信を露《あら》わにし、現状維持を訴える馬英九政権の誕生を支持した。

台湾をめぐる国際環境は依然として厳しいものがあり、孤立した局面もなかなか打破できないままでいる。アメリカ、日本など主要国とは国交をもっておらず、ビザ発行機能をもつ駐外事務所や代表所を互いにもうけている程度だ。2001年の時点で中南米の小国など28カ国と国交を結んでいたが、2008年現在では、国交関係をもつ国が23カ国に減った。

しかし、政治舞台では激しく競《せ》り合っているものの、経済交流の分野では、07年中国本土と台湾との貿易額が1245億ドルと、台湾は中国本土にとって七番目に大きい貿易相手となった。一方、台湾にとっては中国本土と香港が最大の輸出先で、台湾の輸出額の40%を占めている。中国本土側の発表によれば、07年末までで、中国本土での台湾企業の投資プロジェクトが7万5000以上、実際の投資額も458億ドルにのぼったという。しかし、統計に直接現れない第三地を経由して流れ込んだ台湾企業の投資を入れると、1000~1500億ドルの規模になるといわれる。これらの投資活動に伴って、常時中国本土に居住する台湾のビジネスマンとその家族は1000万人を超える。中国本土は台湾が最も投資を注ぎ込む地域となっている。一方、台湾の対中国本土の貿易黒字累計《るいけい》は4763億ドルという巨大な規模になっている。

その意味でも、両岸の経済交流は両者の経済発展に欠かせない要素となり、それが馬英九政権誕生と両岸の関係改善の土壌となっている。多くの難問を抱えつつ、これまで独立と統一で揺れていた両岸関係が融和へと大きく動き出す時代を迎えようとしている。一方、独立を頑なに求めていた陳水扁前総統は、08年11月に汚職の容疑で逮捕された。

台湾の主要都市には、台北市と台湾第二、第三、第四の都市である高雄市、台中市、台南市がある。さらに港湾都市の基隆《キールン》市、ハイテク企業が集中し「台湾のシリコンバレー」として知られる新竹市、北回帰線が市内を通過する嘉義市、大理石の産地で太《たい》魯閣《ろかく》国家公園への入り口としても知られる花蓮市、太平洋に面する台東市などがある。

現在、台湾と呼ばれる地域は、台湾島と澎湖諸島・蘭嶼《らんしょ》などの周辺諸島、さらに中国本土と目と鼻の距離にある金馬地区（金門と馬祖）、東沙諸島・南沙諸島の一部からなる。

台湾島は北部が亜熱帯で、南部が熱帯に属する。島内には、中央山脈、玉山山脈、雪山山脈、阿里山山脈、海岸山脈など五つの山脈が南北に走り、耕作可能な土地が少ない。海抜３９５２メートルの玉山は台湾における最高峰だ。地震が多く温泉も豊富だ。太平洋に面しているので、夏季には台風も多い。

主要観光地としては、台北に近く人気が高い陽明山、台湾最南端にあり台湾最初の国家公園である墾丁、最高峰の玉山、素晴らしい渓谷で知られる太魯閣、雄大な景色と鄧麗君《テレサ・テン》の歌「阿里山の娘」で親しまれる阿里山などの国家公園がある。中国本土の福建《ふっけん》省厦門《アモイ》市と18カイリしか離れていない金門島は、かつては砲撃で応酬する前線基地だった。９２年に観光を解禁して以来、人気の観光地の一つとなっている。砲撃時代の置き土産である砲弾の破片をつかって作られた包丁などの土産物がユニークだ。

台湾料理には、最も庶民的な料理の一つである魯肉飯《ルーロウファン》、新竹の米粉《ビーフン》を食材にする焼きビーフン、台南の担仔麵《タン・ツウ・ミエン》、それに屋台料理の蚵仔煎《オーワージエン》、油飯《ヨウファン》、蘿蔔糕《ルオポガオ》などが知られている。

有名人には、日本でも圧倒的な人気を誇った「台湾の歌姫」鄧麗君がいる。８０年代の中国本土では「昼間は老鄧（鄧小平）、夜は小鄧（鄧麗君）」という言葉を流行《はや》らせたほど影響力が大きかったが、９５年42歳の若さで亡くなった。

写真提供

中国国家観光局
23，24，25，41，42，48，105，120，130，133，142，
152，171，178，217，224，225，239，241

山口直樹
52，67，95，122，160，196，261，271

楼弢
93

莫邦富
104，215，250

地図製作

パンアート

＊本書は新潮文庫のために書き下ろされたものを底本に、大幅
に加筆修正されたものです。

主要都市、地区、自治州

(2008年現在)

石家荘市、張家口市、承徳市、秦皇島市、唐山市、廊坊市、保定市、滄州市、衡水市、邯鄲市、邢台市

太原市、大同市、朔州市、陽泉市、長治市、晋城市、忻州市、晋中市、臨汾市、運城市、呂梁市

呼和浩特市、包頭市、烏海市、赤峰市、通遼市、呼倫貝爾市、興安盟、錫林郭勒盟、烏蘭察布市、オルゴス市、巴彦淖爾市、阿拉善盟

瀋陽市、朝陽市、阜新市、鉄嶺市、撫順市、本渓市、遼陽市、鞍山市、丹東市、大連市、営口市、盤錦市、錦州市、葫蘆島市

長春市、白城市、松原市、吉林市、四平市、遼源市、通化市、白山市、延辺朝鮮族自治州

哈爾浜市、斉斉哈爾市、黒河市、大慶市、伊春市、鶴崗市、佳木斯市、双鴨山市、七台河市、鶏西市、牡丹江市、綏化市、大興安嶺地区

南京市、徐州市、連雲港市、宿遷市、淮安市、塩城市、揚州市、泰州市、南通市、鎮江市、常州市、無錫市、蘇州市

杭州市、湖州市、嘉興市、舟山市、寧波市、紹興市、衢州市、金華市、台州市、温州市、麗水市

合肥市、宿州市、淮北市、阜陽市、亳州市、蚌埠市、淮南市、滁州市、馬鞍山市、蕪湖市、銅陵市、安慶市、黄山市、六安市、巣湖市、池州市、宣城市

福州市、南平市、三明市、莆田市、泉州市、厦門市、漳州市、竜岩市、寧徳市

南昌市、九江市、景徳鎮市、鷹潭市、新余市、萍郷市、贛州市、上饒市、撫州市、宜春市、吉安市

済南市、聊城市、徳州市、東営市、淄博市、濰坊市、青島市、煙台市、威海市、日照市、臨沂市、棗荘市、済寧市、泰安市、莱蕪市、浜州市、菏沢市

鄭州市、三門峡市、洛陽市、焦作市、新郷市、鶴壁市、安陽市、濮陽市、開封市、商丘市、許昌市、漯河市、平頂山市、南陽市、信陽市、周口市、駐馬店市

武漢市、十堰市、襄樊市、荊門市、孝感市、黄岡市、鄂州市、黄石市、咸寧市、荊州市、宜昌市、随州市、恩施トゥチャ族ミャオ族自治州

長沙市、張家界市、常徳市、益陽市、岳陽市、株洲市、湖潭市、衡陽市、郴州市、永州市、邵陽市、懐化市、婁底市、湘西トゥチャ族ミャオ族自治州

広州市、清遠市、韶関市、河源市、梅州市、潮州市、汕頭市、掲陽市、汕尾市、恵州市、東莞市、深圳市、珠海市、中山市、江門市、仏山市、肇慶市、雲浮市、陽江市、茂名市、湛江市

南寧市、桂林市、柳州市、梧州市、貴港市、玉林市、欽州市、北海市、防城港市、崇左市、百色市、河池市、来賓市、賀州市

海口市、三亜市

成都市、広元市、綿陽市、徳陽市、南充市、広安市、遂寧市、内江市、楽山市、自貢市、瀘州市、宜賓市、攀枝花市、巴中市、達州市、資陽市、眉山市、雅安市、阿壩チベット族チャン族自治州、甘孜チベット族自治州、涼山イ族自治州

貴陽市、六盤水市、遵義市、安順市、畢節地区、銅仁地区、黔東南ミャオ族トン族自治州、黔南プイ族ミャオ族自治州、黔西南プイ族ミャオ族自治州

昆明市、曲靖市、玉渓市、保山市、麗江市、昭通市、普洱市、臨滄市、徳宏タイ族・チンポー族自治州、怒江リス族自治州、迪慶チベット族自治州、大理ペー族自治州、楚雄イ族自治州、紅河ハニ族イ族自治州、西双版納タイ族自治州

ラサ市、那曲地区、昌都地区、林芝地区、山南地区、日喀則地区、阿里地区

西安市、延安市、銅川市、渭南市、咸陽市、宝鶏市、漢中市、楡林市、安康市、商洛市

蘭州市、嘉峪関市、金昌市、白銀市、天水市、酒泉市、張掖市、武威市、慶陽市、平涼市、定西市、隴南市、臨夏回族自治州、甘南チベット族自治州

西寧市、海東地区、海北チベット族自治州、海南チベット族自治州、黄南チベット族自治州、果洛チベット族自治州、玉樹チベット族自治州、海西モンゴル族・チベット族自治州

銀川市、石嘴山市、呉忠市、固原市

ウルムチ市、克拉瑪依市、喀什地区、阿克蘇地区、吐魯番地区、和田地区、哈密地区、克孜勒蘇柯爾克孜自治州、博爾塔拉モンゴル自治州、昌吉回族自治州、巴音郭楞モンゴル自治州、伊犁カザフ自治州、伊犁地区、塔城地区、阿勒泰地区

台北市、高雄市

		略称	首府	面積(k㎡)	人口(万人)	GDP／人(テ
北京市	Beijing	京	—	16,800	1,382	19,8
天津市	Tianjin	津	—	11,000	1,001	15,9
河北省	Hebei	冀	石家荘市	187,700	6,744	6,9
山西省	Shanxi	晋	太原市	156,300	3,297	4,7
内蒙古自治区	Neimenggu	内蒙古	呼和浩特市	1,183,000	2,376	5,3
遼寧省	Liaoning	遼	瀋陽市	145,900	4,238	10,0
吉林省	Jilin	吉	長春市	187,400	2,728	6,3
黒竜江省	Heilongjiang	黒	哈爾浜市	454,000	3,689	7,6
上海市	Shanghai	滬、申	—	6,340	1,674	30,8
江蘇省	Jiangsu	蘇	南京市	102,600	7,438	10,6
浙江省	Zhejiang	浙	杭州市	102,000	4,677	12,0
安徽省	Anhui	皖	合肥市	139,700	5,986	4,7
福建省	Fujian	閩	福州市	120,000	3,471	10,7
江西省	Jiangxi	贛	南昌市	166,900	4,140	4,6
山東省	Shandong	魯	済南市	157,000	9,079	8,6
河南省	Henan	豫	鄭州市	167,000	9,256	4,8
湖北省	Hubei	鄂	武漢市	185,900	6,028	6,5
湖南省	Hunan	湘	長沙市	211,800	6,440	5,1
広東省	Guangdong	粤	広州市	178,000	8,642	11,7
広西チワン族自治区	Guangxi	桂	南寧市	236,600	4,489	4,1
海南省	Hainan	瓊	海口市	34,000	787	6,3
重慶市	Chongqing	渝	—	33,603	3,090	4,8
四川省	Sichuan	川、蜀	成都市	490,000	8,329	4,4
貴州省	Guizhou	黔、貴	貴陽市	176,100	3,525	2,4
雲南省	Yunnan	滇、雲	昆明市	394,000	4,288	4,4
チベット自治区	Xizang	蔵	ラサ市	1,220,000	262	4,2
陝西省	Shanxi	陝、秦	西安市	205,600	3,605	4,1
甘粛省	Gansu	甘、隴	蘭州市	454,300	2,562	3,6
青海省	Qinghai	青	西寧市	721,200	518	4,6
寧夏回族自治区	Ningxia	寧	銀川市	66,400	562	4,4
新疆ウイグル自治区	Xinjiang	新	ウルムチ市	1,660,000	1,925	6,4
香港	Xianggang	港	—	1,078	678	183,3 (香港ド
マカオ	Aomen	澳	—	18	44	113,0 (パタ
台湾	Taiwan	台	台北市	36,000	2,192	412,6 (台湾ド

❾黄龍の自然景観【四川省】自（1992）225 p
❿武陵源の自然景観【湖南省】自（1992）178 p
⓫承徳の避暑山荘と外八廟【河北省】文（1994）42 p
⓬曲阜の孔廟・孔林・孔府【山東省】文（1994）152 p
⓭武当山の古建築物群【湖北省】文（1994）171 p
⓮ラサのポタラ宮と大昭寺【チベット自治区】文（1994）250 p
⓯廬山国立公園【江西省】文（1996）142 p
⓰峨眉山と楽山大仏【四川省】複（1996）224 p
⓱蘇州古典園林【江蘇省】文（1997）105 p
⓲平遥古城【山西省】文（1997）48 p
⓳麗江古城【雲南省】文（1997）241 p
⓴北京頤和園【北京市】文（1998）24 p
㉑北京天壇公園【北京市】文（1998）24 p
㉒武夷山【福建省】複（1999）133 p
㉓大足石刻【重慶市】文（1999）217 p
㉔竜門石窟【河南省】文（2000）160 p
㉕安徽南部古民居【安徽省】文（2000）122 p
㉖都江堰と青城山【四川省】文（2000）224 p
㉗明清皇家陵墓【河北省・湖北省】文（2000）41 p
㉘雲崗石窟【山西省】文（2001）52 p
㉙雲南三江併流の保護地域群【雲南省】自（2003）
㉚古代高句麗王国の首都と古墳群【吉林省】文（2004）
㉛マカオ歴史地区【マカオ】文（2005）
㉜殷墟【河南省】文（2006）
㉝四川ジャイアントパンダ保護区群【四川省】自（2006）
㉞開平の望楼群と村落【広東省】文（2007）
㉟中国南部カルスト【雲南省・貴州省・重慶市】自（2007）
㊱福建の土楼【福建省】文（2008）130 p
㊲三清山国立公園【江西省】自（2008）

■中国の世界遺産■

（2009年２月現在）

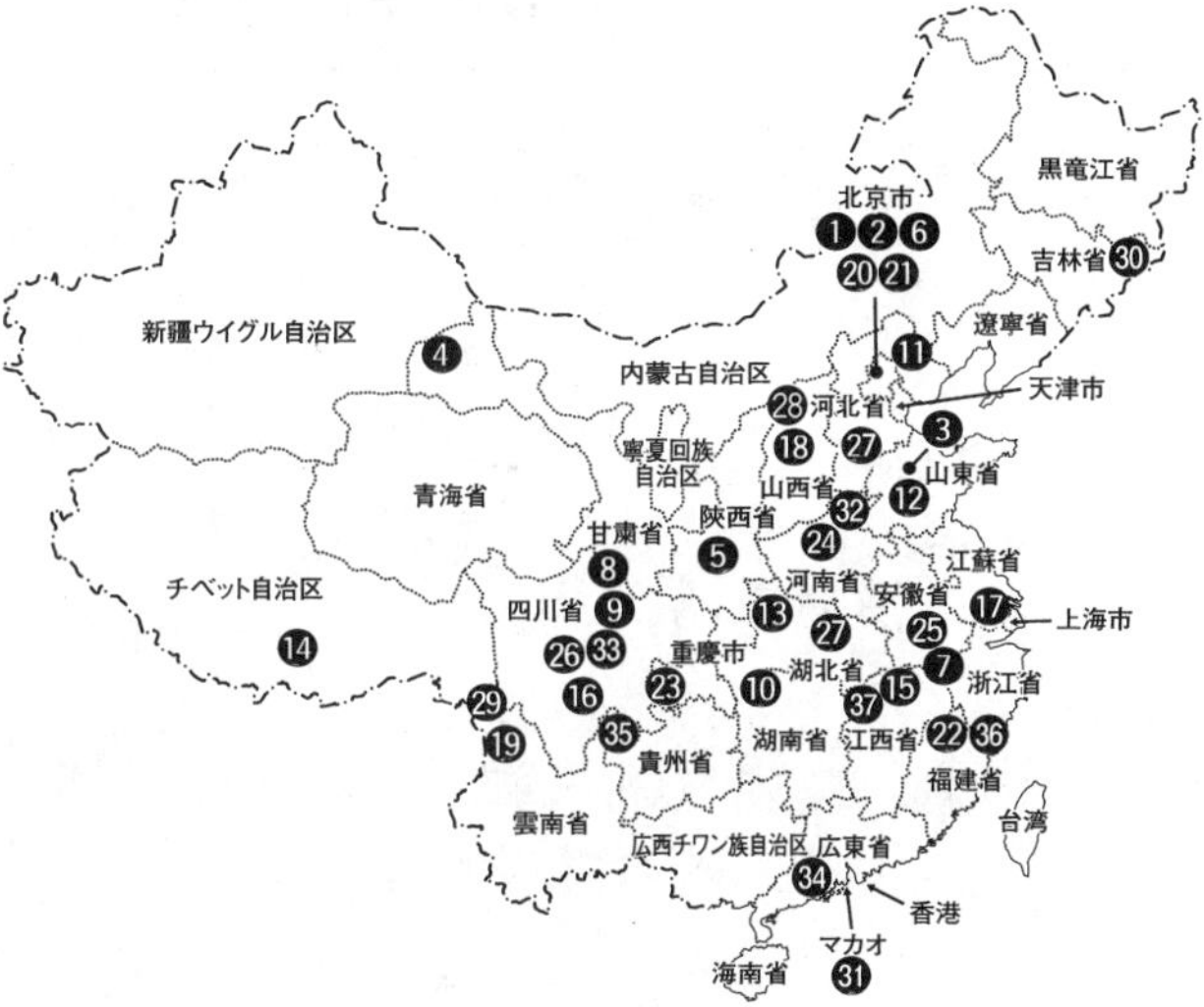

※[文]は文化遺産、[自]は自然遺産、[複]は複合遺産。
カッコ内の数字は指定された年。ｐは写真掲載ページ

❶万里の長城【中国北方】[文]（1987）25ｐ
❷故宮【北京市】[文]（1987）25ｐ
❸泰山【山東省】[複]（1987）152ｐ
❹敦煌・莫高窟【甘粛省】[文]（1987）271ｐ
❺秦の始皇帝陵と兵馬俑坑【陝西省】[文]（1987）261ｐ
❻周口店の北京原人遺跡【北京市】[文]（1987）24ｐ
❼黄山【安徽省】[複]（1990）120ｐ
❽九寨溝の自然景観【四川省】[自]（1992）225ｐ

新潮文庫最新刊

村上陽一郎著
あらためて教養とは
いかに幅広い知識があっても、自らを律する「慎み」に欠けた人間は、教養人とは呼べない。失われた「教養」を取り戻すための入門書。

山本譲司著
累犯障害者
罪を犯した障害者たちを取材して見えてきたのは、日本の行政、司法、福祉の無力な姿であった。障害者と犯罪の問題を鋭く抉るルポ。

小川和久著
聞き手・坂本衛
日本の戦争力
軍事アナリストが読み解く、自衛隊。北朝鮮。日米安保。オバマ政権が「日米同盟最重視」を打ち出した理由は、本書を読めば分かる！

莫邦富著
「中国全省を読む」事典
巨大国家の中で、今何が起こっているのか？改革・開放以後の各省の明暗を浮き彫りにする。ビジネスマン、旅行者に最適な一冊。

高橋秀実著
トラウマの国ニッポン
教育、性、自分探し――私たちの周りにある〈問題〉の現場を訪ね、平成ニッポンの奇妙な精神性を暴く、ヒデミネ流抱腹絶倒ルポ。

小西慶三著
イチローの流儀
オリックス時代から現在までイチローの試合を最も多く観続けてきた記者が綴る人間イチローの真髄。トップアスリートの実像に迫る。

「中国全省《ちゅうごくぜんしょう》を読《よ》む」事典《じてん》

新潮文庫　も - 20 - 4

平成二十一年四月一日発行

著者　莫《モー》邦《バン》富《フ》

発行者　佐藤隆信

発行所　株式会社 新潮社

郵便番号　一六二―八七一一
東京都新宿区矢来町七一
電話　編集部(〇三)三二六六―五四四〇
　　　読者係(〇三)三二六六―五一一一
http://www.shinchosha.co.jp

価格はカバーに表示してあります。

乱丁・落丁本は、ご面倒ですが小社読者係宛ご送付ください。送料小社負担にてお取替えいたします。

印刷・錦明印刷株式会社　製本・錦明印刷株式会社

ISBN978-4-10-130024-5 C0130